古典文獻研究輯刊

二 編

潘美月・杜潔祥 主編

第 12 冊

《史》《漢》論贊之研究

高禎霙 著

國家圖書館出版品預行編目資料

《史》《漢》論贊之研究／高禎霙著 — 初版 — 台北縣永和市：
花木蘭文化出版社，2006〔民95〕

目 2 + 214 面；19×26 公分（古典文獻研究輯刊 二編；第 12 冊）

ISBN：986-7128-32-X（精裝）
1. 史記－研究與考訂 2. 漢書－研究與考訂

610.11   95003689

ISBN 986712832-X

古典文獻研究輯刊
二 編 第十二冊   ISBN：986-7128-32-X

《史》《漢》論贊之研究

作　　者　高禎霙
主　　編　潘美月　杜潔祥
企劃出版　北京大學文化資源研究中心
出　　版　花木蘭文化出版社
發 行 所　花木蘭文化出版社
發 行 人　高小娟
聯絡地址　台北縣永和市中正路五九五號七樓之三
　　　　　電話：02-2923-1455／傳真：02-2923-1452
電子信箱　sut81518@ms59.hinet.net
初　　版　2006 年 3 月
定　　價　二編 20 冊（精裝）新台幣 31,000 元

《史》《漢》論贊之研究

高禎霙　著

作者簡介

高禎霙，臺灣台北縣人，中國文化大學中國文學研究所碩士、博士，現任中國文化大學中文系文學組副教授。學術著作有：《《史》《漢》論贊之研究》、《魚籃觀音研究》、〈論《史記》「褚先生曰」〉、〈李靖故事考〉、〈由《史》《漢》之〈循吏傳〉看馬、班之吏治思想〉等

提　　要

　　本論文共分為十二章，分別對《史記》「太史公曰」與《漢書》「贊曰」的意義、性質、特色與各篇內容加以探析，最後則是針對《史》《漢》論贊的比較及影響進行論述。各章內容如下：

　　第一章「緒論」：略述本論文之研究目的與範圍，並探討論贊一體的淵源與性質。第二章「《史記》體例與太史公曰」：分述《史記》五體與「太史公曰」的關係，並析論「太史公曰」的安排與意義。第三章「《史記》太史公曰內容的探析」：《史記》「太史公曰」共一百三十六則，本章依其內容與意旨，略分成「直言論斷以明褒貶」、「微言譏刺反語曲筆」與「引言論證敘補軼事」等三類加以探析。第四章「《史記》太史公曰評議」：依各篇內容探析的結果，分別從史論精神、文學特質、思想等三方面評議《史記》「太史公曰」。第五章「《漢書》體例與贊曰」：分別就《漢書》對《史記》體例的繼承與創新，《漢書》與時代的關係，以及《漢書》贊曰的安排與意義等三部份加以討論。第六章「《漢書》贊曰內容的探析」：依《漢書》「贊曰」的內容分為「寓意褒貶揚善抑惡」、「議論是非明言去取」、「增補傳文抒情寄慨」等三個部份加以探析。第七章「《漢書》贊曰的評議」：分別從史學特色、文章風格、思想等三方面評議《漢書》「贊曰」的特色與成就。第八章「《史》《漢》論贊重疊篇章的比較」：《漢書》「贊曰」有許多襲用《史記》太史公曰的部份，本章依《漢書》襲用的程度與內容略分為三類，並在其重疊的文字中，尋繹班固襲用與修改的原因。第九章「《史》《漢》論贊史文特質的比較」：《史》《漢》論贊之間關係密切，本章試從史學思想與文章風格二方面，對《史》《漢》論贊的異同進行比較分析。第十章「《史》《漢》論贊對後世史學的影響」：本章以記史時代與《史》《漢》接近的幾部重要史籍作為研究範圍，即前四史中的《後漢書》、《三國志》，以及編年體中的《漢紀》與《後漢紀》，最後舉集歷代史書論贊之大成者──《資治通鑑》為結。第十一章「《史》《漢》論贊對後世文學的影響」：《史》《漢》論贊對後世文學亦有相當深遠的影響，尤在傳記散文與小說的形式及內容方面，本章針對二者分別舉例並予以說明分析。第十二章「結論」：總敘研究之結果，就《史》《漢》論贊之內容、特色、成就與影響等作述評。

　　研究發現：《史記》仿先秦典籍中的「君子曰」創「太史公曰」，是為我國史書論贊體例的起始，「太史公曰」的設置及安排，處處表現了司馬遷卓越的創意與史才，而各篇「太史公曰」的內容，則含蘊著史遷獨特的史筆與史觀。司馬遷客觀紀實的態度與「究天人際，通古今之變」的思想，以及對史事人物的論斷，都在「太史公曰」中有最完整而謹嚴的說明，因此「太史公曰」是司馬遷史論精神與思想、情感的直接展現。

　　《漢書》論贊承襲《史記》「太史公曰」而來，另題稱為「贊曰」，在內容與文字上多有重疊或襲用的情形，不過班固在許多關鍵處，仍作了重要的修改，故《漢書》「贊曰」與《史記》「太史公曰」實有非常密切的關係。《漢書》「贊曰」與《史記》相較，不論在體例或內容上，其史學性質皆表現的更為嚴謹而統一，且文風典雅華贍，形式固定而完整，亦為班固史才與史識的展現，在史書論贊體例的發展上，實具有承先啟後的重要貢獻。

　　自《史》《漢》之後，論贊成為中國史書中的固定體例，史官或著史者在客觀敘史之外，利用這個重要的空間，表達對史事人物的主觀評價，並借此發表史論，只不過各書在題稱上略有差別，但性質卻無不同。此外，在傳記散文與小說的形式上，亦造成深遠的影響，在許多作品中皆見到模仿《史》《漢》論贊的評論式結語。故《史》《漢》論贊不論在形式、內容和影響等各方面，皆具有重要的研究價值。

目錄

第一章 緒 論

第一節 研究緣起

一、研究目的

　　秉筆直書，褒善貶惡，傳信史於後，乃是孔子以來中國傳統的史學精神，信史良史不僅爲後世留下彌足珍貴的史料，更足以鑑今戒後，貽教世人。司馬遷作史的動機，深受孔子作《春秋》的影響，〈太史公自序〉曰：

> 先人有言：「自周公卒，五百歲而有孔子，孔子卒後至於今五百歲〔註1〕，有能紹明世，正《易傳》，繼《春秋》，本《詩》《書》《禮》《樂》之際？」意在斯乎！意在斯乎！小子何敢讓焉。

因此孔子作《春秋》「貶天子，退諸侯，討大夫」的精神與「以達王事而已矣」的目的，正是司馬遷編寫《史記》的動力與理想依據〔註2〕。〈太史公自序〉又云：

> 子曰：「我欲載之空言，不如見之於行事之深切著明也」。夫《春秋》，上明三王之道，下辨人事之紀，別嫌疑，明是非，定猶豫，善善惡惡，賢賢賤不肖，存亡國，繼絕世，補敝起廢，王道之大者也。

空言事理還不如舉證史實以明是非得失，司馬遷認爲《春秋》之學是具有貶惡揚善，補敝起廢與振興王道的重要功能的，因此他懷著對歷史的無限崇敬與任重道遠的精神開始著書寫史。

〔註1〕不足五百歲，約三百七十餘年。
〔註2〕參徐復觀，《兩漢思想史》卷三（台北：台灣學生書局，民國82年9月），〈論史記〉，頁322。

　　但是史學的理想與目的並非憑空可以完成，它必須尋找到最適合的形式與最恰當的表現方法，《史記》五體的創設便是在這樣的理念與想法中產生。除了五體，司馬遷爲了在客觀敘史、秉筆直書之外，能有一個完整獨立的空間可以論斷是非、直抒感懷，於是仿先秦典籍中的「君子曰」創「太史公曰」，利用這個敘史以外的空間，述己之精意深旨，用以明褒貶之大義，進而成自己的「一家之言」，因此「太史公曰」是一種創新的書寫方式，也是著史者在客觀敘史之外，可以表達自己思想的新空間。但「太史公曰」並非《史記》中單獨存在的部份，而是與《史記》五體緊密連結且互見互補的，它不僅與本文息息相關，更是司馬遷創作意識與史學思想凝鍊之精華，實具體展現了他的史德、史識、史才與思想情感，加上他通變的史觀、悲壯的生命歷程與隱忍苟活的發憤著書精神，於是成就了《史記》豐富宏博的思想內涵與雄深雅健的文章風格。

　　而《隋書‧經籍志‧正史序》云：「世有著述，皆擬班馬，以爲正史」，《史記》、《漢書》相繼問世，正史之紀傳體例始定，義例規模亦由此而成。其中，《漢書》論贊有許多承襲《史記》「太史公曰」而來的部份，兩者關係密切，它不僅深受《史記》的影響，在史書論贊的體例發展上，亦具有承先啓後的重要地位，尤其班固身處東漢，不論其時代、政治、思想，與司馬遷時的環境畢竟有所不同，故《漢書》論贊自有其獨特的風格。是故本論文以《史》《漢》論贊爲研究之範圍，就《史》《漢》論贊之形式、內容、性質、史學思想與文章風格等相關內涵與議題作分析討論，以知馬班二人之史德、史識、史才，並延伸至《史》《漢》論贊之比較，以及對史學和文學方面的影響，希冀對《史》《漢》論贊的相關問題，能做一完整而系統的研究。

二、歷來《史》《漢》論贊的研究概況

　　《史》《漢》之間重疊的篇章，一直爲各家研究的重點，透過文字、內容、體例、時代背景等各方面的具體分析，以比較馬、班二者的異同優劣，歷來各家觀點不一，有人揚馬抑班，有人甲班乙馬〔註3〕。不論是單獨研究《史記》和《漢書》，或是作《史》《漢》之間的比較研究，許多學者多會對二書的論贊加以討論，例如宋倪思《班馬異同》、明許相卿《史漢方駕》、明凌稚隆《史記評林》、《漢書評林》、清李景星《四史評議》等書中，皆有針對二書論贊的部份評論。

　　近人的著作中，則以白壽彝〈司馬遷與班固〉同題三文、施丁〈馬班異同三論〉、

〔註3〕參張大可，〈馬班異同成爲一門學問〉，收於《司馬遷評傳》（南京大學出版，1997年1月），頁438〜454。楊燕起編，《歷代名家評史記》（北京師範大學出版，1986年3月），〈論馬班異同〉，頁255〜281。

徐朔方《史漢論稿》較爲重要〔註4〕，他們對馬、班之間異同的研究屬於全面性的，論述包括歷史編纂、史學思想、文學風格等方面。而《史》《漢》論贊的內容與文字，則是他們利用與徵引的資料。徐復觀〈史漢比較研究之一例〉、吳福助《史漢關係》、〈史漢文學比較〉、卜宰雨《史記漢書比較研究》等論著中，則皆有部份段落或章節，對《史》《漢》論贊的字句、內容，作史實、風格或思想上的比較。

　　至於針對《史記》「太史公曰」作研究的，有大陸學者張大可的《史記論贊輯釋》，本書在〈序論〉的部份先對論贊作概括性的述評，再依《史記》編次對原文加以注釋、語譯，大部份的篇章則附上簡論，可說是專以《史記》論贊爲主題的著作，然本書之注譯佔去了大多數的篇幅，評論的部份則略微薄弱。周虎林的《司馬遷與其史學》中則有一章專論「太史公曰」，討論「太史公曰」的文體、思想、史料取捨與內容。施人豪《史記論贊研究》則是討論《史記》論贊的專著。在期刊論文部份，台灣學者僅有三篇：即阮芝生〈論史記五體及太史公曰的述與作〉、李毓善〈史記太史公曰探析〉、逯耀東〈史傳論贊與史記太史公曰〉，三篇論著簡要深刻，皆對「太史公曰」的形式、內容予以肯定與重視。大陸學者的相關論文則稍多，約有十幾篇〔註5〕，探討的方向廣泛，但彼此之間的見解卻有較多的分歧。

　　專論《漢書》論贊的研究，與《史記》相較起來便少了許多，陳靜《漢書論贊研究》爲唯一專論《漢書》論贊的碩士論文，但內容卻僅作分類討論，甚少評述及考辨。王明通《漢書導論》中則有一節論及論贊，但亦概括略述而非全面。大陸期刊論文中專論《漢書》論贊較台灣爲多，但亦沒有專書著作，其中以許殿才的四篇單篇作品爲最多〔註6〕。其它的兩岸學者則多是在論述班固或《漢書》時順便提及數語而已。

　　是故歷來《史》《漢》研究成果雖豐，比較兩者異同優劣者亦多，但以論贊部份爲主題探討者，卻仍未有較全面而完整的結果呈現，尤其是《史》《漢》論贊在史學與文學的影響方面，實仍有待探討的空間與議題。

三、研究範圍

　　至於本論文所引用的《史記》、《漢書》本文，係採自鼎文書局出版之「中國學術類編」《新校本史記三家注并附編二種》及《新校本漢書并附編二種》。該版《史記》以清同治九年（西元一八七○年）金陵書局刊行的張文虎所校之《史記集解索

〔註4〕以下書目、論文之出版時地，詳見參考書目。
〔註5〕出版時間至 2000 年底前，詳見參考書目。
〔註6〕同註5。

隱正義合刻本》爲底本，又參凌稚隆《史記評林》、吳見思《史記論文》、張裕釗《歸方評點史記》、吳汝綸《桐城吳先生點勘史記》等書，並使用新式標點符號加以分段排版。張文虎爲清校刊名家，所校之《史記》博取各家之成果，擇善而從之，爲後世多位學者所採用，可謂爲精審合適之底本。該版《漢書》則以清末王先謙的《漢書補注》爲底本，但僅收顏師古注而不收王氏補注，另亦參北宋景祐本、毛晉汲古閣本、清乾隆武英殿本及清同治金陵書局本進行點校，故亦爲精校之讀本。

三國時魏張晏曾舉《史記》〈景紀〉、〈武紀〉、〈禮書〉、〈樂書〉、〈律書〉、〈漢興以來將相年表〉、〈日者列傳〉、〈三王世家〉、〈龜策列傳〉、〈傅靳蒯列傳〉等十篇亡篇，並以爲元、成之間褚先生補〈武帝紀〉、〈三王世家〉、〈龜策〉、〈日者〉等四篇〔註7〕。宋呂祖謙《東萊呂太史別集》卷十四與王鳴盛《十七史商榷》對張晏等人的說法皆提出質疑，以爲《史記》唯亡〈武紀〉，餘雖有缺，但無全亡者，此二人之說多合情理〔註8〕。據今所見之標點本《史記》十篇亡篇皆在，全書一百三十篇中僅〈漢興以來將相名臣年表〉無「太史公曰」〔註9〕，然其間除標明爲褚少孫所續補之外，實亦有少數幾則「太史公曰」中雜有後人竄亂之文，正如《四庫全書提要》所云：

> 周密《齊東野語》摘〈司馬相如傳贊〉中有「揚雄以爲靡麗之賦，勸百而諷一」之語，又摘〈公孫弘傳〉中有平帝元始中詔賜弘子孫爵語。焦竑《筆乘》摘〈賈誼傳〉中有『賈嘉最好學，至孝昭時，列爲九卿』語，皆非遷所及見。………則非唯有散佚，且兼有竄易，年紀綿邈，今亦不得而考矣。

今據瀧川資言《史記總論‧史記附益》、朱東潤《史記考索》、徐文珊《史記評介》、劉偉民《司馬遷研究》等學者所考，「太史公曰」中疑有後人竄亂之文者有：

〔註7〕《漢書‧司馬遷傳》注。又裴駰《史記‧太史公自序集解》亦引，司馬貞《史記‧索隱》則另加說明褚補之內容和方法。又張守節《史記‧龜策列傳正義》則誤以爲十篇皆亡於元、成間，且皆由褚少孫所補。

〔註8〕呂祖謙《東萊呂太史別集》卷十四云：「以張晏列亡篇之目校之《史記》，或其篇具在，或草具而未就，非皆無書也。………當班固時，東觀蘭臺所藏，十篇雖有錄無書，正如古文《尚書》，兩漢諸儒皆未嘗見，至江左始盛行，固不可以其晚出，遂疑爲僞也」。王鳴盛《十七史商榷》云：「世皆言褚先生補《史記》，其實《史記》唯亡〈武紀〉一篇，餘間有缺，無全亡者。而褚所補亦唯〈武紀〉，其餘特附益於各篇中，如贅疣耳」。

〔註9〕另〈陳涉世家〉篇末僅有「褚先生曰」，此疑爲後人誤將「太史公曰」改爲「褚先生曰」，故此篇亦歸爲「太史公曰」。然其他九篇標明爲「褚先生曰」者，則皆應視爲褚少孫所補而附益於篇末無疑。

〈秦始皇本紀〉：

　司馬遷取賈誼〈過秦論〉上下兩篇爲〈秦始皇本紀〉及〈陳涉世家〉贊，上篇已
　見於〈陳涉世家〉，故〈秦始皇本紀〉中所錄之〈過秦論〉上篇「秦并兼諸侯……
　攻守之勢異也」一段，應爲後人竄入。

〈孝武本紀〉：

　學者多以爲〈孝武本紀〉已亡，全文採錄自〈封禪書〉文，故本篇之「太史公曰」
　與〈封禪書〉完全相同，應爲後人所竄補。

〈禮書〉：

　首序應爲司馬遷之文筆，後半「禮由人起」至於卷末，應爲後人取《荀子》〈禮論〉
　及〈議兵〉兩篇所補。

〈樂書〉：

　首序應爲司馬遷之文筆，序文末「又嘗得神馬渥洼水中」則疑爲後人所竄入之文，
　其後「凡音之起」至「夫樂不可妄興也」，則爲後人取《荀子・樂論》、《禮記・樂
　記》等所增。卷末之「太史公曰」亦非司馬遷之筆，而爲後人所附益。

〈律書〉：

　首序爲司馬遷之筆，自「《書》曰七正二十八宿」至卷末之「太史公曰」，應爲後
　人所附益。

〈司馬相如列傳〉：

　「太史公曰」中有「揚雄以爲靡麗之賦，勸百而諷一……」等二十八字，出自揚
　雄《法言・吾子》，應爲後人所加。

　　除了以上所提及「太史公曰」之竄亂文字之外，其餘「太史公曰」皆列入本論
文探討的範圍。至於本論文研究之內容，則可略分爲三個部份，第一個部份以論述
《史記》「太史公曰」的淵源、性質、安排與內容，第二個部份以論述《漢書》體例、
論贊的安排與內容爲主，第三個部份則比較《史》《漢》論贊之間的異同與對後世史
書和文學的影響。希冀透過《史》《漢》論贊的分析比較，對史書論贊與司馬遷、班
固的史文風格作一完整的了解與呈現。

第二節　先秦典籍中的論贊雛形與淵源

　　凡是一種文體與文學形式的產生，皆須經歷長時間的繁衍改進，透過後人的仿
作、改作與發揚，然後漸滋形成而定型。史書論贊爲中國傳統史學的一種特殊形式，

春秋、戰國時期即以簡單的雛形存在於先秦典籍的寫作當中，經過後世史家的續接仿作，除了《元史》無論贊外，其餘正史均有論贊，惟其間的體例、題名略有所別，這便是中國史書論贊系統的形成。劉知幾《史通·論贊》云：

> 《春秋左氏傳》每有發論，假君子以稱之。二傳云公羊子、穀梁子，《史記》云太史公〔註10〕。

因此推本溯源，在《左傳》、《公羊》、《穀梁》等經籍中，作者借君子之言評論史事與人物的「君子曰」，實乃《史》、《漢》以降史書論贊的雛形與淵源。

其中，《左傳》是先秦典籍中出現最多「君子曰」例子的經書，全書共有九十則〔註11〕，各以「君子曰」、「君子謂」、「君子是以知」、「君子是以」、「君子以爲」、「君子以………爲」的形式出現，以下略舉數則說明，如隱公元年：

> 君子曰：「潁考叔，純孝也，愛其母，施及莊公」。詩曰：「孝子不匱，永錫爾類」。

僖公十二年：

> 君子曰：「管氏之世祀也，宜哉。讓不忘其上」。詩曰：「愷悌君子，神所勞矣」。

文公二年：

> 君子以爲失禮，禮無不順。祀，國之大事也，而逆之，可謂禮乎？

文公三年：

> 君子是以知秦穆公之爲君，舉人之周也，與人之壹也。

襄公三年：

> 君子謂：「祁奚於是能舉善矣。稱其讎，不爲諂，立其子，不爲比」。

雖然以上數則的行文語氣略有差異，稱引時亦稍有不同，但皆爲君子發論之語，由於「君子曰」所佔的數量較多，一般便將「君子曰」作爲《左傳》君子發論的代稱。

而《公羊》、《穀梁》除了以「君子曰」發論之外，還出現了「公羊子」、「穀梁子」的形式。如宣公十二年，春，葬陳靈公。《公羊傳》云：

> 討此賊者，非臣子也。何以書葬？君子辭也。

襄公二十九年，夏，論季子之仁義時，《公羊傳》云：

> 故君子以其不受爲義，以其不殺爲仁。

成公二年，秋七月齊侯國佐如師，己酉，及國佐盟于袁婁。《穀梁傳》云：

〔註10〕清浦起龍，《史通通釋》（台北：里仁出版，1993年6月），卷四，頁81。
〔註11〕參張高評，〈《左傳》史論之風格與作用〉，收於《左傳之文韜》（高雄麗文出版，民國83年10月），頁101～107。

君子聞之曰：「夫甚甚之辭焉，齊有以取之也」。

宣公十七年，冬十有一月壬午，公弟叔肵卒。《穀梁傳》云：

君子以是爲通恩也，以取貴乎《春秋》。

其他史書如《戰國策》、《國語》、《晏子春秋》等也都出現了「君子曰」，其中尤以《國語》出現的「君子曰」爲最多，共有十一條，如《國語》卷十二〈晉語六〉鄢之戰云：

君子曰：「勇以知禮」。

又如卷十三公伐鄭，軍於蕭魚云：

君子曰：「能志善也」。

而《晏子春秋》內篇〈諫問〉莊公問威當世服天下時耶？晏子對以行也。則云：

君子曰：「盡忠不豫交，不用不懷祿，晏子可謂廉矣」。

《晏子春秋》內篇〈雜上〉又云：

君子曰：「聖賢之君，皆有益，無偷樂之臣」。

《戰國策》卷上江乙說安陵君，則云：

君子聞之曰：「江乙可謂善謀，安陵可謂知時」。

這些敘述史事之後所出現簡短的「君子曰」，其作用或性質意義與《左傳》中的「君子曰」都是相似的，而且其中的「君子曰」均非指特定某一人所言之語，亦非指作者本身，所謂的「君子」或指有德之君子、詩人，或是爲古聖時賢。

除此之外，於長沙馬王堆三號墓所發現的帛書中，與《國語》同樣是以記言爲主的《春秋事語》亦有相同的情況〔註12〕。《春秋事語》於每段史事之後，常附有「某某曰」之語，發論者或爲當事人，或爲聖賢君子，或爲後世賢人，如：

閔子辛聞之曰：「君以逆德人，怠有後患」。

紀曹曰：「刑不咎，使守布舟，留其禍也」。

士說曰：「蔡其亡乎，夫女制不逆夫，天之道也」〔註13〕。

其內容或評論事理，或預言吉凶，或辨明是非，無論其形式、作用皆與《左傳》「君子曰」相類。故由以上所舉的多本史書之例可知，「君子曰」的體裁應是先秦典籍中所共有的形式，爲當時人寫作或說話時所好加的案語和評語。

先秦典籍中所稱引的「君子曰」，其寫作目的與後世史書中的論贊是很相近的，

〔註12〕《春秋事語》的記事始於魯隱公被殺，終於韓、趙、魏三家滅智伯，年代與《左傳》同爲春秋時期。參吳哲夫、吳昌廉主編，《中華五千年文物集刊》——《帛書篇》一（台北：故宮文物出版，民國73年），〈春秋事語概述〉，頁6～8。

〔註13〕參〈馬王堆漢墓出土帛書春秋事語釋文〉，（《文物》，1977年第一期），頁32～35。

例如《左傳》原爲解經而作，除了以義傳經以外，即是以史傳經，故多引君子之言來評論史事人物，除了可爲世人奠基道德與安身立命的常道，更具有戒鑑與教育的意義，正所謂孔子「《春秋》作，而亂臣賊子懼」，這也正是中國史者秉筆直書，彰善癉惡，講求信史，鑑今戒後的特有傳統，而孔子述作《春秋》的微言大義亦由此而彰顯。又章學誠曾云：

> 史家論贊，本於《詩》教………若馬班諸人論贊，雖爲《春秋》之學，然本左氏假設君子推論之遺〔註14〕。

章學誠以爲史家論贊本出於《詩》教，亦即源於孔子六藝之學，《論語·陽貨篇》云：「小子何莫學夫詩？《詩》，可以興，可以觀，可以群，可以怨，邇之事父，遠之事君，多識於鳥獸草木之名」，是故遷史班贊的精神乃本於孔子，而其形式實與《左傳》等書中的「君子曰」同爲對史事人物有感而興起的推論之辭。由此可知，先秦典籍中此種假君子之言而發論的形式，實爲後世史書論贊雛形之濫觴。司馬遷在編寫紀傳體《史記》之時，便是師法先秦典籍中「君子曰」的形式而創「太史公曰」，以作爲史家在客觀敘述史實之外，有抒發己見、評論史事人物的獨立空間。

先秦典籍中除了春秋三傳以及《國語》、《戰國策》、《晏子春秋》等史籍中有「君子曰」的例子外，屈賦中的「亂曰」亦可說是先秦文學作品中相類的例子。

在屈原的二十五篇作品中，計有〈離騷〉、〈涉江〉、〈哀郢〉、〈抽思〉、〈懷沙〉及〈招魂〉等六篇之篇末附有「亂曰」。屈賦「亂曰」皆置於全篇篇末，在楚辭的構篇形式中，一般稱爲「尾部」，簡稱爲「尾」〔註15〕，這是全篇結束，正文辭意終了時所加入的一句開頭語，由於題稱爲「亂曰」，故尾部末段亦多稱爲「亂辭」或「亂」。

王逸《楚辭章句》曰：

> 亂，理也。所以發理詞指，總撮其要也。屈原舒肆憤懣，極意陳詞，或去或留，文采紛華，然後結括一言，以明所趣之意也〔註16〕。

宋洪興祖補注云：

> 《國語》云：「其輯之亂。輯，成也」。凡作篇章既成，撮其大要以亂爲辭也。〈離騷〉有亂有重，亂者，總理一賦之終；重者，情志未申，更作賦也〔註17〕。

〔註14〕章學誠，《文史通義》（台北：里仁出版，民國73年9月），下冊，卷八，〈與喬遷安明府論初學課業三簡〉其三，頁821。

〔註15〕參張正體，《楚辭新論》（台北：台灣商務印書館，民國80年3月），頁54。

〔註16〕宋洪興祖，《楚辭補注》（台北：漢京文化，民國72年9月），〈離騷〉，頁47。

〔註17〕同註16。

又《國語》韋昭注云：

　　篇義既成，撮其大要，爲亂辭〔註18〕。

而《論語‧泰伯篇》有「關雎之亂，洋洋乎盈耳哉」之句，〈樂記〉則曰：「始奏以文，復亂以武」，又曰「再始以著往，復亂以飭歸」，皆是以始、亂二字對舉的例子。故劉台拱《論語駢枝》云：「始者樂之始，亂者樂之終」〔註19〕。

　　此外，〈抽思〉在「亂曰」之前，又繫有「少歌曰」與「倡曰」，洪興祖注云：

　　《荀子》曰：「其小歌也」。此下一章，即其反辭，總論前意，反復說
　　之也。此章有少歌，有倡，有亂。少歌之不足，則又發其意而爲倡。獨倡
　　而無與和也，則總理一賦之終，以爲亂辭云爾〔註20〕。

王逸「倡曰」下則云：

　　起倡發聲，造新曲也〔註21〕。

故綜論以上諸說，置於篇末的「亂」，應是指文章終篇的結語，在音樂方面則是指樂歌的末章。而屈賦篇末的「亂曰」，乃是指全篇結束之語，並以此段文字總結全文意旨，撮其大要，抒發感懷，或託以諷諫之旨爲其主要內容。例如〈離騷〉：

　　亂曰：「已矣哉！國無人莫我知兮，又何懷乎故都？既莫足與爲美政
　　矣，吾將從彭咸之所居」。

結尾「亂曰」雖僅有五句，卻表達了屈原對楚懷王的諷諫之旨，也對自己終不見納而被逐有深刻的感慨，是爲〈離騷〉全文之結語。又如〈哀郢〉：

　　亂曰：「曼余目以流觀兮，冀壹反之何時？鳥飛返故鄉兮，狐死必首
　　丘。信非吾罪而棄逐兮，何日夜而忘之」。

「亂曰」中短短的六句，將屈原對故都的思鄉之情與不知何日可返的哀情，全託之於此。

　　此後，漢代辭賦家的作品，亦多有此種形式，如東方朔的〈七諫〉、王褒的〈九懷〉、王逸的〈九思〉，皆在全篇作品之末附上一段「亂曰」，以作爲總結。劉向的〈九歎〉則因每篇各自獨立，故各篇結束皆有「歎曰」作結。賈誼〈弔屈原賦〉的篇末則是作「誶曰」〔註22〕。此皆是承襲屈賦「亂曰」而來。

　　因此「亂曰」的形式雖非屈賦所有作品中的固定結構，但卻有其一定的意義和

〔註18〕參《先秦文學史參考資料》（台北：里仁書局，民國81年7月），〈離騷〉，頁662。

〔註19〕參同註18。

〔註20〕同註16，〈抽思〉，頁139。

〔註21〕同註20。

〔註22〕《漢書‧賈誼傳》顏師古注曰：「誶，告也」。又引張晏曰：「誶，〈離騷〉下章亂也」。

作用，亦即為總結全文的抒情感懷而作。故李曰剛《辭賦流變史》云：

> 〈離騷〉、〈懷沙〉、〈哀郢〉、〈涉江〉、〈招魂〉諸篇之後都有亂辭，〈抽思〉且有「亂」、有「倡」、有「少歌」，實亦後世論贊體之嚆矢〔註23〕。

此說精闢且有其特殊之見地，但卻未見其他學者有所闡發。世人固知《左傳》等經籍中的「君子曰」為《史記》「太史公曰」與後世論贊之淵源，然「太史公曰」對「君子曰」的學習，應該指包括論贊的形式與義法，以及史論、史評的作用與作意。而從「亂曰」的內容與性質來看，「亂曰」是以情感的抒發為主，完全不具有「君子曰」和「太史公曰」中的史論與褒貶義法，但其屬於篇末結束語「某某曰」的形式，卻是相同的。而部份《史記》「太史公曰」中所具有的強烈抒情表達，卻一直是歷來史書論贊中所少有的，這固然與司馬遷個人的特質有關，但從他對屈原遭遇的同情與悲嘆，以及對其作品的喜愛〔註24〕，應可推知司馬遷在作品中抒情感懷的深刻筆觸，應是深受屈原與屈賦的啟發的。因此我們可以大膽的推論，《史記》「太史公曰」中的情感表達，正是司馬遷對屈賦「亂曰」總結全文意旨、抒情感懷作用與筆法的學習，這也應是對李曰剛先生「亂辭亦為後世論贊體之嚆矢」的最好註解。

第三節　論贊的意義與性質

縱觀二十五史，除了《元史》之外，其它正史均有論贊，《史記》稱「太史公曰」，班固《漢書》稱「贊曰」，陳壽《三國志》稱「評曰」，范曄《後漢書》則分為「序」、「論曰」以及「贊曰」三個部份，因此正史論贊並無確切而統一的名稱。劉知幾《史通・論贊》云：

> 《春秋左氏傳》每有發論，假君子以稱之。二傳云公羊子、穀梁子，《史記》云太史公。既而班固曰贊，荀悅曰論，東觀曰序，謝承曰詮，陳壽曰評，王隱曰議，何法盛曰述，揚雄曰譔，劉昂曰奏，袁宏、裴子野自顯姓名，皇甫謐、葛洪列其所號。史官所撰，通稱史臣。其名萬殊，其義一揆。必取便於時者，則總歸論贊〔註25〕。

劉知幾認為雖然諸史發論的名稱各異，但其性質與意義並無差別，故將其統稱為論贊。

然究竟論贊為何義？《史通・論贊》云：

〔註23〕李曰剛，《辭賦流變史》（台北：文津出版，民國76年2月），頁59～60。
〔註24〕參《史記・屈原賈生列傳》。
〔註25〕清浦起龍，《史通通釋》（台北：里仁書局，民國82年6月），卷四，頁81。

夫論者，所以辯疑惑，釋凝滯。若愚智共了，固無俟商榷。丘明「君
子曰」者，其義實在於斯〔註26〕。

故劉知幾以爲辯釋傳文中的疑惑與不足，是最早設置「君子曰」的原意。而在明代
吳訥的《文章辨體序說》中則云：

按《韻書》：「論者，議也」。梁《昭明文選》所載，論有二體：一曰
史論，乃史臣於傳末作論議，以斷其人之善惡，若司馬遷之論項籍、商鞅
是也；二曰論，則學士大夫議論古今時世人物，或評經史之言，正其訛謬
〔註27〕。

可知「論」字的本義爲「議」，應是指對時事人物的評價或議論方面的內容。而蕭統
《文選》中則將論分爲三種：分別爲「設論」、「史論」及「論」三類〔註28〕，其中
「史論」特指於史書篇末評斷人物是非善惡的論議。後來明代的徐師曾則依蕭統的
原則將論分爲八品，其中「史論」又分爲「評議」、「述贊」二體〔註29〕。並且說：

概古者史官各有論著，以訂一時君臣言行之是非。然隨意命名，莫協
於一，故司馬遷《史記》稱「太史公曰」，而班固《西漢書》則謂之「贊」，
范曄《東漢書》又謂之「論」〔註30〕。

故知劉知幾將諸史發論之體定名爲「論贊」，其中的「論」乃指評議史事人物的史論。

至於「贊」的意義則有較多的延伸。劉勰《文心雕龍・頌讚篇》說：「至相如屬
筆，始讚荊軻。及遷史固書，託讚褒貶」〔註31〕。《漢書・藝文志》〈諸子略〉雜家
科下有「荊軻論五篇」，班固自注云：「軻爲燕刺秦王，不成而死，司馬相如等論之」。
梁任昉《文章緣起》也說：「司馬相如作〈荊軻贊〉」〔註32〕。不論是名爲〈荊軻贊〉
或〈荊軻論〉，可知漢代已有專門對歷史人物作評論的文章，名爲「贊」或「論」。

又據《文心雕龍・頌讚篇》所云，贊的本義爲「助」、爲「明」〔註33〕，目的
在助以發明「傳」意。班固承襲「太史公曰」的論體，而易名爲「贊曰」，因此助以

〔註26〕同註25。

〔註27〕明吳訥，《文章辨體序說》，收於《文體序說三種》（台北：大安出版社，民國87年6
月出版），頁53。

〔註28〕《文選》卷四五爲〈設論〉，卷四九、五十爲〈史論〉，卷五一～五五爲〈論〉。

〔註29〕明徐師曾，《文體明辨序說》，收於《文體序說三種》（台北：大安出版社，民國87年
6月出版），頁86。

〔註30〕同註29，頁101。

〔註31〕劉勰，《文心雕龍》（台北：維明書局，民國72年9月），卷二，〈頌讚〉，頁158。

〔註32〕明陳懋仁，《文章緣起注》，收於《文體序說三種》（台北：大安出版社，民國87年6
月出版），頁20。

〔註33〕參同註31。

發明「傳」意應是班贊設置的本意。故原始的史贊應是指班固史評散文之類的文體，且意在託贊褒貶，兼及美惡，而非指一意的褒美。然而後世的贊體漸增，贊字的意義漸廣，例如贊又分無韻、有韻兩類，無韻之贊中有史贊與雜贊，有韻之贊中又有贊人物、山水、文字、名理、圖畫、雜物等多種〔註34〕。故《文章辨體序說》云：

> 按贊者，贊美之辭。……厥後班孟堅《漢史》以論爲贊，至宋范曄更以韻語。……大抵贊有二體：若作散文，當祖班氏史評，若作韻語，當宗〈東方朔畫相〉〔註35〕。

劉勰《文心雕龍‧頌讚篇》又說贊體是：

> 促而不廣，必結言於四字之句，盤桓乎數韻之辭〔註36〕。

明陳懋仁《文章緣起注》也說：

> 贊者，明事而嗟嘆，以助辭也。四字爲句，數韻成章，蓋約文而寓以褒貶也〔註37〕。

這裡所提及以四字爲句且諧聲押韻的贊體，都是後世漸滋發展而來的。

范曄《後漢書》除撰史之外，改班固《漢書》的「贊曰」爲「論曰」，而於「論曰」之後另別作一首華文麗句，用以標舉得失，總結全文，名之爲「贊」。范曄對自己《後漢書》中論贊的成就相當自負〔註38〕，後世許多史書也多仿《後漢書》的形式，因此論爲散文，贊爲四言韻語，每篇並用兩體的情形，便漸漸成爲唐代以前史家遵循的慣例〔註39〕，而後世許多人對論贊的理解，也便因此多與清浦起龍的解釋相類，即所謂「論謂篇末論辭，贊謂論後韻語」〔註40〕。後人對此類六朝史書的論贊多有批評，《史通‧論贊篇》便云：

> 史之有論也，蓋欲事無重出，文省可知。及後來贊語之作，多錄紀傳之言，其所異，唯加文飾而已〔註41〕。

〔註34〕參同註29，頁101。
〔註35〕同註27，頁59。
〔註36〕同註31，頁159。
〔註37〕同註32，頁20。
〔註38〕參《宋書‧范曄傳》。
〔註39〕班固仿司馬遷《史記‧自序》敘著作之本意，於《漢書‧敘傳》中以四言體道之，然班固謙遜不敢自謂爲作者，故改「作」爲「述」，「述」之內容絕非覆述歎詠，或重申褒貶。而范曄卻自以爲取則於遷、班，改贊爲論，復加四言贊體於後，與《漢書‧敘傳》之體實不相同。參張舜徽，《史學三書平議》（北京中華書局，1983年3月），〈史通平議〉，卷二，頁41。
〔註40〕同註25。
〔註41〕同註25，頁82。

這是因爲後人既無范曄的才識，又不能明史遷「太史公曰」與班贊的遺意而紛紛效顰，故劉知幾《史通》會有如此的評論。其實，史家根據史實直書其事，善惡自見，於敘史之外另加論贊，應是有其傳外新義的，正如《史記》「太史公曰」與《漢書》「贊曰」，不僅能補正文之闕，引述舊聞，列舉軼事，又能評議史事人物，故能成爲後世論贊的典範。

論贊的名義既明，則需再釋《史記》「太史公曰」與《漢書》「贊曰」之義。史官的名稱自有記載以來，多通稱爲太史（大史），或單稱史，亦有稱內史、外史、左史、右史、御史、侍史等〔註42〕，正如司馬遷在〈太史公自序〉中述司馬談臨終遺言時，曾多次稱述官名爲「太史」，如「余先周室之太史也」、「汝復爲太史，則續吾祖矣」、「爲太史，無忘吾所欲論著矣」、「余爲太史而弗論載」等，都是稱官名爲「太史」的例子。不過在〈太史公自序〉中，司馬遷亦有以「太史令」稱述己職的例子〔註43〕。

至於《史記》所稱述的「太史公」一職，不僅不見於班固《漢書》〈百官公卿表〉，且在《史記》中有多種不同的指稱：如「太史公執遷手而泣曰」、「太史公仕於建元、元封之間」、「太史公學天官於唐都，受《易》於楊何，習道於黃子」、「太史公既掌天官，不治民，有子曰遷」、「太史公留滯周南」等，其中的「太史公」都是指司馬談。又如「七年而太史公遭李陵之禍」則是指司馬遷，而「凡百三十篇，五十二萬六千五百字，爲《太史公書》」則是指書名。此外「太史公仍父子相續纂其職」、「天下遺聞古事，靡不畢集太史公」，則是兼指談、遷父子。由於指稱名義上的不同，故歷來學者有頗多分歧的看法〔註44〕。其中，朱希祖先生解釋「太史公」一詞的由來時云：

> 若太史公者，實爲遷自己題署，則官名之說，似較可通。惟此官名，乃從楚制之別名，非漢官之正名。司馬談自敘其官，則僅稱太史，蓋比附周之太史而云然。………談之稱太史，亦非漢官，漢官無專稱太史者。惟

〔註42〕參周虎林，《司馬遷與其史學》（台北：文史哲，民國69年出版），〈古代史官表〉，頁12～17。

〔註43〕〈太史公自序〉云：「遷爲太史令」。令者，官署之長也，與中書令、宦者令、縣令等名稱是相同的，在漢代「太史令」之官級爲六百石秩，屬奉常。參徐文珊，《史記評介》（台北：維新書局，民國74年6月），頁35。

〔註44〕例如：梁玉繩《史記志疑》卷一認爲「太史公」是官名。顏師古《漢書·司馬遷傳注》及顧炎武《日知錄》卷二十則認爲「太史令」爲官名，司馬遷因尊稱其父而謂之公。司馬貞《史記·太史公自序索隱》則以爲「太史公」既是尊稱亦是自題。清俞正燮《癸巳類稿》則認爲司馬遷是屬官以名其書。參鄭之洪，《史記文獻研究》（四川巴蜀書社出版，1997年10月），頁100～104。

遷從楚俗，稱太史令爲太史公，既以稱其父，又以自稱，且以稱其書，而〈報任少卿書〉之太史公，亦可迎刃而解矣。自春秋時，楚國縣令，或稱縣公。《左傳》楚有葉公、析公、申公、隕公、蔡公、息公、商公、期思公。《呂氏春秋》楚有卑梁公。《戰國策》楚有宛公、新城公。《淮南子》楚有魯陽公。此令稱公之證也。漢高祖本楚人，喜楚歌楚舞，故稱謂之間，亦有從楚俗者，《史記·高祖本紀》，沛父老率子弟共殺沛令，立季爲沛公。………遷從楚俗，稱太史令爲太史公，則太史公仍爲官名，惟爲太史令之別名耳〔註45〕！

此說頗爲精審，自漢開國以來文武功臣多爲楚人，楚俗多稱「令」爲「公」，因此司馬遷從楚俗，稱官職「太史令」爲「太史公」。徐文珊先生也云：

書中稱其父談爲太史公，自稱亦稱太史公，從其俗，重其職〔註46〕。

此所謂「從其俗」與朱希祖先生「從楚俗」之說是相近的，羅師敬之即認爲：

蓋司馬氏之先，世爲周太史，而司馬談父子，亦官太史令，故有太史之名。又從楚俗之「令」而爲「公」，故曰「太史公書」。既名其書，復以各篇綴以「太史公曰」，情至理臻，亦符私人著述之旨〔註47〕。

故司馬遷既以「太史公」爲書名，又以此稱綴於篇末，仿「君子曰」作「太史公曰」，此乃「太史公曰」之由來與意義。

　　至於班固《漢書》稱「贊曰」的用意，則正如《文心雕龍·頌贊篇》所云，贊的本義爲「助」、爲「明」〔註48〕，其目的與本意在於助以發明「傳」意，且著重在託贊褒貶，兼及美惡。班固仿「太史公曰」的論體易名爲「贊曰」，用此「贊」字不僅有其深意，且可謂直指出史家論贊設置的本旨，故《漢書》「贊曰」之名，可說是劉知幾定名「論贊」一體名稱的由來。

　　最後則討論《史》《漢》論贊性質異同的問題。梁蕭統在編纂《文選》時，對《史記》與《漢書》論贊的性質有不同的認定。蕭統將史傳論贊歸納爲一類，統稱爲「史論」，《文選》卷四十九與卷五十即爲〈史論類〉，其內容分別收錄了班固《漢書》、范曄《後漢書》、干寶《晉紀》、沈約《宋書》等史論。蕭統在〈文選序〉裡說明編選〈史論〉的原則時云：

〔註45〕朱希祖，〈太史公解〉，收於《史記論文選集》（台北：長安出版社，民國71年出版），頁102。

〔註46〕同註43。

〔註47〕參羅敬之，〈史記導讀——關於《史記》的幾個先顯問題〉，收於《文化大學中文學報》（文化大學，民國82年2月），創刊號，頁98。

〔註48〕參同註31。

子史若斯之流，又亦繁博，雖傳之簡牘，而事異篇章，今之所集，亦所不取。至於記事之史，繫年之書，所以襃貶是非，紀別異同，方之篇翰，亦已不同。若其贊論綜輯辭采，序述之錯筆文華，事出於沉思，義歸乎翰藻，故與夫篇什，雜而集之〔註49〕。

編輯《文選》的目的在選錄一部純文學的作品，蕭統認爲諸子與史傳並不屬於文學的範疇，可見文學在這個時代已掙脫經、史、子各部的限制而獨立發展，這是文學自覺的時代意義。所謂具有文學性質的作品，蕭統認爲：能夠錯比文華、事出沉思，可觀其心靈，並能展現作者才思與文筆的，即可被選錄。史傳中的記事之史、繫年之書皆屬於史學之作，而史傳中的論贊，則符合了文學作品的性質，是屬於文學的領域。

劉知幾《史通‧論贊》也曾以史學的觀點批評魏晉唐初的史傳論贊，他說：

私徇筆端，苟街文彩，嘉辭美句，寄諸簡冊，豈知史書之大體，載削之指歸者哉〔註50〕。

又說：

大唐修《晉書》，作者皆當代詞人，遠棄史、班，近宗徐、庾。夫以飾彼輕薄之句，而編爲史籍之文〔註51〕。

劉知幾認爲史家應重史實、史筆，貴潔而不煩，無須再加虛文美辭，然而六朝文體本以作駢麗之文爲主，史家相承此風，實屬難免。由此可知，蕭統編選班書以下之論贊於《文選》，實爲肯定史傳論贊具有顯著的文學性。

然而爲何唯獨《史記》「太史公曰」不被選錄於《文選》之中？章學誠《文史通義‧史注》曾說：

太史自敘之作，其自注之權輿乎？明述作之本旨，見去取之從來，已似恐後人不知以標其所云，而特筆之，所謂不離古文，乃考信六藝云云者，皆百三十篇之宗旨，或殿卷末，或冠篇端，未嘗不反復自明也〔註52〕。

章學誠認爲司馬遷寫「太史公曰」的目的是爲了自注，除了闡述個人的述作之意以外，還說明了史料來源與自己在處理材料時的取捨方法。在蕭統的眼中，「太史公曰」裡「見去取之從來」的內容，完全是屬於史學的範疇，而且司馬遷樸質無華的散文，與六朝史家重翰藻之論贊，在文風上是有所不同的。就如「太史公曰」被劉知幾評

〔註49〕《文選》（台北：華正書局，民國75年7月），卷首，頁2。
〔註50〕同註25，頁82。
〔註51〕同註25，頁83。
〔註52〕章學誠，《文史通義》（台北：里仁出版，民國73年9月），上冊，卷三，頁238。

爲「淡泊無味」，而班固之論贊則被評爲「辭惟溫雅，理多愜當。其尤美者，有典誥之風，翩翩奕奕，良可詠也」〔註53〕。故知《文選》不選「太史公曰」的原因，實受六朝靡麗風格的文學思潮影響，又視「太史公曰」中「見去取之從來」的部份爲史學領域，故而摒棄不錄。然千年來以《史記》在文學與史學方面的地位，與其對後世多方面深遠的影響，絕對是受肯定而不容忽視的，本論文將於後文析論之。

〔註53〕同註25，頁82。

第二章 《史記》體例與太史公曰

第一節 太史公曰的作者

歷來即有學者對於《史記》部份續補竄亂與矛盾不統一的現象提出討論，而「太史公曰」的作者自清代以來更是有提出質疑者。他們從「太史公曰」的思想、內容、交遊、時代或用語、稱謂上考察，有人認為《史記》一部份「太史公曰」的內容，疑似司馬談生前即已論著，甚至有人以為是另一個太史公所云。以下略舉各家論點說明如下。

清方苞《望溪先生文集》中的〈書史記十表後〉及〈又書太史公自序後〉兩篇，是最早考論「太史公曰」作者的文章。方苞從文字用語和稱謂上立論，引〈太史公自序〉云：

> 網羅天下放失舊聞，……著十二本紀，……作十表，……作八書，……作三十世家，……七十列傳。

他以為十二〈本紀〉曰「著」，是為司馬談所科條之者，而司馬遷自己所論載者則曰「作」。另外他又引諸年表之序中有「太史公讀《春秋曆譜諜》」，「太史公讀《秦紀》」，「太史公讀《秦楚之際》」，「太史公讀《列封》至便侯」等等，而〈高祖功臣侯者年表序〉則云：「余讀高祖侯功臣………」，方苞以為凡稱「太史公讀」者，乃謂其父所欲論著者，以便於與「余讀」別之〔註1〕。

王國維於〈太史公行年考〉中亦有討論〔註2〕，他以為〈刺客列傳〉、〈樊酈滕

〔註1〕參方苞，《望溪先生文集》（台北：中華書局，民國54年8月），冊一，卷二，〈又書太史公自序後〉、〈書史記十表後〉。

〔註2〕王國維，〈太史公行年考〉，收於《王觀堂先生全集》（台北：文華出版，民國63年5月），冊二，《觀堂集林》，卷十二，頁491。

灌列傳〉、〈酈生陸賈列傳〉等篇之「太史公曰」與司馬談有關，這幾篇「太史公曰」曾云：

> 始公孫季功、董生與夏無且游，具知其事，爲余道之如是。

> 余與他廣通，爲言高祖功臣之興時若此云。

> 平原君子與余善，是以得具論之。

王國維依其年齡、時代推算，認爲與贊語中人物交遊者應非司馬遷，而有可能是司馬談，故云：「此三傳所紀史公，或追紀父談語也」〔註3〕。

而顧頡剛依王國維所論，認爲「此三傳成於談手無疑」〔註4〕，並以爲除了上述三傳的「太史公曰」爲談所作以外，又舉《史記》〈趙世家〉、〈張釋之馮唐列傳〉、〈游俠列傳〉的「太史公曰」爲例，如〈趙世家〉云：

> 吾聞馮王孫曰：「趙王遷其母倡也」，又戰國之世趙事獨詳，蓋馮唐父子之語也。

〈張釋之馮唐列傳〉云：

> 遂字王孫，亦奇士，與余善。

〈游俠列傳〉云：

> 吾識郭解，狀貌不及中人。

顧頡剛認爲此三傳中馮唐、馮遂、郭解與司馬遷的年齒皆不相及，故贊中所云亦皆爲司馬談之語〔註5〕。顧氏以「太史公曰」中所言之交遊立論，斷定〈趙世家〉、〈刺客列傳〉、〈樊酈滕灌列傳〉、〈酈生陸賈列傳〉、〈張釋之馮唐列傳〉、〈游俠列傳〉等皆爲司馬談所作〔註6〕。

李長之亦曾於〈史記中可能出於司馬談手筆者〉中，從思想、時代和避諱問題討論司馬談和《史記》的著作關係。他認爲〈孝景本紀〉、〈律書〉、〈晉世家〉、〈老

〔註3〕參同註2。考董仲舒生於漢文帝元年（西元前179年），景帝時爲博士，卒於武帝太初元年（西元前104年）。他廣爲樊噲孫，〈索隱〉云：「蓋嘗訝太史公序蕭、曹、樊、滕之功悉具，則從他廣而得其事，故備也」。平原君朱建死於文帝朝，其子封爲中大夫，經景帝十五年（西元前156年～141年）至武帝朝時仍爲官，是有可能的。司馬遷生於景帝中元五年（西元前145五年）卒於昭帝始元元年（西元前86年），與上述幾人前後相交，並非不可能。參羅敬之，〈司馬遷傳略〉，（《木鐸》第十二期，民國77年3月），頁72～78。

〔註4〕詳參顧頡剛，〈司馬談作史〉，《史林雜識初編》（出版地不詳，民國51年），頁133。

〔註5〕〈馮唐列傳〉云：「武帝立，求賢良，舉馮唐，唐時年九十餘，不能復爲官，乃以唐子馮遂爲郎」。故遂於武帝朝亦應已六十餘，司馬遷是可與遂爲忘年之交的。又郭解爲公孫弘所殺，公孫弘爲武帝丞相，卒於元狩二年（西元前121年），郭解死於弘爲御史大夫時（約西元前126年～125年），時司馬遷年已二十，應可見及郭解。

〔註6〕參同註4。

莊申韓列傳〉、〈刺客列傳〉、〈李斯列傳〉、〈酈生陸賈列傳〉、〈日者列傳〉等八篇與司馬談有關〔註7〕。

賴長揚則認爲〈孝文本紀〉及〈呂后本紀〉與司馬談有關,他舉〈孝文本紀贊〉說:

> 太史公曰:………漢興,至孝文四十餘載,德至盛也,廩廩鄉改正服封禪矣,謙讓未成於今。鳴呼,豈不仁哉!

其中「於今」二字明爲作者記述此文是在改正服封禪之前所寫,且司馬談歆慕封禪,云「廩廩鄉」則表現出其深切的惋惜,若作者爲司馬遷其內容、語氣應與此不同。又〈孝文本紀〉中有「事在〈呂后〉語中」,〈呂后本紀〉亦可能爲談所作。故賴氏以爲〈本紀〉、〈列傳〉與「太史公曰」皆有司馬談之筆,且《史記》體例實創自於談手〔註8〕。

趙生群在〈司馬談作史考〉中,更大膽的考察出十三篇與司馬談相關的篇章,計有〈殷本紀〉、〈周本紀〉、〈秦本紀〉、〈秦始皇本紀〉、〈歷書〉、〈天官書〉、〈封禪書〉、〈陳杞世家〉、〈宋微子世家〉、〈齊太公世家〉、〈魯周公世家〉、〈管蔡世家〉、〈衛康叔世家〉等。趙氏的考察大體皆以「太史公曰」中的用語、文字、稱謂、時代、思想等方面,作爲考論司馬談作史的痕跡〔註9〕。

朱榴明則以另一種方法考察「太史公曰」,他以爲部份「太史公曰」中所用的第一人稱代詞所代者皆非司馬遷,如〈刺客列傳〉、〈樊酈滕灌列傳〉等,而且〈酈生陸賈列傳〉、〈游俠列傳〉與〈封禪書〉中,「太史公曰」所云的內容則與司馬遷之年齡不相及,並認爲部份「太史公曰」似是引文,如〈游俠列傳〉、〈貨值列傳〉、〈伯夷列傳〉。他的結論是:《史記》中一部份「太史公曰」並非司馬遷所言,而是司馬遷的前任太史公所云,但他並沒有指出前任太史公爲何人〔註10〕!

以上各家之說皆有其立論根據,孤立地看似皆有理,然單憑一條論據就要確定某篇、某則「太史公曰」非遷所云,實爲牽強。且各家見解之間互爲矛盾,以〈趙世家〉爲例,顧頡剛依交遊年齡定爲談之作,而李長之則是依避諱原則斷定爲遷所

〔註7〕論述詳參李長之,《司馬遷之人格與風格》(台北:里仁書局,民國86年10月初版),頁149〜155。

〔註8〕詳參賴長揚,〈司馬談作史補證〉,(《史學史研究》,1981年6月,第二期),頁41〜41。

〔註9〕詳參趙生群,〈司馬談作史考〉,(《南京師院學報》,1982年5月,第二期),頁51〜56。

〔註10〕參朱榴明,〈史記太史公曰部分抉疑〉,(《常德師專學報》,1983年10月,第四期),頁89〜93。又參朱榴明,〈史記太史公曰抉疑〉,(《人文雜志》,1986年6月,第三期),頁88〜93。

作。又如顧頡剛以爲〈趙世家〉、〈游俠列傳〉中之「太史公曰」，司馬遷自稱爲「吾」，而〈刺客列傳〉、〈樊酈滕灌列傳〉、〈酈生陸賈列傳〉、〈張釋之馮唐列傳〉等四篇皆用「余」，顧氏以爲「吾」指司馬遷，「余」則是指司馬談。而方苞、趙生群則又以爲「余讀」之「余」是指司馬遷，故諸論之間的矛盾實令人無所適從〔註11〕。

正如上述學者所云，《史記》的述作與成書司馬談應是具有直接的貢獻與影響的，司馬貞《史記索隱序》便曰：

《史記》者，漢太史司馬遷父子之所述也。

劉知幾《史通·古今正史篇》亦云：

孝武之世，太史公司馬談欲錯綜古今，勒成一史，其意未就而卒，子遷乃述父遺志。採《左傳》、《國語》、刪《世本》、《戰國策》，據楚漢列國時事〔註12〕。

而司馬遷的成長、學識與思想，與其父的教育培養之功亦是不可忽視。且司馬遷受宮刑之後，實爲了繼父遺志，完成志業，才隱忍求生，發憤著述。況〈太史公自序〉中曾云：「小子不敏，請悉論先人所次舊聞，弗敢闕」，由此可知司馬談生前是已開始編次舊聞的，對於《史記》資料的收集和體例的草創，應有其一定程度的貢獻。然而《史記》最後是完成於司馬遷之手，司馬談生前即使已有著述，對遷而言，其實與《左傳》、《國語》、《世本》、《國策》等一樣，都是他選擇剪裁與吸收熔鑄的參考資料，縱使《史記》一百三十篇有文章風格上的精粗、闊略之分，有平實、激憤之別〔註13〕，這恐怕是一個人要完成規模宏大的著作時，難免因創作時間之長，因個人遭遇心境之不同，或對人世、時代感受之別，或對採擇的資料未作全面性的考量而造成缺誤，但我們並不能因此類片面的資料，便確定全篇或整則「太史公曰」一定爲司馬談所作，且《史記》五體百三十篇是一部完整的作品，若將其分割或分論，則無法有系統的探討《史記》一書的全貌，因此在無法有任何確實的證據顯示「太史公曰」爲司馬談所作之下，《史記》與贊語「太史公曰」皆應視爲司馬遷一人所作。

〔註11〕張大可，〈司馬談作史考論述評〉，收於《史記研究》（蘭州甘肅人民出版，1985年），頁58～73，認爲斷言各篇爲司馬談所作，基本上是不能成立的，並以爲唯有王國維的考論較符實際。又張新科，〈也談史記太史公曰〉，收於《司馬遷與史記論集》第三輯，（陝西：人民出版，1996年出版），頁465～477，亦針對朱榴明之文加以考辯，認爲朱文中之理由無法成立。

〔註12〕浦起龍，《史通通釋》（台北：里仁書局，民國82年6月），卷十二，頁337。

〔註13〕劉知幾《史通·敘事篇》：「人之著述，雖同自一手，其間則有善惡不均，精粗非是，……觀子長之敘事也，自周已往，言所不該，其間闊略，無復體統，自秦漢已下，條貫有倫，則煥炳可觀，有足稱者」。卷六，頁167。

第二節　《史記》五體與太史公曰的關係

司馬遷明確的表示，他著作《史記》的目的在「究天人之際，通古今之變，成一家之言」，梁啟超認為司馬遷所選擇的目的是宏偉且超越前人的，他說：

> 舊史官記事而無目的，孔子作《春秋》，時或為目的而犧牲事實。其懷抱深遠之目的，而又忠勤於事實者，惟遷為兼之〔註14〕。

為了達成深遠的目的與理想，司馬遷必須尋找到不同於前人且恰當的編排方式，讓歷史人物與事件之間既能貫串聯系，又能完整而有系統的呈現，於是他設置了〈本紀〉、〈表〉、〈書〉、〈世家〉、〈列傳〉等五個部份，讓每個部份各有其編排的意義與功能。雖然五體的設置應各有所本〔註15〕，但將其結合、改造且貫串在一起的，則是司馬遷在史書體例上的開創，故凡《漢書》以後的正史，皆以《史記》紀傳體例為其基本的編纂結構。徐復觀先生即云：

> 文化上極少有突然創始之例。然將古史各種形式，握其綱要，意識地各賦與明確地意義；綜合地將各種形式構造成一個有機的統一體，在統一體中，各發揮前所未有的功能，這便是在史學上震古鑠今地偉大創造〔註16〕。

徐先生對《史記》體例的創設，可謂給予絕對的肯定與讚許，因此假若沒有司馬遷這種史無前例的偉大創造，中國史學的發展將可能非今日所見之規模。

司馬遷在〈太史公自序〉裏論《史記》的編纂方法時說：

> 網羅天下放失舊聞，王跡所興，原始察終，見盛觀衰，論考之行事，略推三代，錄秦漢，上記軒轅，下至于茲，著十二本紀，既科條之矣。并時異世，年差不明，作十表。禮樂損益，律曆改易，兵權山川鬼神，天人之際，承敝通變，作八書。二十八宿壞北辰，三十幅共一轂，運行無窮，輔拂股肱之臣配焉，忠信行道，以奉主上，作三十世家。扶義俶黨，不令已失時，立功名於天下，作七十列傳。凡百三十篇，五十二萬六千五百字，為《太史公書》。

他在這裏很明確的闡述了自己編纂《史記》用〈本紀〉、〈表〉、〈書〉、〈世家〉、〈列傳〉五體的主張和用意。亦即以〈本紀〉記載各時代中能左右天下大局的政治人物

〔註14〕梁啟超，《中國歷史研究法》（北京：東方出版社，1996年3月），第二章，頁18。

〔註15〕參阮芝生，〈論《史記》五體及「太史公曰」的述與作〉，（《臺大歷史學報》，民國68年12月出版，第六期），頁17～43。

〔註16〕徐復觀，《兩漢思想史》卷三（台北：台灣學生書局，民國82年9月），〈論史記〉，頁338。

為中心，帝王是號令天下之人，也是國家、時代的代表人物，按照帝王與年代的時序來記事，便可以很清楚的說明整個歷史發展的脈動和實況。故王先謙釋云：「科分條例，大綱以舉」。劉知幾《史通‧本紀篇》也云：

> 蓋紀者，綱紀庶品，網羅萬事，考篇目之大者，其莫過於此乎〔註17〕！

清吳見思《史記論文‧孝文本紀》亦言：

> 本紀之體，是諸傳之提綱〔註18〕。

徐復觀先生則綜括〈本紀〉的意義有三點為：

> 一是帝王的世系。二是某一時代政令的中心；由此而能提供歷史以統一的空間。三是時間的統一與縱貫，由此而可提供歷史以流動而一貫的時間〔註19〕。

因此十二〈本紀〉除了記述歷代帝王之外，還加入了〈項羽本紀〉與〈呂后本紀〉，這乃是司馬遷根據歷史發展的大勢與實況，綱舉時勢的主宰者，亦即每一時代足以號令天下的政治人物於〈本紀〉，而非只限帝王才能入〈本紀〉。

〈表〉則是以表格形式譜列人物與事件，用以補〈本紀〉、〈世家〉、〈書〉與〈列傳〉之不足。因此〈表〉足以將錯綜複雜的歷史事件明確的組織在一起，且能文省事具，一目了然。趙翼《二十二史箚記》卷一即云：

> 《史記》作十表，仿於周之譜牒，與紀傳相為出入，凡列侯、將、相、三公、九卿功名表著者，既為立傳。此外大臣無功無過者，傳之不勝傳，而又不容盡沒，則予表載之，作史體裁，莫大於是〔註20〕。

歷史人物傳不勝傳，列表載之，舉目可詳。而〈本紀〉、〈世家〉諸傳年月差別不同，多以諸侯年代紀年，因此司馬遷說「并時異世，年差不明，作十表」〔註21〕，以便於將同時代而不同國家的世系對照參考。牛運震《史記評注》卷三云：

> 史之有年表，猶〈地理志〉之有圖經，族譜之有世系也。昔人推之，以為史家之本源冠冕。蓋事繁變眾，則年月必不能詳；世積人多，則傳載必不能備。年表者，所以較年月於列眉，畫事跡於指掌，而補〈紀〉〈傳〉〈書〉〈志〉之所不及也〔註22〕。

〔註17〕清浦起龍，《史通通釋》（台北：里仁書局，民國82年6月），卷二，〈本紀〉，頁36。
〔註18〕吳見思，《史記論文》（台灣中華書局，民國76年10月），冊一，頁94。
〔註19〕同註16，頁339。
〔註20〕趙翼，《二十二史箚記》（台北：世界書局，民國86年4月），上冊，卷一，〈各史例目異同〉，頁3。
〔註21〕《史記‧太史公自序》。
〔註22〕楊燕起編，《歷代名家評史記》（北京師範大學出版，1986年3月），頁138。

故〈表〉簡要明析，能提綱挈領，使隱微之人事予以鮮明，可以拾遺和補缺〈紀〉〈傳〉〈書〉〈志〉之不足，與〈紀〉〈傳〉互為經緯，也是標明歷史發展分期的線索，故鄭樵《通志》云：「《史記》一書，功在十表」〔註23〕。

　　以〈書〉系統的記載歷代的典章制度，並以社會制度和自然現象為主體，載政治、經濟、軍事、天文、地理等各種歷史史實。司馬貞《史記‧禮書索隱》云：

　　　　書者，五經六籍總名也，此之八書，記國家大體。

趙翼《二十二史箚記》卷一也云：

　　　　八書乃遷所創，以紀朝章國典〔註24〕。

八〈書〉是按類寫史，不同於〈本紀〉、〈列傳〉，可以說是分門別類的文化制度史，透過禮、樂、律、曆、天官、封禪、河渠、平準等和天人之際的重要制度與政策的記載，足以明白整個歷史政治的發展。楊燕起先生歸納前代學者對八〈書〉特點的評論有三：一、注重追溯典制的歷史源流。二、側重當代，注意承弊通變，嚴于指陳時弊。三、比較其他體裁，更富「通博」之識〔註25〕。班固在修《漢書》時將〈書〉改為〈志〉，志者，記也，這種演變對後世〈書志〉產生很大的影響，因此歷代史書中〈書志〉的體裁幾乎沿襲不改。

　　〈世家〉為諸侯功臣之傳記，記載對象主要以諸侯為主。由於春秋、戰國時期諸侯爭霸，周王室衰弱，掌握軍政財權者，皆以此一時代的諸侯為代表。司馬遷在〈太史公自序〉中言：

　　　　二十八宿壞北辰，三十輻共一轂，運行無窮，輔拂股肱之臣配焉，忠
　　信行道，以奉主上，作三十世家。

朱東潤先生對這段文字有很恰當的解說：

　　　　周漢之間，凡能拱辰共轂，為社稷之臣，效股肱輔弼之任者，則史遷
　　入之世家；開國可也，不開國亦可也；世代相續可也，不能相續亦可也。
　　乃至身在草野，或不旋踵而亡，亦無不可也〔註26〕。

朱氏的這段話頗能說明《史記》〈世家〉的本質與特性。〈世家〉前十六篇以記先秦十六諸侯國為主，以國為別，且編年紀事，因此形式上與〈本紀〉並無太大的不同。而漢初大封諸同姓王與異姓王，採分封與郡縣制並行，直至七國之亂後，諸侯王的權力才被削除，因此漢代的諸〈世家〉，則多為王侯將相之傳記。其中較特別的是〈孔

〔註23〕鄭樵，《通志‧總序》（台北：世界書局，民國75年），頁5。
〔註24〕同註20，頁4。
〔註25〕楊燕起，《史記的學術成就》（北京師範大學出版，1996年7月），頁114～116。
〔註26〕朱東潤，《史記考索》（上海華東師範大學出版，1996年12月），頁16。

子世家〉與〈陳涉世家〉，置孔子於〈世家〉是為了肯定孔子在文化、思想上的不朽，而陳涉入〈世家〉則是為了給予他應有的歷史地位，雖然歷代學者對此議論紛紛，然司馬遷實自有其編寫的用意。

〈列傳〉是人物傳記，主要在敘述人物的生平事跡，與歷史發展的基本線索較無直接關係，故非傳年，與〈本紀〉、〈世家〉的編年敘事並不相同，但卻與〈本紀〉、〈世家〉之間關係密切。劉知幾在《史通·列傳》中說：

> 夫紀傳之興，肇於《史》、《漢》。蓋紀者，編年也；傳者；列事也。編年者，歷帝王之歲月，猶《春秋》之經；列事者，錄人臣之行狀，猶《春秋》之傳。《春秋》則傳以解經；《史》《漢》則傳以釋紀〔註27〕。

章學誠在《文史通義·亳州志人物表例議中》也說：

> 史之有列傳也，猶《春秋》之有《左氏》也。《左氏》依經而次年月，列傳分人而著標題，其體稍異；而其為用，則皆取足以備經、紀之本末而已矣〔註28〕。

劉氏、章氏都認為〈紀〉、〈傳〉之間猶如《春秋》經傳的關係密切，但將〈紀〉、〈傳〉之間比喻為經傳的關係，似乎沒有綱與目的關係恰當。邱逢年《史記闡要》便云：

> 〈本紀〉為全書之冠，〈表〉〈書〉〈世家〉〈列傳〉，皆發明〈本紀〉，相輔以成書而已。蓋〈本紀〉敘帝王，以年統事，但舉大要，〈世家〉敘諸侯，以系統事，列傳敘公卿以下，以事傳人，皆及其詳。〈本紀〉為〈世家〉〈列傳〉之綱，〈世家〉〈列傳〉為〈本紀〉之目〔註29〕。

這種綱與目的密切關係，應該更能說明〈列傳〉的重要性，以及《史記》五體之間的相互關連性。因此〈列傳〉不僅可以補充〈本紀〉更詳細的內容，更具有整體的特殊立意。

至於依〈列傳〉的內容則可分為以一個人為主的專傳，被立專傳的人物，都是在歷史上有其獨特地位者，如〈伍子胥列傳〉、〈魏公子列傳〉。亦有兩人以上行事首尾相隨或彼此相關的合傳，如〈管晏列傳〉、〈廉頗藺相如列傳〉。以及包括對政治、經濟、文化有特殊作用的眾多相類人物的類傳，如〈刺客列傳〉、〈儒林列傳〉。另外還有記載域外民族發展與國家歷史為主的四夷傳。

從整體結構來看，五體中有三個部份是記載人物活動的，以〈本紀〉為綱領，記載關係整個國家、政治事件的發生，〈世家〉與〈列傳〉則述及人物本身與相關事

〔註27〕同註17，頁46。
〔註28〕章學誠，《文史通義》（台北：里仁出版，民國73年9月），下冊，卷七，頁804。
〔註29〕同註22，頁114。

件的發展原因與經過，透過這三種不同層級人物的活動記敘，完成了一個以人為主體的系統，足以使後人循序漸進的了解整個歷史發展的脈絡與社會生活的各種層面。因此我們往往必須參酌《史記》中許多不同的篇章，在相互參見與彼此補充之中，才能對一個歷史事件的始末或相關問題有完整的了解。這便是司馬遷為了突出歷史的整體性所設置的互見法。

　　從五體的編排和篇章與篇章之間的互見記敘，可以很清楚的透露出司馬遷以人為中心的歷史觀，他多能在適當之處突顯重點與特性，詳此略彼，相互參見，反映他對歷史人物的評價與褒貶。例如：孔子的事跡載於〈孔子世家〉，其弟子則置於〈仲尼弟子列傳〉，而子貢卻又列於〈貨殖列傳〉，這即是他對歷史人物各別特點所作的不同處理。又如相關人物或一件史事的始末，往往將史料分散在不同的篇章，並且點明相關事語見某篇，如〈秦本紀〉與〈商君列傳〉，〈蕭相國世家〉與〈淮陰侯列傳〉皆是這樣的筆法。因此，利用互見法，將部份支蔓的史料或有損人物形象的史事，分散於其它篇章，一方面可以使一件史事的敘述更顯條理分明，首尾完備，一方面則是可將褒貶評價隱含於其中。

　　但是司馬遷除了客觀敘事以及「於序事中寓論斷」〔註30〕的筆法之外，他更須要的是一個可以以著史者身份直接表達個人對人物、事件想法與評價的空間，因此「太史公曰」的設置，補足了自古以來史官秉筆直書、客觀敘史以外無法表達的部份，這是司馬遷為自己在《史記》中所創置一個可以加雜個人想法與色彩的自由空間。

　　「太史公曰」的主要內容之一，便是在補充原文中的事與義，當某些篇前傳文略之的史事，篇後的「太史公曰」就補而述之，或是作為總結、綜合、歸納全文的結語，有時則是點明著作緣起、目的、編撰方法，以及全篇內容概要等等，其所涵蓋的內容與作用可謂豐博而廣泛。司馬遷借著「太史公曰」總結、歸納成敗興亡的經驗教訓，使歷史發展的脈絡與人物的風貌特質，更能清晰而完整的呈現出來。凌稚隆即曰：

　　　　觀太史公贊論之中，或國有數君，或士兼百行，不能備論終始，自可略申梗概，遂乃頗取一事，偏引一奇，即為一篇之贊，將為龜鏡，誠所無取，斯亦明月之珠，不能無類矣〔註31〕。

因此，形式獨特的「太史公曰」不僅與《史記》五體結合在一起，又能兼備全文，論述始終，成為著史者評價史事人物的完整空間。故《史記》一書若缺少「太史公曰」，讀史者將缺少許多直見司馬遷思想的珍貴史料，以及通觀全書的輔助性資料，

〔註30〕顧炎武，《日知錄》（台北：明倫出版，民國47年），卷二六。
〔註31〕凌稚隆，《史記評林》（天津：古籍出版，1998年3月），冊一，卷一，頁81。

每一篇傳文亦將遜色而有所缺憾。

司馬遷設置五體與「太史公曰」，將一百三十篇結合爲一個整體，讓歷史的軌跡與人物傳記互爲連貫，是以〈紀〉〈傳〉爲經緯骨架，以〈表〉〈書〉爲神經脈絡。因此若僅分立來看，每一篇都是精彩而獨立的佳作，但卻不易透徹全書的觀點與要旨，因此篇與篇之間，以及傳文與「太史公曰」之間的相互參見，是絕對需要仔細對照相補的，是故《史記》五體與「太史公曰」實爲貫串連通、缺一不可的完整體系。是以後世正史之體例萬變不離其宗，皆以《史記》紀傳體爲模仿的對象。

第三節　太史公曰的安排與意義

在《史記》一百三十篇中，除〈漢興以來將相名臣年表〉之外，其他均附有「太史公曰」，全書共有一百三十六則。每則所置的位置不盡相同，或置於正文之前，是爲篇首的序論，相當於該篇的序言，用以概括說明全篇著作的要旨，或是作爲貫通性的理論說明，尤重在朝代興替的變化與政治情勢的全面性發展，以其作用之故，序論多集中於〈表〉、〈書〉與「類傳」等篇章，共有二十二則，頗能得見司馬遷的歷史觀與政治思想。另外置於篇末者則爲贊，比例最多，共有一百一十一則〔註32〕，集中於〈本紀〉、〈世家〉、〈列傳〉，因爲此三種體例皆是以記人爲主，故置於篇末的贊多是以褒貶人物、補充史料，或敘述個人心得感懷爲主。此外還有置於篇中的「太史公曰」共有三則〔註33〕。依上述所設置的位置比例而言，「太史公曰」應是以置於篇末爲常例，其他置於篇首、篇中或一篇出現兩則的狀況，皆應屬於具有特殊立意的設置。以下略分三點逐一說明：

一、「太史公曰」置於篇首者

置於篇首者有〈三代世表序〉、〈十二諸侯年表序〉、〈六國年表序〉、〈秦楚之際月表序〉、〈漢興以來諸侯王年表序〉、〈高祖功臣侯者年表序〉、〈惠景間侯者年表序〉、〈建元以來侯者年表序〉、〈建元以來王子侯者年表序〉、〈禮書序〉、〈樂書序〉、〈曆書序〉、〈外戚世家序〉、〈伯夷列傳序〉、〈孟子荀卿列傳序〉、〈循吏列傳序〉、〈儒林列傳序〉、〈酷吏列傳序〉、〈游俠列傳序〉、〈滑稽列傳序〉、〈龜策列傳序〉、〈貨殖列

〔註32〕〈陳涉世家贊〉之「褚先生曰」一作「太史公曰」，應視爲「太史公曰」計算。
〔註33〕張大可先生依「太史公曰」所置之位置分爲篇前「序論」、篇末「贊論」以及夾序夾議的「論傳」三種形式。參張大可，《史記論贊輯釋》（陝西：人民出版，1986年），〈序論〉，頁1～5。

傳序〉共二十二則〔註34〕。

其中〈表〉一體，九篇「太史公曰」全部置於篇首，並多以「太史公讀……曰」發論，以作為全文的序言。〈表〉的作用在於歸類條析，作為考察歷史發展的脈絡與線索，最具有章法義例，因此在列表之外，是需要一篇序論用以闡釋此表之義例與編排之內容的，因此司馬遷利用這九篇表序，議論歷史變遷的大勢與特點，並說明各階段歷史的取材標準，可說是司馬遷「通古今之變」思想的具體表現。

〈禮書序〉、〈樂書序〉、〈曆書序〉等主要以議論禮樂與曆法的本源與制度為主，皆是作為此三〈書〉的總論。〈外戚世家序〉亦屬議論之序言，由於〈外戚世家〉的內容繁複，包含了諸多外戚系統，與其他世家傳承單純的情形不同，故除了論證后妃之德對國家興衰治亂的影響外，亦利用序論對外戚系統加以說明。〈伯夷列傳序〉亦是以議論為主，在夾敘夾議中明述作之本旨，與〈太史公自序〉恰好前後呼應。至於其他幾篇列傳皆屬類傳，司馬遷將事類相近者合為一傳，以類相從，以類為標題，因此在篇前以序論說明相關的歷史背景與社會觀點。由此可知，司馬遷特將此二十二則「太史公曰」置於篇首，必是刻意為之，這些篇章皆是需要一個提綱挈領，論述全篇主旨的概要性說明，以便於讀史者對後文的了解與閱讀，這是「太史公曰」被安排作為篇首序論的用意。

二、一篇之中出現二則「太史公曰」者〔註35〕

（一）、〈十二諸侯年表〉：篇首序文云：「太史公讀《春秋曆譜諜》……曰」，另一置於篇末：「太史公曰：『儒者斷其義………』」。

（二）、〈管蔡世家〉：〈管蔡世家〉全篇以因管叔鮮、蔡叔度之事而命名，但亦另附曹叔振鐸之事跡，故在記敘管叔、蔡叔事跡之後有一則「太史公曰」，位在全篇中間，附敘曹叔之後又有一則「太史公曰」，位在篇末，此二則「太史公曰」乃因前後文各有其獨立起迄的人物事跡，故亦各有其獨立之論贊。

（三）、〈循吏列傳〉：一置於篇首：「太史公曰：『法令所以導民也……』」；一置於篇末：「太史公曰：『孫叔敖出一言………』」。

（四）、〈酷吏列傳〉：一置於篇首序文中間：「孔子曰：『導之以政，齊之以

〔註34〕此處所謂置於篇首者，除了置於序文首者外，亦包括置於序文中間或與序文末者，因為不論置於序文中的任何位置，同是屬於全篇之首序文的一部份，與置於全篇之末的論贊是不同的。

〔註35〕〈禮書〉、〈樂書〉、〈律書〉亦出現兩則「太史公曰」，但三篇篇末的「太史公曰」據瀧川資言《史記總論》等人之考證，認為應非出自司馬遷之手筆，故不列入討論。

刑………』。老氏稱：『上德不德，是以有德；………』。太史公曰：『信哉
是言也！……』；另一置於篇末：「太史公曰：『郅都、杜周十人者，………』」。

（五）、〈游俠列傳〉：一置於篇首序文中間：「韓子曰：『儒以文亂法，……』。且緩
急，人之所時有也。太史公曰：『昔者虞舜窘於井廩………』」；另一置於篇
末：「太史公曰：『吾視郭解，狀貌不及中人………』」。

（六）、〈滑稽列傳〉：一置於篇首序文之末：「孔子曰：『六藝於治一也。……』。太
史公曰：『天道恢恢，豈不大哉！談言微中，亦可以解紛』。」一置於篇末：
「太史公曰：『淳于髡仰天大笑，……』」。

（七）、〈太史公自序〉：一置於篇中：「太史公曰：『先人有言，自周公卒五百
歲……』」；一置於篇末：「太史公曰：『余述歷黃帝以來至太初而訖，百三
十篇。』」〔註36〕。

　　歸納以上七篇篇中出現二則「太史公曰」的情形，篇末的贊是較為固定的，與
一般置於篇末的「太史公曰」無異。而篇首序論中「太史公曰」的位置，則不一定
出現在序文首、序文中或序文末，三種情形兼而有之，此外，〈管蔡世家〉、〈太史公
自序〉的「太史公曰」則是置於行文之中。故知司馬遷應是依其行文的需要而決定
「太史公曰」所置的位置，而非依照一種固定的形式與格式來寫作，也因為這樣的
編寫而使得《史記》「太史公曰」的安排顯得變化多端而無定式。

三、「太史公曰」置於篇中者

　　為了銜貫前後、推衍文勢而將「太史公曰」置於行文之中的為〈天官書〉〔註37〕。
〈天官書〉的「太史公曰」有一千二百餘字，是《史記》中最長的一篇，這是為總
結全篇的天官學而寫，表達了司馬遷「究天人之際」的思想旨趣〔註38〕。

　　「太史公曰」的設置為了適合各篇內容的需要，全書五體皆有特例之處，例如
八〈書〉僅三篇有序論，〈世家〉中唯獨〈外戚世家〉有序論，而類傳則是有的有序

〔註36〕〈太史公自序〉一篇之中共出現四次「太史公曰」，但其中兩次乃是指太史公與壺遂
　　　　對話之言，不合於論贊的要求。
〔註37〕〈管蔡世家〉及〈太史公自序〉亦有置於篇中的「太史公曰」，但因全文出現兩則「太
　　　　史公曰」，另一則置於篇末，故其原因已於上文論述之。
〔註38〕最後一段「蒼帝行德」以下，事理紊亂而難解，應為後人誤抄而竄入正文，或妄加雜
　　　　湊而入，因前一段語氣已結且完整，故應非遷書之原文，點校本以低一格排版印行，
　　　　以為分別。參《史記會注考證》（台北：洪氏出版，民國75年9月），〈天官書〉考
　　　　證云：「太史公書止此，蒼帝行德以下，恐是後人附益」，頁494。又馬持盈，《史記
　　　　今註》（台北：台灣商務印書館，民國68年7月），冊三，卷二七，〈天官書〉註云：
　　　　「此一段，非太史公之文，乃後人所妄加」，頁1366。

有贊，有的無序有贊，有的有序無贊。其實這種毫無定式的情況在《史記》中應視為正常，因為《史記》紀傳體例的編寫在當時實屬草創，撰述的內容包羅萬象，歷史的發展往往無法用一種固定的形式來作全面而完整的反映，因此司馬遷配合實際條件與內容的需要而作設置與編排，因此使得部份「太史公曰」的安排顯得有些凌亂而不固定，但若從《史記》整體來看，全書的「太史公曰」仍然有其特定的次序與結構，因此司馬遷在創設與編寫「太史公曰」時，絕對是有其匠心獨運的意義的。

以上略論「太史公曰」設置中較特殊的例子。至於在「太史公曰」的篇幅方面，一般約在二、三百字左右，但亦有用字特多者，如〈儒林列傳序〉約有一千餘字，而用字特少者，則有〈建元以來王子侯年表序〉僅十四字，因此《史記》「太史公曰」在文字上並無長短的限制，而是依傳文的需要自由發揮。除此之外，《史記》敘事為散文體，以不用韻的句型為主，但在「太史公曰」中卻有極少部份整齊或用韻的句型出現。如〈吳王濞列傳贊〉、〈魏其武安侯列傳贊〉、〈南越列傳贊〉、〈朝鮮列傳贊〉等多有整齊的四字句，而〈滑稽列傳贊〉和〈太史公自序〉之略言部份的末句則安排用韻〔註39〕。此種部份用韻的四字句論贊，在《史記》中只是偶爾用之，雖然例子不多，但其整齊的韻文形式亦往往有其作用，例如它可以使文章的音調鏗鏘而較為委婉轉折，亦可以借此加強論斷的分量和效果。這種在論贊中加入韻語的寫作方式，對後世史書卻影響甚深，其中尤以《後漢書》必作韻語為贊。

由於「太史公曰」所置的位置不一，部份「太史公曰」顯得有些凌亂而不固定，因此並不是每一位學者都持以肯定與欣賞的看法。劉知幾《史通・論贊篇》便批評「太史公曰」云：

> 司馬遷始限以篇終，各書一論，必理有非要，則強生其文，史論之煩，
>
> 實萌於此〔註40〕。

他認為司馬遷在處理「太史公曰」時並無章法，而是隨意編置，強生其文，他還批評《史記》論贊淡泊無味，苟炫文采而畫蛇添足〔註41〕。唐司馬貞撰寫《史記索隱》

〔註39〕徐復觀先生曾對「太史公曰」的韻語提出過意見，他說：「這裏我想提出前人所未曾提出過的兩個問題。一是〈南越列傳贊〉，皆出之以韻語，了無意義。〈朝鮮列傳贊〉除末句多一『矣』字外，皆四字一句，亦了無意義，此兩贊疑皆非出自史公之手。另一是〈自序〉敘目中的小序，有的是散文，有的是四字一句的韻文。散文多有意義，韻文則辭句鄙俚而無意義，我懷疑因為有的小序散失了，後人乃仿《漢書》之例以補之。」見徐復觀，《兩漢思想史》卷三，（臺灣學生書局，民國82年9月），〈論史記——史記的構造之四〉，頁389。因為用韻的例子不多，故因其特殊而懷疑非出自司馬遷之筆，但亦無實證證明非遷之作，因此提出問題且存疑之。

〔註40〕清浦起龍，《史通通釋》（台北：里仁書局，民國82年6月），卷四，頁81。

〔註41〕同註40。

時，也認爲《史記》「太史公曰」與傳文內容無關而另作《索隱述贊》，用韻文的形式對傳文內容作摘要式的覆述。而宋鄭樵在《通志》中甚至主張廢除褒貶美刺，更不認爲《史記》具有寓意褒貶的義法，他說：

> 《史記》之有太史公曰者，皆史外之事，不爲褒貶也，間有及褒貶者，
> 褚先生之徒雜之耳〔註42〕。

這些批評一方面是基於對《史記》史論的意義、形式與辭章沒有透徹的了解，另一方面也是因爲他們對司馬遷所處時代的過分要求。「論贊」之名本由後人歸納歷代的史論形式而題名，後人只是借此題名，方便統稱這類史論形式的文章，是故並不能完全涵蓋歷代史書在個別特性上的不同。且以「太史公曰」的體例而言，古人實無此體，完全是司馬遷在「君子曰」的基礎上，大膽創新與超越前人既有的論斷形式而來，即使有因需要而產生的特例，恰亦可由此處考察司馬遷在寫作時所欲表現的思想。

以《左傳》「君子曰」的位置爲例，一般置於篇中或篇末，並不固定，而《史記》「太史公曰」則以置於篇末爲主，相較起來「太史公曰」的形式已顯得整齊許多。但爲了文章表達的需要，〈表〉、〈書〉與「類傳」中的「太史公曰」以置於篇首爲主，其他則多置於篇末，故知司馬遷對「太史公曰」的編寫，是在其靈活變通的安排之中，表達其特殊的意義，絕對不是隨意編置、強生其文。因爲縱觀全書的「太史公曰」，不僅少有空泛的言論與批評，更沒有強生其文或繁複該刪的段落，縱然「太史公曰」並非完全沒有缺點，但在史論的草創時期，司馬遷的「太史公曰」不但有其創意，並且有它存在的必要與價值。

司馬遷是用他的血淚和生命來寫《史記》的，《史記》中的每一細節都有他的用心，他企圖在龐博豐富的史料中，賦與《史記》借古鑑今的作用與使命，並希以「太史公曰」的史論精神承續孔子作《春秋》的褒貶義法。「太史公曰」配合《史記》五體與內容的實際需要，靈活運用，成爲司馬遷自由表達與發揮個人思想的重要空間，尤其從「太史公曰」與各篇傳文的互補互見當中，可以完整的觀察他在政治、經濟、軍事、文化、歷史、地理等各方面豐博的思想。因此能夠了解司馬遷的用心，便能夠對其史識與史論有所體會和認同。清牛運震《史記評注》卷一便云：

> 太史公論贊或隱括全篇，或偏舉一事，或考諸涉歷所親見，或徵諸典
> 記所參合，或於類傳之中摘一人以例其餘，或於正傳之外摭軼事以補其
> 漏，皆有深義遠神，誠爲千古絕筆〔註43〕。

〔註42〕鄭樵，《通志·總序》（台北：世界書局，民國75年），頁5。
〔註43〕楊燕起編，《歷代名家評史記》（北京師範大學出版，1986年3月），頁108。

這段話歸納說明了「太史公曰」設置的用意，不論其內容與重點在論述何事，司馬遷實皆有其深義遠神，這樣的體會應可說是司馬遷千古的知音。此外章學誠也對「太史公曰」有很高的評價，《文史通義‧史注篇》云：

> 太史〈自敘〉之作，其自注之權輿乎！明述作之本旨，見去取之從來，已似恐後人不知其所云，而特筆以標之。所謂「不離古文」，乃考信六藝云云者，皆百三十篇之宗旨，或殿卷末，或冠篇端，未嘗不反復自明也〔註44〕。

章學誠在這裡也對「太史公曰」的意義做了最中肯而確切的闡明，亦即所謂恐後人之不知其所云而所作的自注與自明。因此不論「太史公曰」是置於篇首、篇中或篇末，我們都應從綜觀全文的要旨與編寫去了解「太史公曰」安排的意義，如此才能對司馬遷的述作有正確的認識。

〔註44〕章學誠，《文史通義》（台北：里仁出版，民國73年9月），上冊，卷三，頁238。

第三章 《史記》太史公曰內容的探析

　　《史記》「太史公曰」共一百三十六則，本章依其內容略分為三類，亦即「直言論斷以明褒貶」、「微言譏刺反語曲筆」、「引言論證敘補軼事」等三個部份，此分類僅是為方便於論述時所作的分析，事實上每一則「太史公曰」往往同時涵蘊多種不同的意義，並非僅具一種內涵，或是能夠完全涇渭分明的作單一性質的分類。

　　魯實先先生曾歸納《史記》「太史公曰」的內容，概可分為四種功能：補軼事、記經歷、言去取、述褒貶。所謂補軼事者乃是於正文中未言及者，於贊中言之，以見其事；記經歷者乃是記個人旅遊之所見所聞；言去取者則是言材料之去取，以見述作之意〔註1〕，以上三種功能是《史記》「太史公曰」較異於其他史書論贊的內容，將於本章第三節析論之。至於第四種述褒貶一項，則是後世史書論贊中最主要也是最重視的功能，這是著史者對歷史事件與人物主觀的論斷。《史記》中的「列傳」和部份的「世家」，內容多以傳記人物生平為主，因此以述褒貶為主要內容的「太史公曰」比例相當多，但其論斷的語言、筆法則各有不同，有些以直言論斷，有些是微言譏刺，有些則是反語曲筆常具言外之意，有些則是引他人之言以論證〔註2〕。直言論斷者較易於掌握含意，對於論贊中的褒貶往往可以一目了然，微言、反語與引他人言論者，則往往需與傳文互見參補，才能全面掌握並對其隱含之深意作最恰當的解釋。

〔註1〕參阮芝生，〈論史記五體及太史公曰的述與作〉，(《台大歷史學報》，民國68年12月出版)，第六期，頁41。

〔註2〕參程金造，〈史記的論斷語言〉，收於《史記研究粹編（一）》(高雄復文圖書，民國81年4月初版)，頁327～352。程氏分「太史公曰」的論斷語言為八類：直言、微言、反語、贊言、言外之言、自言、借他人言、疑語，此處參考程氏之分類，除直言外，將微言、反語合為一節，於本章第二節討論，其它五種亦於第三節合併討論。

第一節　直言論斷以明褒貶

　　直言是指不假於他人，亦不借其他事端來論斷，而是直接以自己的主觀評價，明言歷史人物或史事的成敗功過。以下分別析論直言以褒論者、直言以貶抑者，以及直言中褒貶互見者三類「太史公曰」。

一、直言以褒論者

　　直言以褒論者，皆是司馬遷在歷史上最欣賞與敬重的人物，例如孔子、晏子，便是《史記》全書最推崇的人物，完全以褒之筆法記之。

　　〈孔子世家〉是最早而完整有關孔子的傳記資料，敘述孔子生平、爲人、思想、教育、理想與當時的政治環境等等，是研究孔子的重要參考文獻之一。本篇除了孔子無王侯之位而入〈世家〉頗爲特殊之外，贊文對孔子之學所表達的尊重仰慕之意，亦可見其景仰之深。「太史公曰」云：

> 《詩》有之：「高山仰止，景行行止」。雖不能至，然心嚮往之。余讀孔氏書，想見其爲人。適魯，觀仲尼廟堂車服禮器，諸生以時習禮其家，余祗迴留之不能去云。天下君王至於賢人眾矣，當時則榮，沒則已焉。孔子布衣，傳十餘世，學者宗之。自天子王侯，中國言六藝者折中於夫子，可謂至聖矣！

贊文首先引《詩經・小雅》肯定孔子的道德學問是受人敬仰的，然後直接說明自己親自至魯地見到孔子遺蹟時心中的感動，文詞之間表露出其深心仰慕之情。次則認爲君王於世雖有無限的榮耀與享受，但死後卻常是默默無聞，孔子雖是一布衣平民，卻能夠傳世久遠、受人尊重，其所提倡的六藝、仁道學說更足以垂範後世、影響深遠，因此，富貴爵祿的榮華往往只是過眼雲煙的虛榮，唯有文化思想的精神事業，才能長存於世間，所以司馬遷以「至聖」稱許孔子，表達他對孔子人格的嚮往與推崇之至，亦以此期勉自己繼《春秋》述作《史記》的精神事業。故李景星評此贊曰：

> 太史公作〈孔子世家〉，其眼光之高，膽力之大，推崇之至，迴非漢唐以來諸儒所能窺測，⋯⋯⋯贊語，精微澹遠，於平易中見風神，令人讀之，不覺肅然起敬〔註3〕。

在〈管晏列傳贊〉中，司馬遷對晏子亦是全以褒之筆法論之。贊文的內容可分爲三個部份：一以說明傳著本篇的用意與編寫原則。二則引「將順其美，匡救其惡，故上下能相親也」讚揚管仲輔佐齊桓公的功績。三則稱許晏子是「進思盡忠，退思補

〔註3〕楊燕起編，《歷代名家評史記》（北京師範大學出版，1986年3月），頁497～498。

過」的賢相，並言：「假令晏子而在，余雖爲之執鞭，所忻慕焉」。在這段話中，司馬遷一方面給予晏子極高的評價，一方面亦抒發了他內心知音難遇的深切感慨。管、晏二人皆爲齊相，並皆爲有功之賢臣，一爲人所知，一爲知人，二者皆難能可貴。但從贊文中卻見司馬遷對他自己既不能爲人所知，又不能遇見一知己者的遭遇而感慨萬千，是故對度量宏闊且能知人善任的晏子如此敬重，這是司馬遷出自於內心的肺腑之言，亦是寄寓感慨頗深的一段贊語。

　　在〈世家〉中直言以褒論之者，則有〈燕召公世家〉、〈陳杞世家〉、〈越王句踐世家〉。〈燕召公世家贊〉特別對召公的仁德加以讚揚，燕國封地狹小偏遠，在春秋戰國諸侯強權之間處境艱難，卻仍然能以小國擋大敵，享祀延續八百餘年〔註4〕，是最後被滅的姬姓國。司馬遷認爲這是召公累善積德，庇蔭子孫所致，故於篇首篇末皆稱頌召公之功。至於〈陳杞世家〉中，陳、杞二國皆是周武王時所分封的兩個諸侯小國，始祖皆爲禹之後代，

　　故贊語以稱述舜、禹的功德爲主，由於舜之仁德，祭祀得以經夏、商、周三代而不衰，雖陳、杞兩國最後皆被楚所滅，但陳敬仲的後代卻取代呂氏在齊國興盛起來，而句踐則在越國興起〔註5〕，故司馬遷實是以陳、杞爲借代，用以讚揚賢君德澤流被後世爲其主旨。〈越王句踐世家〉全文亦由敘禹之苗裔始，贊文亦以稱頌禹之功業爲終，司馬遷以爲句踐因苦身焦思之賢而稱霸，是禹之餘烈。《史記評林》引詳應元曰：

　　　　大禹勞心焦思，句踐苦身焦思，范蠡苦身戮力，皆見〈本紀〉、〈世家〉
　　中，故贊語如此〔註6〕。

從三篇贊語的要旨分析，司馬遷對於能以民爲主，以仁心治道爲本的舜、禹、召公等人，皆持有極高的評價，在褒美仁德治道的同時，正反應出他厭棄暴政的思想。同時在贊語中也一直提到陰功陰德是世家享國傳世久遠的原因，因此中國人所謂積善之家必有後福，永續傳嗣的觀念，在司馬遷藉史事以揚善的贊語中已明顯得見。

　　戰國四公子中司馬遷以魏信陵君無忌爲最賢，故除了篇名獨以〈魏公子列傳〉爲題名外，傳中更稱信陵君爲「公子」一百四十七次〔註7〕，且魏公子的人格高尚，形象完美，可謂爲四篇戰國公子列傳中最出色的文章。茅坤便稱道：

〔註4〕從燕召公建國約西元前十一世紀至燕王喜被秦所滅（西元前222年）。
〔註5〕參〈田敬仲完世家〉與〈越王句踐世家〉內容。
〔註6〕凌稚隆，《史記評林》（天津：古籍出版，1998年3月），冊四，卷四十一，頁227。
〔註7〕參同註3，頁596，徐與喬《經史辯體》語。

　　　　信陵君是太史公胸中得意人，故本傳亦太史公得意文〔註8〕。
司馬遷在〈魏公子列傳贊〉中云：

　　　　　吾過大梁之墟，求問其所謂夷門。夷門者，城之東門也。天下諸公子
　　　亦有喜士者矣，然信陵君之接巖穴隱者，不恥下交，有以也。名冠諸侯，
　　　不虛耳。高祖每過之而令民奉祠不絕也。

贊文起首便說明他造訪大梁墟時，求問所謂夷門的解答。戰國時養士之風極盛，其
中唯有信陵君恭誠謙退，特別能慧眼識才，所求之士者重其德，是真心為國家求賢，
而非為競尚誇矜於人，所以司馬遷說魏公子「不恥下交，有以也。名冠諸侯，不虛
耳」。〈太史公自序〉也說：「能以富貴下貧賤，賢能詘於不肖，唯信陵君為能行之」。
相對於其他三位公子的毀譽參半或微言譏刺，司馬遷對無忌能謙恭禮賢下士，接巖
穴之隱者的智慧則有無限的敬佩，因此信陵君當也是他企盼能遇見的伯樂型人物。

　　　對於智勇雙全的藺相如，司馬遷在贊文中亦是以褒揚稱許之語為主，而沒有提
及其他人物。〈廉頗藺相如列傳贊〉云：

　　　　　知死必勇，非死者難也，處死者難。方藺相如引璧睨柱，及叱秦王左
　　　右，勢不過誅，然士或怯懦而不敢發。相如一奮其氣，威信敵國，退而讓
　　　頗，名重太山，其處智勇，可謂兼之矣！

在傳中完璧歸趙、負荊請罪等情節，藺相如的形象鮮明突出，一股政治家的英風偉
慨之氣，令人肅然起敬而印象深刻，因此「太史公曰」便針對藺相如的行事論生與
死、智勇與謙讓的抉擇。司馬遷認為「知死必勇，非死者難也，處死者難」，對死亡
有深刻認知的人，必定是一位勇者，勇者要面對死亡並不是一件困難的事，只是如
何從容而有意義的去死才是件難事。藺相如不僅能不畏死，並且能以大智大勇「處
死」，因而能成大功，一般人卻因為害怕面對死亡，即使遇到事情也不敢發奮為伸張
正義而犧牲。但當他面對廉頗時，藺相如則反以「先國家之急而後私仇」的容忍退
讓為美德。一為大勇，一為謙讓，進退之間都是智慧與勇氣的表現，因此司馬遷直
言以褒論藺相如。

　　　同樣是論生死之勇與如何抉擇生死的問題，在〈季布欒布列傳贊〉中則云：

　　　　　以項羽之氣，而季布以勇顯於楚，身屢軍搴旗者數矣，可謂壯士。然
　　　至被刑戮，為人奴而不死，何其下也！彼必自負其材，故受辱而不羞，欲
　　　有所用其未足也，故終為漢名將。賢者誠重其死。夫婢妾賤人感慨而自殺
　　　者，非能勇也，其計畫無復之耳。欒布哭彭越，趣湯如歸者，彼誠知所處，

不自重其死。雖往古烈士，何以加哉！

司馬遷褒季布是「賢者誠重其死」的壯士，讚欒布是「彼誠知所處，不自重其死」之烈士。季布重然諾，忠於主，既能持躬有節、不阿意曲從，又能屈能伸、摧剛爲柔，這是因爲他重其死。欒布卻恰恰相反，冒死赴義、視死如歸，有德必報、有怨必償，這是因爲他不重其死。能爲正義而死，當如欒布知處死而義無反顧，若否，就不應隨意輕生，應如季布受辱而不以爲羞，以屈爲伸，待來日實現人生價值。此外司馬遷論伍子胥時則云：

> 向令伍子胥從奢俱死，何異螻蟻。棄小義，雪大恥，名垂於後世，悲夫！方子胥窘於江上，道乞食，志豈嘗須臾忘郢邪？故隱忍就功名，非烈丈夫孰能致此哉？

伍子胥爲人非比尋常，「剛戾忍詬」是大器之才，爲父報仇忍辱負重，可謂爲孝，能報吳王知遇之恩，忠於吳且至死不變，可謂爲忠，而其抉擇生死，寧爲棄小義以雪大恥的決心，更是剛烈之至，故司馬遷讚嘆他是「烈丈夫」。司馬遷對於珍惜生命，不爲小義或困境所挫，且能隱忍爲謀，走出人生新境界以創造生命價值者，都給予直接的讚許與肯定，因爲這與他自己「所以隱忍苟活，函糞土之中而不辭者，恨私心有所不盡，鄙沒世而文采不表於後也」〔註 9〕的選擇心境是相同的，精神也是一致的，因此他借著對這些人物的論斷以舒憤自解，實寄寓良深。

　　故凡司馬遷能明以直言褒美者，其一多是具有正義仁德、恭誠謙退的完美人格者，更是其心嚮往仰慕的歷史人物，另一則是精神、性格、作爲與他自己相若相通者。

二、直言以貶抑者

　　司馬遷明以直言貶抑者，多半爲刻薄少恩，性格嚴厲殘酷之類的法家人物，例如商鞅、李斯、蒙恬等等，另外還有被評爲傾危之士的縱橫家人物，如張儀、蘇秦等，司馬遷對於這些人物的論斷，多以貶抑之語評之，在這些「太史公曰」中甚至沒有一語的肯定，足可見史遷對這些人物的厭惡與不滿。

　　以商鞅爲例，秦國實因有商鞅變法而開始強盛稱雄，最後甚至得以滅六國而統一天下，但司馬遷在〈商君列傳贊〉裡對商鞅的批評卻相當犀利而尖銳，僅指其過失而不論其功績，「太史公曰」：

> 商君，其天資刻薄人也。跡其欲干孝公以帝王術，挾持浮說，非其質矣。且所因由嬖臣，及得用，刑公子虔，欺魏將卯，不師趙良之言，亦足

〔註 9〕司馬遷，〈報任安書〉。

發明商君之少恩矣。余嘗讀商君開塞耕戰書，與其人行事相類。卒受惡名於秦，有以也夫！

司馬遷認爲商鞅爲刻薄寡恩、浮說不實之人，連《商君書》都文如其人，可以想見司馬遷對這種以專制殘酷、嚴刑峻法而治天下者，是極度的反感，最後他甚至認爲商鞅死後留下惡名慘死於秦的下場，正與他冷酷絕情的行事有關。

又如〈白起王翦列傳贊〉引《楚辭‧卜居》中之語云：「夫尺有所短，寸有所長；物有所不足，智有所不明。」白起、王翦皆爲秦之名將，能善用兵法，破軍殺敵，故戰功顯赫，但其過人之長才卻是爲強秦開疆僻土，殺戮百姓生靈，其中尤以長平之戰最爲殘暴，所以司馬遷批評白起、王翦雖能助秦滅六國，卻不能以德義輔秦守天下。最後白起甚至因功高震主，被猜忌而自裁，臨死前才悔恨自己在長平之戰時盡坑數十萬人，而王翦孫王離亦遭兵敗被俘，這都是白起、王翦在才智之外沒有用心顧慮之害，所以贊語末云「彼各有所短也」。

同爲秦相秦將李斯、蒙恬，司馬遷亦是以貶抑之筆法論斷之，在〈李斯列傳〉中「太史公曰」云：

斯知六藝之歸，不務明政以補主上之缺，持爵祿之重，阿順苟合，嚴威酷刑，聽高邪說，廢適立庶。諸侯已叛，斯乃欲諫爭，不亦末乎！人皆以斯極忠而被五刑死，察其本，乃與俗議之異。不然，斯之功且與周、召列矣！

贊文論李斯一生的功過得失，其功在能輔秦稱帝，其過則在習六經卻不能以六經旨趣補救秦始皇的錯誤，其失則是貪戀爵祿、曲意逢迎，推行嚴刑峻法，廢太子立胡亥，至諸侯皆已叛亂才想到勸諫，是故導致秦國滅亡。贊文中司馬遷反駁世人對李斯的評價，當時一般人對李斯爲秦竭盡忠誠，卻遭五刑而死抱不平，但司馬遷卻認爲李斯是咎由自取，罪有應得，既逢迎君主，又聽從趙高邪說，故使秦一步步走向滅亡之路。

又如〈蒙恬列傳贊〉中司馬遷云：

吾適北邊，自直道歸，行觀蒙恬所爲秦築長城亭障，塹山堙谷，通直道，固輕百姓力矣。夫秦之初滅諸侯，天下之心未定，痍傷者未瘳，而恬爲名將，不以此時彊諫，振百姓之急，養老存孤，務修眾庶之和，而阿意興功，此其兄弟遇誅，不亦宜乎！何乃罪地脈哉？

贊文先說明自己親自察訪長城景觀的感想，認爲蒙恬挖山塡谷築長城是過份濫用民力與財力。次評蒙恬之過，蒙恬身爲名將，不能勸諫帝王修明政治，救百姓急難，反而迎合始皇大興功利，這是他最大的錯誤。蒙恬一家祖孫四人皆忠於秦、有功於

秦,可惜兄弟二人所忠非人,助秦為虐,不僅百姓受苦,最後自己也蒙冤遭殺。蒙恬自認為有功於秦,不應遭難,而將自己在人事上的過失,歸罪於破壞自然地理現象所得到的懲罰,這種自我解說與項羽將失敗的原因歸罪於天是一樣的。因此司馬遷直接批評蒙恬兄弟遭殺身之禍是應該的,因為為將為相就是應該勸諫君主為仁政、愛百姓,而不是阿意興功,因此蒙恬之罪不在於絕地脈,而正在於輕民力,不恤百姓之苦,不能「務修眾庶之和」。在這裡司馬遷的論斷與論商鞅、白起、王翦、李斯一樣,其重點完全放在為政者對百姓的用心為主,他認為為相為將不論成敗,最重要的在施以仁政,而非為了自己的利益與權勢助君為虐。

其他如論韓非為「其極慘礉少恩」,或如〈孫子吳起列傳贊〉中論吳起為:

吳起說武侯以形勢不如德,然行之於楚,以刻暴少恩亡其軀。

以及〈袁盎晁錯列傳贊〉中亦認為晁錯嚴酷少恩、不救國急,最後因欲報私仇而亡,故論晁錯時云:

為家令時,數言事不用;後擅權,多所變更。諸侯發難,不急匡救,

欲報私讎,反以亡軀。語曰「變古亂常,不死則亡」。

這些所謂刻暴少恩的嚴酷法家人物皆是司馬遷直言以貶抑的人物。

至於張儀、蘇秦則是同一類型的縱橫家人物,張儀的得勢亦有賴於蘇秦的扶助,但由於蘇秦先死,張儀便極力抨擊合縱的短處,以便於實現自己連橫的主張,故張儀雖得以善終,但其人格低微,較蘇秦而更甚之。在〈蘇秦列傳〉中司馬遷曾為蘇秦翻案,並論他「其智有過人者」,但認為其玩弄縱橫權術者實如玩火。而〈張儀列傳贊〉則拿蘇秦、張儀兩人同時加以批評,他歸納善於縱橫權謀之術者,竟皆多出於三晉,其中以張儀為最詐,而蘇秦之所以「獨蒙惡聲」,也是因為張儀的宣揚。最後贊文給張儀、蘇秦二人的評語則同是:「要之,此兩人真傾危之士哉」!真可謂一針見血,挈重要害,是故司馬遷認為蘇秦即使有可以肯定的事跡,但畢竟是個陰險狡詐之人,而張儀則更為卑劣而為人所不齒。

三、直言中褒貶互見者

〈項羽本紀〉是直言中褒貶互見最明顯而重要的例子。司馬遷為項羽立〈紀〉,歷來即多有學者批評,如劉知幾《史通‧本紀篇》以為:「霸王者,即當時諸侯,諸侯而稱〈本紀〉,求名責實,再三乖謬」〔註10〕,司馬貞《史記‧索隱》也認為「斯亦不可稱〈本紀〉,宜降為〈世家〉」,事實上〈項羽本紀贊〉中,已清楚明言為項羽

〔註10〕清浦起龍,《史通通釋》(台北:里仁書局,民國82年6月),卷二,頁37。

立紀的原因，司馬遷自有其立〈本紀〉之原則與全面之考量。張照云：

> 特以天下之權之所在，則其人係天下之本，即謂之〈本紀〉。若〈秦本紀〉，言秦未得天下之先，天下之勢已在秦也。〈呂后本紀〉，呂后固亦未若武氏之篡也，而天下之勢，固在呂后，則亦曰〈本紀〉也。後世史官以君爲〈本紀〉，臣爲〈列傳〉，固亦無可議者，但是宗馬遷之史法而小變之，固不得轉據後以議前也〔註11〕。

所言甚是。《史記》與後世史書爲天子立紀之正統觀念並不相同，司馬遷以爲某人雖有帝王之號，卻無帝王之實，既不能左右天下，又不能掌握權力者，唯有不記名號，以紀實爲原則。正如〈項羽本紀〉即是非常明顯的例子，項羽滅秦，封立十八王，握天子之權，故於秦楚之際，項羽實爲號令天下之人，而楚懷王雖名爲義帝，卻僅不過爲一傀儡，故司馬遷不依成敗論人，不爲義帝立紀，亦不因此略去此段史事，而是據事以紀實，立〈項羽本紀〉。郭嵩燾曾論云：

> 案秦滅，項羽主盟，分裂天下以封王、侯，皆羽爲之，實行天子之權，例當爲〈本紀〉。以後世史例論之，當爲〈懷王本紀〉，而懷王爲項氏所立，擁虛名而已，天下大勢未一繫之；史公創爲〈項羽本紀〉，以紀實也〔註12〕。

又紀年用漢元，亦是記當時之事實，此與〈呂太后本紀〉分別用孝惠帝、少帝之年號的作法是相同。故鍾惺論〈項羽本紀〉之紀年時云：

> 漢之元年、漢之二年、漢之三年、漢之四年，此子長以漢年紀楚事例也，故加「之」字以別之。至五年楚亡，然後直書「漢五年」示一統也〔註13〕。

贊的內容包含了三個部份，首先論項羽在相貌與才氣上的特殊不凡：

> 吾聞之周生曰：「舜目蓋重瞳子」，又聞項羽亦重瞳子。羽豈其苗裔邪？何興之暴也！

項羽才貌上的不平凡與「何興之暴」引領了下文論述秦末楚漢之際項羽成敗的過程：

> 夫秦失其政，陳涉首難，豪傑蜂起，相與並爭，不可勝數。然羽非有尺寸乘執，起隴畝之中，三年，遂將五諸侯滅秦，分裂天下，而封王侯，政由羽出，號爲「霸王」，位雖不終，近古以來未嘗有也。

〔註11〕《史記會注考證》（台北：洪氏出版，民國75年9月），卷七，〈項羽本紀考證〉，頁140。

〔註12〕郭嵩燾，《史記札記》（台北：世界書局，民國63年8月），卷一，〈項羽本紀〉，頁47。

〔註13〕同註3，頁347。

項羽在變化疾速的時代中發揮其功，滅秦封侯號為霸王，司馬遷認為秦亡的關鍵實歸功於項羽，項羽的勝利代表新舊時代交替的轉捩點，更是劉邦建立漢代的基礎，而當楚漢之際實際握有天子權柄的統治者，也正是項羽，因此此處除了說明為項羽立〈本紀〉的根本原因之外，更隱喻著列〈項羽本紀〉於高祖之前的微義。然事實證明，項羽最後仍是失敗的，是必須引以為鑑的，因此贊文篇終又詳析了項羽失敗的原因：

> 及羽背關懷楚，放逐義帝而自立，怨王侯叛己，難矣。自矜功伐，奮其私智而不師古，謂霸王之業，欲以力征經營天下，五年卒亡其國，身死東城，尚不覺寤而不自責，過矣。乃引「天亡我，非用兵之罪也」，豈不謬哉！

「背關懷楚」、「放逐義帝自立」、「王侯叛己」、「自矜功伐」、「奮其私智」、「以力征天下」，句句皆直指出項羽性格的缺點與處世的失策，可惜項羽最後卻仍推卸責任，以為是「天亡我」而非「用兵之罪」。從贊文中可知，司馬遷對項羽的不平凡是讚賞、肯定且同情的，但他同時又能客觀紀實且不掩其過，詳實評析了項羽失敗的原因，既能不溢美、不隱惡，又能美惡並舉，褒貶兼之，實為一篇客觀公允，展現卓越史才與史識的重要贊文。

另外戰國四公子中，司馬遷論平原君與春申君之贊語，亦是在直言中褒貶互見。「太史公曰」：

> 平原君，翩翩濁世佳公子也，然未睹大體。鄙語曰「利令智昏」，平原君貪馮亭邪說，使趙陷長平兵四十餘萬眾，邯鄲幾亡。

這是一段一針見血、直言平原君為人及功過的批評，意謂平原君在亂世當中，外表看起來是個風度翩翩的佳公子，稱得上是個文雅之人，但在清世當中呢？那恐怕僅只是個平庸之才而已。正如宋祈所評：

> 太史公曰：趙勝翩翩，濁世之佳公子也。見自振澤，才為亂世之士，治世則罪人矣〔註14〕。

楊慎《史記題評》亦論曰：

> 言為濁世佳公子，清世則否矣，褒貶在言外，所以稱為雄深。平原之人未睹，大體可斷〔註15〕。

正因為平原君「不識大體」、「利令智昏」，不以國家為重，以致於因貪韓國之地，而造成長平之戰的慘劇，使得趙國幾近亡國，這些都是他「未睹大體」的後果。若再

〔註14〕同註3，頁594。
〔註15〕同註3，頁595。

加上傳中他不識毛遂之才，對「士」不能用的記敘，實足以見平原君之識力、能力僅是平庸而已。

春申君則是四公子中最奢豪者，家中上客各各皆能躡珠履以競，司馬遷首先引述自己親自適楚，觀春申君故城的感想：「宮室盛矣哉」！這表明了春申君生前好攬賓客絕非為國為民，他不恤國脈民命，奢豪無度，其實只是一種自私自利而已。至於春申君一生約可分為兩個時期，早期可說是勇敢果決、機警有膽識，為一代英才，所以贊文說：「初，春申君之說秦昭王，及出身遣楚太子歸，何其智之明也」！但其晚年卻因貪戀權勢富貴，昏慣而有私心，最後被李園利用，以致於身命不保。一個人年輕時的英勇遠見與年老時的昏庸糊塗相差如此之遠，追究其原因，實由於他的貪奢無度，所以司馬遷論云：「後制於李園，旄矣」，並引俗語「當斷不斷，反受其亂」作為評價春申君一生行事的總結。

從直言中褒貶互見的「太史公曰」，多能見司馬遷對歷史人物的細微觀察，他不僅能從複雜的史事關係中點明其成功的因素，亦能對其過失做一針見血的評析，直指出其人在各種歷史關鍵中所扮演的角色與作用，實可謂洞悉利害，論斷公允，史識不凡。

第二節　微言譏刺反語曲筆

在武帝集權威勢的統治下，司馬遷寫《史記》除了記先秦歷史外，亦寫當代史至武帝時代，寫當朝史是須要極大的勇氣的，不論是記述或評議，都會有不便直言明講的忌諱，因此司馬遷便利用微言譏刺或反語曲筆的方式來論斷，在隱微之中表達他對傳中人物的批評，故此類的「太史公曰」往往須要仔細推敲，才能知道其中的微旨。以下分別舉例以析論之。

一、微言譏刺

所謂的微言，程金造解釋說：

　　隱微其意，不是明顯的說出，但其中實含褒貶論斷的大意〔註16〕。

以微言的筆法論斷，多隱含著譏刺的語言，有時是明褒暗貶，有時則是以古諷今，例如〈建元以來侯者年表序〉、〈匈奴列傳贊〉、〈樗里子甘茂列傳贊〉、〈孟嘗君列傳

〔註16〕程金造，〈史記的論斷語言〉，收於《史記研究粹編（一）》（高雄復文圖書，民國 81 年 4 月初版），頁 333。

贊〉、〈劉敬叔孫通列傳贊〉等等。

　　如〈建元以來侯者年表序〉云：

　　　　齊桓越燕伐山戎，武靈王以區區趙服單于，秦繆用百里霸西戎，吳楚
　　　　之君以諸侯役百越。況乃以中國一統，明天子在上，兼文武，席捲四海，
　　　　內輯億萬之眾，豈以晏然不爲邊境征伐哉！自是後，遂出師北討彊胡，南
　　　　誅勁越，將卒以次封矣。

武帝好大喜功，南征北討，以武力征服四方邦國，爲酬征戰有功的臣子，即以軍功
爲標準依次封侯。從字面上看來，此贊似是誇美武帝時期的文治武功，然實則有微
言諷刺之意，尤其是「豈以晏然不爲邊境征伐哉」一句，這好比謂：在這樣隆盛的
時代，怎麼會沒有好戰的帝王與想要立功受封的將士呢？而戰爭的殘酷與百姓的死
亡又有誰來關心呢？正如程金造論此贊時云：

　　　　太史公這「晏然不爲征伐」，晏然與征伐，意全相反，論斷已似在內。
　　　　而結語說：「將卒以次封矣」。這雖不言戶口財力的耗損，而黎民的死亡，
　　　　國力的殫竭，自然都在不言之中。太史公作此言是有微意的〔註17〕。

在武帝的好戰喜功與國家一時的興盛背面，其實隱藏著許多社會問題與百姓的痛
苦，然而當朝的將士和臣子卻只爲私利，沒有人敢提出諫言，司馬遷在這裏用微言
表達了自己的看法。此表序若與〈匈奴列傳贊〉、〈平準書贊〉並讀，更可以明確的
看出司馬遷譏評武帝當朝的微旨。〈匈奴列傳贊〉云：

　　　　孔氏著《春秋》，隱桓之間則章，至定哀之際則微，爲其切當世之文
　　　　而罔褒，忌諱之辭也。世俗之言匈奴者，患其徼一時之權，而務諂納其說，
　　　　以便偏指，不參彼己，將率席中國廣大，氣奮，人主因以決策，是以建功
　　　　不深。堯雖賢，興事業不成，得禹而九州寧。且欲興聖統，唯在擇任將相
　　　　哉！唯在擇任將相哉！

〈匈奴列傳〉的傳文以詳記匈奴的歷史淵源、與中原地區的關係，以及至漢代各皇
帝與匈奴戰爭和親的情況爲主，然而贊文卻相反，完全以選賢用良的重要性作爲評
論的主題。司馬遷先舉孔子作《春秋》對定公、哀公之世隱喻微詞的例子，說明他
自己寫《史記》對於今上之世亦是同例。他譏諷一些今世的諂媚之臣，只是想從對
付匈奴中得到私利，而且那些征伐匈奴將帥的勝利，也多只是依侍中國氣勢的廣大
而已，而非有真正的才能。最後他認爲要安邦定國，最重要的是在選擇賢相良將，
正如堯之賢，亦須禹之佐，天下才能安定太平。司馬遷舉堯、禹之例，正是譏評武

〔註17〕同註16，頁335。

帝用人之不當，武帝不僅不能選賢用良，甚至於在其左右者盡是些諂媚求利之徒，如何能使國家安寧太平？張守節《史記正義》亦云：

> 言堯雖賢聖，不能獨理，得禹而九州安寧。以刺武帝不能擇賢將相，而務諂納小人浮說，多伐匈奴，故壞齊民。故太史公引禹聖成其太平，以攻當代之罪〔註18〕。

焦竑《焦氏筆乘》卷二也評說：

> 子長深不滿武帝，而難於顯言，故著此二語，可謂微而章矣〔註19〕。

因此在微言中，司馬遷重覆兩次「唯在擇任將相哉」，用以表達他心中無奈的感嘆！

此外〈平準書贊〉更是借述秦之事四夷，內興功業，以諷武帝之好戰與勞民傷財。「太史公曰」：

> 及至秦，………於是外攘夷狄，內興功業，海內之士力耕不足糧穰，女子紡績不足衣服。古者嘗竭天下之資財以奉其上，猶自以爲不足也。無異故云，事勢之流，相激使然，曷足怪焉。

本文雖以論經濟爲主，但從其贊語中可知，司馬遷認爲治國仍需以禮義爲本，是以管子謂「倉廩實而之禮義，衣食足而後知榮辱」，然終需以四維爲立國之本。武帝征四夷、興功業，勞民傷財且困於經濟，最後甚至要求人民以國之急爲急，輸家財以濟國，武帝之作爲不僅不合治國之本，甚至與暴秦無異，故司馬遷深痛感慨的說：「古者嘗竭天下之資財以奉其上，猶自以爲不足也」。楊愼論此贊云：

> 是書先敍漢事，而贊乃述自古以來，而寓微辭於武帝，敍事之變體也。……既曰「無異」，又曰「曷足怪焉」，不平之意，見於言外，可謂曲而有直體矣。〈平準書〉譏橫斂之臣也，〈貨殖傳〉譏好貨之君也〔註20〕。

此論可謂一語道中司馬遷深刻之用意，司馬遷對武帝耗盡天下資財，不顧百姓生死的作爲深感痛心，是故頻頻於多篇「太史公曰」中以微言精意諷刺武帝及其身邊之臣。

至於〈孝文本紀贊〉則是借讚文帝以刺武帝。文帝本以謙讓、寬仁、節儉爲美德，故〈孝文本紀〉中則載錄了許多當時的詔書、令文，頗能彰顯文帝的政績與仁德。贊文則引《論語·子路篇》孔子言：「必世然後仁，善人之治國百年，亦可以勝殘去殺」，來讚許文帝的德政。末段卻云正因文帝之謙讓仁德，以致於遲遲未改正朔、封禪，此話除了表達司馬遷對仁君德治的尊崇與期盼外，實則是暗譏武帝之不仁與

〔註18〕瀧川資言，《史記會注考證》（台北：洪氏出版，民國75年9月），頁1201。
〔註19〕楊燕起，《歷代名家評史記》（北京師範大學出版，1986年3月），頁676。
〔註20〕同註19，頁450。

好大喜功，因為武帝之仁德未修卻反而急於封禪、改正朔，這與文帝之作為實恰巧相反。《史記會注考證》卷十便云：

細味此數語，似史公不懍於武帝者〔註21〕。

劉咸炘亦論曰：

論意不以改正服封禪為仁，譏武帝為不仁也〔註22〕。

因此司馬遷對今上與現實的不滿，雖欲有所言，卻往往不得不以微言示之，或於議論他事時暗中譏刺，或是借古以諷今，以上所舉數則贊語皆是微言以刺武帝者。

除了微言譏刺武帝之外，司馬遷亦有譏諷人臣之為人處世者，如〈樗里子甘茂列傳贊〉云：

樗里子以骨肉重，固其理，而秦人稱其智，故頗采焉。甘茂起下蔡閭閻，顯名諸侯，重彊齊楚。甘羅年少，然出一奇計，聲稱後世。雖非篤行之君子，然亦戰國之策士也。方秦之彊時，天下尤趨謀詐哉。

本贊前半段之內容似以稱許樗里子、甘茂、甘羅三人的聰敏才智為內容，樗里子因才智而受秦人稱譽，甘茂亦揚名諸侯而受齊、楚所重，而少年甘羅年僅十二即能獻奇計，亦是奇謀之士。然後半段之議論則實有譏刺之意，司馬遷認為三人雖皆機智多謀，但實為戰國時期所崇尚的縱橫謀詐之術，而所有的謀術只不過是為私利而已，故論云：「非篤行之君子」，君子行正道且篤實忠信，故能受人所敬重，因此此贊實是微言諷刺戰國縱橫策士之自私自利，即使是機智多謀，亦不足敬。

司馬遷在戰國四公子中，對孟嘗君則頗有微言，贊文以親自查訪薛地的經驗為結，孟嘗君因好客而招致天下任俠入薛，然食客三千多是作奸犯科、雞鳴狗盜之徒，故薛地閭里之間多是暴桀子弟，世所謂物以類聚，由此可見孟嘗君之好與為人亦必相類，而此作風對後世不良的影響亦甚深，徐文珊論此贊時云：

孟嘗君所養之士為任俠姦人，其流風為閭里間多暴桀子弟，與鄒魯之明禮尚義者殊。則所養者非「士」乃為「客」，而「客」為作姦犯科之徒，雞鳴狗盜是其證。是於孟嘗有貶而無褒。一面由動機著眼，一面由作風與效果評斷。論得其平，為史家所宜出，在史公心目中，孟嘗君雖名重一時，實無足取〔註23〕。

程金造也云：

「客皆暴桀」，與鄒、魯彬彬文學之風不同，這不能不歸之孟嘗君所

〔註21〕同註18，頁204。
〔註22〕劉咸炘，《太史公書知意》（台北：鼎文，民國65年），卷二。
〔註23〕徐文珊，《史記評介》（台北：維新書局，民國81年8月），頁191。

致者是雞鳴狗盜之徒，貽禍於後世，實非淺鮮。這並不是褒揚而是貶斥了
〔註24〕。

故司馬遷在此贊中，實以在薛地的親見所聞，微言貶斥孟嘗君之爲人。

〈張丞相列傳〉是一篇以張蒼爲首的漢初丞相、御史大夫之類傳，贊文分別對張蒼、周昌、任敖、申屠嘉四人的生平得失做簡單的論斷。論張蒼以爲他的特點在精通律曆計算，可是爲何主張延用秦曆，卻使司馬遷不解。論周昌則以爲他是一個剛強之人，任敖則是因有恩於呂后而得爲御史大夫，申屠嘉雖剛毅守節，但卻因學術、知識不高，成就不能與蕭何、曹參、陳平等人相比，「太史公曰」：「申屠嘉可謂剛毅守節矣，然無術學，殆與蕭、曹、陳平異矣」。班固《漢書》亦曾評霍光不學無術，而司馬遷則是論申屠嘉不學無術，因學術實乃治國之本，沒有學術爲基礎，政治智慧與實力則多不穩固。此四人雖性格不同，得失亦有不同，但至少還能守職廉潔。然司馬遷云「殆與蕭、曹、陳平異矣」實亦是微諷，漢初名臣多有可稱述之處，至景帝、武帝之後，君主集權不斷擴張威勢，後代丞相的權力、能力漸減，多僅能廉潔保守，甚至聊備官員而已，其成就實無法與蕭何、曹參、陳平等人相比，故此處一方面譏景、武之集權，一方面則可見其後代宰臣的能力一代不如一代。

又如〈劉敬叔孫通列傳〉，贊文雖肯定劉敬與叔孫通在鞏固政權、建設邦國方面的貢獻，亦引《慎子》書中「千金之裘，非一狐之腋也；臺榭之榱，非一木之枝也；三代之際，非一士之智也」，說明一件事情的成功並非靠一個人所能完成。但司馬遷對兩人人格上的評價卻不相同，他認爲劉敬敢秉正直言，是個有智慧的人，但叔孫通阿順世俗、隨波逐流，雖能洞察時勢變化，卻過於軟熟圓滑，是漢代儒生的缺點，故最後引《老子》「大直若詘，道固委蛇」來嘲諷叔孫通「識時務者爲俊傑」的處世之道。高瑭評此贊語時論曰：「太史公贊語，若美若諷，餘味曲包」〔註25〕。丁晏也說：

叔孫生諛臣耳，史公論其希世度務，道固委蛇，又借魯兩生語形容之，
譏刺深矣〔註26〕。

「太史公曰」褒貶人物之妙盡在此類議論之中，尤其對於這種曲世阿順的人物，司馬遷雖不欣賞，但對於他們的貢獻亦不完全抹殺，因此在贊語中若美若諷，微言譏刺，可謂用意深刻。

同樣是論漢臣，〈平津侯主父列傳〉記公孫弘、主父偃以及徐樂、嚴安，四人皆

〔註24〕同註16，頁333。
〔註25〕同註19，頁653。
〔註26〕同註19，頁653。

以文辭進仕，同主張征伐匈奴，而反對通西南夷。贊文則評公孫弘因遇時而成功，主父偃因專橫陰狠而被誅。「太史公曰」：「公孫弘行義雖脩，然亦遇時」，語意中實乃諷公孫弘曲學阿世，詐爲恭儉，以致能爲相封侯，正如〈太史公自序〉云：「大臣宗室以侈靡相高，唯弘用節衣食爲百吏先」，汲黯於傳中亦曾云：「弘位在三公，奉祿甚多，然爲布被，此詐也」。傳中司馬遷敘公孫弘之爲人時，時見其內外不一之僞，所謂「外寬內深」、「雖詳與善，陰報其禍」，因此贊語說他「行義雖脩」，實爲譏刺之語。至於主父偃生前死後，士人對他兩種完全相反的態度亦非常諷刺，一方面得見主父偃非正人君子，另一方面亦見士人多趨奉畏權之徒，人與人之間多非眞心相待矣。

二、反語曲筆

反語曲筆與微言相若，皆是不便直言或顯言以明褒貶之人事，且亦有不得不用曲筆之苦衷。不過在反語曲筆中，有時是似贊實斥其非，有時則是似斥實辯其是，贊文往往需與傳文互見參補，才能見其微意。程金造定其義云：

> 《史記》中用反語論斷，是它和篇中敘述的史事，在是非褒貶上其意
>
> 全反〔註27〕。

如〈呂太后本紀贊〉、〈蕭相國世家贊〉、〈曹相國世家贊〉、〈淮陰侯列傳贊〉、〈萬石張叔列傳贊〉等等，皆是此類之贊語。

在〈呂太后本紀〉中，司馬遷將呂后與惠帝的性情、行徑刻劃得詳盡無遺，惠帝仁慈恭順，呂后卻是陰狠刻毒，更因爲呂后殘忍加害戚夫人及其子趙王隱，以致使「孝惠日飲，爲淫樂，不聽政」，司馬遷在傳文中有許多精彩而詳細的記述。然「太史公曰」說：

> 孝惠皇帝、高后之時，黎民得離戰國之苦，君臣俱欲休息乎無爲，故
>
> 惠帝垂拱，高后女主稱制，政不出房戶，天下晏然。刑罰罕用，罪人是希。
>
> 民務稼穡，衣食滋殖。

在〈本紀〉中呂后不僅陰狠刻毒，私心奪權，甚至立諸呂爲亂，幾移漢祚，而惠帝卻仁孝恭敬，完全不類其母。然司馬遷在贊中卻反而肯定呂后雖政不出房戶，亦能夠與民休息、衣食無缺，且罪犯減少、天下太平，使百姓得以脫離戰國之苦的政績。然由於當時的政權、號令實掌握於呂后手中，因此所謂的「故惠帝垂拱」，實則隱藏著惠帝未能一展才能卻抑鬱而終的悲哀，因此表面上贊語雖似是讚美呂后，實則是對惠帝的憐惜與同情。同時這也交代了不爲惠帝立紀，卻寫〈呂太后本紀〉的原因，

因爲當時的權令實操控在呂后手中，時局的重心亦在呂后身上，故立〈呂太后本紀〉另以惠帝年號紀年，並將惠帝、少帝之事附於〈呂太后本紀〉之中，這完全是紀實的筆法，與立〈項羽本紀〉的情況是相似的。清徐時棟《煙嶼樓讀書志》卷十二云：

> 天下號令在某人，則某人爲〈本紀〉，此史公史例也，故〈高祖本紀〉之前有〈項羽本紀〉，高祖以後，不立〈孝惠本紀〉，而獨立〈呂太后本紀〉。故以〈本紀〉爲紀實，非爭名分之地也。此後人能見此識力，亦無人敢循此史例矣。

又何焯《義門讀書記》云：

> 作〈呂太后本紀〉者，著其實。贊，以孝惠皇帝冠之，書法在其中矣〔註28〕。

故此篇不論是立紀的用心或是「太史公曰」的論斷，皆可見司馬遷之立意與義法。

又如〈蕭相國世家贊〉，蕭何爲輔佐劉邦建漢治國的重要功臣，既能收秦律令圖書，又能舉韓信、鎮關中、薦曹參，在擊秦滅項羽各方面都有重要的貢獻，故劉邦以蕭何的功績最盛，推他爲第一功臣，但同時在劉邦的猜忌中，蕭何卻是得處處小心、時時謹慎以保全自我的性命與官爵。司馬遷對蕭何這漢初第一功臣，在「太史公曰」中卻是有褒有貶，他肯定蕭何的功業，說他是「位冠群臣，聲施後世」，但後面卻認爲蕭何的才能只能比之周初的閎夭、散宜生，這是很有意思的說法。史遷表面肯定蕭何爲群臣之首，並將他序列封侯功臣第一，這是符合劉邦心意的做法，但贊語卻將他比之周初的閎夭、散宜生，事實上閎夭、散宜生在周初並非功業顯赫之要臣，如果司馬遷是眞的肯定蕭何的爲人，則應將他比之周公、呂尚，因此「太史公曰」中反語曲筆的比擬，正透露出司馬遷對蕭何眞正的評價。

功臣中名列第二，僅次於蕭何者即曹參，曹參隨劉邦起兵反秦，以軍功得封，早期與韓信共同作戰，後則繼蕭何爲相。〈曹相國世家贊〉曰：

> 曹相國參攻城野戰之功所以能多若此者，以與淮陰侯俱。及信已滅，而列侯成功，唯獨參擅其名。參爲漢相國，清靜極言合道。然百姓離秦之酷後，參與休息無爲，故天下俱稱其美矣。

曹參的軍功與相業皆有其歷史性的影響，然贊文中卻認爲曹參的軍功其實是離不開韓信的，而文治方面也是蕭規曹隨。尤其傳中屢述曹參跟隨韓信作戰的情形，處處皆暗示曹參的戰功其實是跟隨韓信取得而來的，結果韓信遭誅，曹參得以獨得首功而封侯。後繼蕭何爲相，雖能清靜無爲，與民休息，其實亦皆是由蕭何所奠定的政

〔註28〕同註19，頁360。

治基礎而來，這些顯現出曹參的幸運，卻亦同時反映出曹參與韓、蕭兩人才能的高低。故儲欣《史記選》卷三論蕭、曹時云：

> 淮陰功高不賞，而蕭、曹爲漢室功宗，此子長所深惜者，於二贊俱露其意〔註29〕。

此說實切中司馬遷之心意，蕭、曹二人皆對漢室有功，然遇高祖之猜忌，呂后之陰狠，兩人無不時時小心自保，故多休息無爲以制，至於淮陰侯韓信不僅功高不賞，最後還被誅死，故司馬遷於敘曹參傳及贊語中，皆間接的表達出對韓信的痛惜。

因此在〈淮陰侯列傳贊〉中，我們又見到司馬遷用反語曲筆爲韓信之死訴冤。「太史公曰」：

> 吾如淮陰，淮陰人爲余言，韓信雖爲布衣時，其志與眾異。其母死，貧無以葬，然乃行營高敞地，令其旁可置萬家。余視其母冢，良然。假令韓信學道謙讓，不伐己功，不矜其能，則庶幾哉，於漢家勳可以比周、召、太公之徒，後世血食矣。不務出此，而天下已集，乃謀畔逆，夷滅宗族，不亦宜乎！

若從《史記》的體例上考察，韓信曾被封爲齊王、楚王，論功績亦應與蕭何、曹參、張良等人相當，但標題卻僅稱他爲淮陰侯，不僅不列於世家，反將他貶之於列傳，不僅置於列傳，且居魏豹、彭越、英布等反臣之後，此係司馬遷如實反映漢廷對韓信貶謫爲侯以及冠以「謀反」罪名而誅死的紀實。但除了在傳文中司馬遷用各種迂迴曲折的筆法爲韓信辯誣之外，贊文則說他在功成名就之後，由於太重功名利祿，不僅不懂得謙遜退讓、持盈守滿之道，反而恃功而驕、謀反叛逆，否則他的功績是可以比之周公、召公的。這些話與比擬正是反語，若與蕭何的贊語比較起來，這反而是對淮陰更加的讚賞，因爲淮陰的才能與對漢的貢獻是可以比擬周公、召公的，更進一步的說，其實問題不在韓信懂不懂得謙遜退讓，而是因爲他能力太強，功高震主才會被誅。因此後文又說：「不務出此，而天下已集，乃謀叛逆，夷滅宗族，不亦宜乎」，從字面的意義來看，司馬遷說天下都已經統一時才想叛逆謀反，淮陰不應當被誅殺嗎？這似是對韓信謀反且罪有應得的批評，但實際上此話正是反語，意謂韓信乃身經百戰的聰敏天才，怎可能愚昧到在天下安定，局勢對他不利的情況下作亂？司馬遷以此曲筆來辯駁淮陰實無叛逆謀反之心，而是高祖畏懼韓信的才能已非一日之事，是故傳文中韓信有莫名被控謀反與遭降爲侯的事，因此縱使淮陰謙遜退讓，最後仍然可能冤死被誅，正如韓信被縛時所云：「狡兔死，良狗烹；高鳥盡，良

〔註29〕同註19，頁517。

弓藏；敵國破，謀臣亡」！此乃千古忠臣良將之悲哀。故明楊慎《史記題評》卷九十二論〈淮陰侯列傳贊〉時云：

> 多見評者以一兩語囊括鄭重，或取其大者爲贊，不知贊在傳外，直補所不足，或寄聲笑，非必如後人書法與史評也。此篇取譬反復，極人情所難言，此文在漢初第一〔註30〕。

同樣遭冤死的周勃、周亞夫父子，司馬遷亦用反語曲筆爲他們的無辜受禍辯誣。劉邦建漢，周勃有汗馬功勞，後又有平諸呂安劉之功，其爲人敦厚耿直，卻因不善逢迎而遭禍。周亞夫則是剛毅質樸，治軍嚴明，而兩人卻皆因剛正見忌而無辜受害。司馬遷在贊文中給予周勃父子很高的評價，認爲周勃的功績即使是商之伊尹，周之周公也不能超過，而周亞夫之用兵亦可比之齊國的司馬穰苴，這種比擬較之把蕭何比作周之閎夭、散宜生，要來得更加尊重而崇高，可知周勃父子的忠誠正直是受司馬遷所敬重的。但最後司馬遷又加了一句「足己而不學，守節不遜，終以窮困。悲夫」！這是值得玩味的一句話，表面上似是一句貶抑之語，在說明亞夫最後遭難是由於他自己不夠恭順的結果，實則是反語暗喻只要是不能夠曲意順從君主的忠良之臣，其最後多將遭遇不測的命運。《史記評林》引趙恒曰：

> 是勃亦守節也，亞夫不學守節肖乃父矣，然卒窮困餓死，景帝忌刻少恩可知。蓋深惜之也，故云悲夫〔註31〕！

在君權統治的時代，許多剛正不阿與德行光明的人，不常都是遭困受辱而死？周勃、亞夫父子正是此類的悲劇人物。

另外如〈萬石張叔列傳贊〉則是以反語暗諷與正直忠良相反的佞倖之臣，「太史公曰」：

> 仲尼有言曰：「君子欲訥於言而敏於行」，其萬石、建陵、張叔之謂邪？是以其教不肅而成，不嚴而治。塞侯微巧，而周文處讇，君子譏之，爲其近於佞也。然斯可謂篤行君子矣！

贊文引《論語‧里仁》中孔子之言，評萬石君、建陵侯及張叔是恭謹勤敏之人，評塞侯、周文時，則說他們近於機巧諂媚，卻又算是篤行的君子，這段模棱兩可的話，可以說是最典型的反語曲筆。從傳文的記述來看，內容分別記載萬石君石奮父子以及衛綰、直不疑、周文、張叔等七人，每一個人都是醇謹恭敬的高官要臣，但他們從不言君之過失，亦無所建言，始終是明哲保身，且子孫亦多俸要職，然類此之行徑，其實是說明白了即是巧佞，亦即用巧妙、虛僞的方式去討好他人或奉承主上，

〔註30〕同註19，頁637～638。
〔註31〕凌稚隆，《史記評林》（天津：古籍出版，1998年3月），冊四，卷五七，頁732。

並不是正派君子的所做所為，更何況傳中所述及的許多事情幾乎不近人情，既非人情則必有所求，其目的即是在求名求利，所以司馬遷說「君子譏之，為其近於佞也」，「佞」正是他對此傳人物的結評，劉大櫆曾論此篇云：

> 太史遷之傳石奮也，褒之乎？譏之乎？曰，譏之。何以知其為譏也？曰，遷之報任安者曰：「人臣出萬死不顧一生之計，赴公家之難，而全軀保妻子之臣媒孽其短，誠私心痛之」。彼石奮者，特全軀保妻子之臣而已。且遷已明斥石慶之非矣，曰：「文深審謹，在位九歲，無能有所匡言」。夫君之所求乎臣，臣之所為盡忠以事其上者，在匡君之違，言君之闕失，使利及生民而已。………後之為人臣者，不為怙寵云立威，則或以萬石君自況，是自居於閹媚之小人也〔註32〕。

司馬遷敬重的是正直敢言、不顧個人生死名利的臣子，但世上卻多是像萬石一樣諂媚自利以奉上的小人，故司馬遷借此傳以譏。劉大櫆論塞侯時又說：

> 遷之論塞侯曰：「微巧」，其論周文亦有「處諂」之譏，謂其近於佞而又以為篤行之君子。遷之言緩而不迫類如此。其連類而書，與奮、慶同傳，然則奮、慶者，亦遷之所謂佞巧者與〔註33〕！

因此「太史公曰」雖論萬石、張叔等人醇謹，實則是以反語譏諷他們巧佞，更重要的是像這樣的巧佞之臣，卻都受到漢初歷任君主的寵信，因為這些忠謹聽從的近臣，是最容易被君主所利用與操控的，所謂有才智而正直的良臣，反而成了君主的眼中釘，這亦是司馬遷必須以反語曲筆來論斷此篇人物的原因。

綜合上述所論，不論是微言或是反語，亦不論是褒或是貶，司馬遷用這一類的筆法來論斷人物史事時，多有其不得已的苦衷。其一、此類傳主多為漢初人物，其後代仍有為朝中之當權者，故司馬遷意有所避。其二、當傳主事跡有涉及漢代之君主者，尤其當事件有不公平、不明智之原因者，司馬遷多以此曲筆暗諷，以隱含其言外之意。其三、當傳主事與己之遭遇相若，或心亦有所感慨時，則同時借反語曲筆兼寓「借他人酒杯，澆自家塊壘」的深意。

第三節　引言論證敘補軼事

本節分論「太史公曰」中有關「引言論證」與「敘補軼事」兩類之內容。所謂

〔註32〕同註19，頁658。
〔註33〕同註19，頁659。

「引言論證」指司馬遷論斷時常用之筆法，即「太史公曰」中常可見到司馬遷借引他人之言以論斷其人其事，或引用古人、古書之語，如孔子、老子、《詩經》等，或引用俗語、諺語、歌謠詩賦等，或引當世人之言，篇目頗多，以下分別舉例論述之。

一、太史公曰中有關「引言論證」者

（一）引古人、古書之語

司馬遷撰寫《史記》本就以「網羅天下放失舊聞」為原則，因此編寫先秦歷史時便參考了許多古籍史料，在「太史公曰」中論斷史事與人物時，更是常借古人、古書之語以證其論，這種引言論證的方式，與先秦典籍借君子之言以加強評論效果的形式，其作用與意義是相同的。例如〈殷本紀贊〉云：

孔子曰：「殷路車為善，而色尚白」。

此引《論語‧衛靈公》第十五章孔子曰：「乘殷之輅」，及《禮記‧檀弓》：「殷人尚白」之語，司馬遷贊語乃綜合這兩句之意而成，意謂：殷商崇尚樸質大方，比起周代的崇尚華麗要來得好。劉咸炘《太史公書知意》論此處引言之用意時便云：

著殷輅與〈夏本紀〉著〈小正〉之意同〔註34〕。

司馬遷在〈夏本紀贊〉中特提及學者多傳〈夏小正〉，乃因夏代時令之精確為禹時最著之制〔註35〕，由此可知司馬遷是肯定夏、商時代樸質而完備之制度的，但對於周代華麗不實的作風並不欣賞。此處借孔子語以讚夏、商而論周的評語，正是以古諷今的隱喻筆法。

又〈吳太伯世家贊〉中亦引《論語》云：

孔子言：「太伯可謂至德矣，三以天下讓，民無得而稱焉」。余讀《春秋》古文，乃知中國之虞與荊蠻句吳兄弟也。

贊文首引《論語‧泰伯篇》孔子之言，表達對吳太伯讓國的稱許與敬意，次讚季札之仁德與智慧，最後則交代屬於中原的虞國和蠻夷之邦的吳國，原是關係密切的兄弟之邦。〈太史公自序〉云：「嘉伯之讓，作〈吳太伯世家〉第一」。司馬遷將〈吳太伯世家〉列為〈世家〉第一，並於贊語中突顯太伯、季札的美德，實是對禮義仁孝美德的強調，亦是對世人爭奪名利之慨，故徐文珊評云：

細讀全文，下及史贊，不僅頻頻於讓國相稱許，亦標明孔子大義於贊語也〔註36〕。

〔註34〕楊燕起，《歷代名家評史記》（北京師範大學出版，1986年3月），頁331。

〔註35〕參同註34，劉咸炘語，頁330。

〔註36〕徐文珊，《史記評介》（台北：維新書局，民國81年8月），頁256。

因此司馬遷是借著孔子讚太伯相讓之美德，用以貶斥世人相爭奪利之醜陋。

〈魯周公世家〉中「太史公曰」亦引孔子之言曰：「甚矣魯道之衰也！洙泗之間齦齦如也」，後更舉魯國君臣不合禮制之例。魯國雖為禮樂之邦，但仍是君臣兄弟相爭，其道之衰微尚且如此，其他諸侯國世風之變由此而知，司馬遷借著孔子對魯國批評之言，揭示整個時代禮制教化與事勢之衰的情況，用意良深。

〈宋微子世家贊〉引《論語‧微子》中孔子之言讚微子、箕子、比干三位仁人云：

孔子稱：「微子去之，箕子為之奴，比干諫而死，殷有三仁焉」。

其後則引《公羊傳》評宋宣公廢太子而立弟的錯誤，末則因感傷禮義之缺，而讚美宋襄公的禮讓與仁義。文云：

《春秋》譏宋之亂自宣公廢太子而立弟，國以不寧者十世。襄公之時，修行仁義，欲為盟主。其大夫正考父美之，故追道契、湯、高宗，殷所以興，作《商頌》。襄公既敗於泓，而君子或以為多，傷中國闕禮義，褒之也，宋襄之有禮讓也。

宋宣公因己之太子與夷不賢，臨終前將王位傳予弟和，是為穆公，後穆公臨終又將王位禮讓還給宣公子與夷。《左傳》隱公三年（西元前七二〇年）曾讚許宣公讓賢而穆公知義的行為〔註37〕，但《公羊傳》卻譏評宣公混亂名分，導致紛亂。司馬遷在正文中引《左傳》之記載，在「太史公曰」中則引《公羊傳》之評，實為客觀與主觀的紀實筆法，客觀地從世襲制度的歷史來看，正如《公羊傳》所云，這是導致綱紀混亂的原因。但若主觀的從選賢舉能的角度來審視，在缺少仁義禮讓的時代裏，宋宣公擇賢讓國的用心，何嘗不值得稱許？另外宋襄公不但稱霸未成，且不擊未濟，不鼓不成列，自以為是仁人君子的行為，亦可說是一種婦人之仁，但司馬遷在贊文中所側重的，則是站在因「傷中國闕禮義」的立場，故襄公存仁心，治禮讓，在紛亂爭奪的時代裏，亦是難能可貴而值得讚許的。故林伯桐《史記蠡測》曰：

宋襄公最不濟，而嘗列於王霸，頗不可解。豈非人心惡楚，故不忍於宋襄之敗，而宋襄又早以讓國得名，故遂以次於桓、文之後耶？史公曰：「傷中國闕禮義，褒之也，宋襄之有禮讓也」，其言當矣〔註38〕。

又〈扁鵲倉公列傳贊〉則引老子言：

扁鵲以其伎見殃，倉公乃匿跡自隱而當刑。緹縈通尺牘，父得以後寧。故老子曰：「美好者不祥之器」，豈謂扁鵲等邪？若倉公者，可謂近之矣。

〔註37〕君子曰：「宋宣公可謂知人矣！立穆公，其子饗之，命以義夫！商頌曰：『殷受命咸宜，百祿是荷！』其是之謂乎」！

〔註38〕同註34，頁474。

贊文重在對扁鵲、倉公因醫術高明反而受禍的遭遇加以申論。扁鵲因醫術高明而遭害，倉公隱居不行醫也受刑，人生進退究竟應該如何取捨？是故司馬遷引《老子》第三十一章「夫佳兵者不詳之器」說明人生、世道是不公平的，因為不論你賢不賢、美不美，只要有人嫉妒猜疑，你就有可能遭遇不詳，這樣的贊語恐亦是司馬遷自己人生經歷的表白。

其他如〈呂不韋列傳贊〉引《論語‧顏淵》之言：「夫聞也者，色取仁而行違」，用以形容呂不韋貪圖名聲的一生。〈萬石張叔列傳贊〉則引《論語‧里仁》仲尼言曰：「君子欲訥於言而敏於行」，用以評萬石、建陵、張叔的恭謹勤勉。〈田叔列傳贊〉則引孔子言：「居是國必聞其政，田叔之謂乎」，來讚美田叔重義不忘舉賢，又能救君主之過。〈李將軍列傳贊〉引《論語‧子路》言：「其身正，不令而行；其身不正，雖令不從」來表達對李廣為人的敬佩。此類皆是司馬遷引古人、古書之言以論斷褒貶人物的例子，其中又以引孔子之言為最多〔註39〕，可見司馬遷多是以儒家仁道的觀點來評斷人物的道德，受孔子影響良深。

（二）引俗語、諺語

「太史公曰」中常常引用俗語、諺語，並且記明出自「諺曰」、「語曰」、「鄙語曰」等等，用以加強評論與說理的效果。如〈鄭世家贊〉云：

語有之，「以權利合者，權利盡而交疏」，甫瑕是也。

〈管晏列傳贊〉云：

語曰：「將順其美，匡救其惡，故上下能相親也」。

〈孫子吳起列傳贊〉云：

語曰：「能行之者未必能言，能言之者未必能行」。

〈白起王翦列傳贊〉云：

鄙語曰：「尺有所短，寸有所長」。

〈春申君列傳贊〉云：

語曰：「當斷不斷，反受其亂」。

〈平原君虞卿列傳贊〉云：

鄙語曰：「利令智昏」。

〈劉敬叔孫通列傳贊〉云：

語曰：「千金之裘，非一狐之腋也；臺榭之榱，非一木之枝也；三代之際，非一士之智也」。

〔註39〕詳細條數分析參蔡信發，《話說史記》（台北：萬卷樓，民國84年10月），頁64。

〈袁盎晁錯列傳贊〉云：

　　語曰：「變古亂常，不死則亡」。

〈張釋之馮唐列傳贊〉云：

　　語曰：「不知其人視其友」。

〈李將軍列傳贊〉云：

　　諺曰：「桃李不言，下自成蹊」。

〈游俠列傳贊〉云：

　　諺曰：「人貌榮名，豈有既乎」！

以及〈汲鄭列傳贊〉云：

　　　翟公乃大署其門曰：「一死一生，乃知交情。一貧一富，乃知交態。

　　一貴一賤，交情乃見」。

司馬遷的引語往往恰到好處，不僅能適時的表達出他個人對人物的褒貶，更常具有意在言外的微旨功能。

（三）引當世人之言

　　「太史公曰」除了引用古書、俗諺之語外，亦常採記當事人或相關人物的口述材料。司馬遷父子時代距秦、楚漢之際不遠，許多傳記人物或其子孫後世等都還能及見，透過與這些人物的交往經驗與口述歷史，可以獲得最直接的第一手史料，他便將這類珍貴的素材加入論贊之中，借著客觀者對史事人物的了解與言論，來顯示自己對歷史的論斷褒貶。如〈刺客列傳〉中荊軻刺秦王一段精彩的描寫，即是從公孫季功、董生和夏無且的口中得知的，而夏無且正是秦王身邊的醫官，也是用藥箱投擊荊軻的人，因此〈刺客列傳贊〉說：

　　　又言荊軻傷秦王，皆非也，始公孫季功、董生與夏無且游，具知其事，

　　為余道之如是。

又如〈孟嘗君列傳贊〉說：

　　　吾嘗過薛，其俗閭里率多暴桀子弟，與鄒、魯殊。問其故，曰：「孟

　　嘗君招致天下任俠，姦人入薛中蓋六萬餘家矣」。世之傳孟嘗君好客自喜，

　　名不虛矣。

贊文以親自查訪薛地的經驗，作為評論孟嘗君的實際徵獻。薛地子弟多暴桀，與鄒、魯一帶不同，司馬遷查問其原因，當地人告訴他實由於孟嘗君招致天下任俠，姦人有六萬餘家入薛中，孟嘗君食客三千，不分貴賤尊卑，即使是雞鳴狗盜之徒，亦可以兼收并蓄，是故司馬遷豁然了解，孟嘗君好客養士的影響深遠，果然名不虛傳。贊語不評價孟嘗君的生平事跡，反以記述親身考察所得之言為主，譏刺反諷之旨寓

於其中，這正是司馬遷善於以徵獻評人的技巧之例。

在〈淮陰侯列傳贊〉中，司馬遷亦記述自己親至淮陰時，淮陰人告訴他關於韓信為布衣時的種種：

> 吾如淮陰，淮陰人為余言，韓信雖為布衣時，其志與眾異。其母死，
> 貧無以葬，然乃行營高敞地，令其旁可置萬家。余視其母冢，良然。

韓信雖出身貧微，然年少時即有大志，故能忍小忿以就大謀，後成為左右楚漢的關鍵將才，為高祖開國三傑之一，司馬遷透過淮陰人之言，又視韓信之母冢，果信其志與眾異。

又如〈樊酈滕灌列傳贊〉亦引述豐沛遺老之言：

> 吾適豐沛，問其遺老，觀故蕭、曹、樊噲、滕公之家，及其素，異哉
> 所聞！方其鼓刀屠狗賣繒之時，豈自知附驥之尾，垂名漢廷，德流子孫哉？
> 余與他廣通，為言高祖功臣之興時若此云。

此贊並不評論傳中四人，而是以說明收集、考察本傳資料的經過為主，司馬遷至沛親訪傳中四人之故居，訪問遺老，更從樊他廣口中得知相關的史事，由此可知司馬遷認真寫史之精神，以及《史記》紀實之可信。

再則如〈衛將軍驃騎列傳贊〉則直接全引蘇建之語：

> 蘇建語余曰：「『吾嘗責大將軍至尊重，而天下之賢大夫毋稱焉，願將
> 軍觀古名將所招選擇賢者，勉之哉』。大將軍謝曰：『自魏其、武安之厚賓
> 客，天子常切齒，彼親附士大夫，招賢絀不肖者，人主之柄也。人臣奉法
> 遵職而已，何與招士』」！

贊文全引蘇建語而不另作評論，是以借蘇建語證傳文中所記之不虛，亦對衛青其「為將如此」做出言外之旨的論斷。衛青、霍去病兩人因外戚之故而得貴，作風雖謹慎，卻是不修名節、不招賢士，且對武帝一味寬和取悅，故〈佞幸傳〉中云：「衛青、霍去病亦以外戚貴幸，然頗用材能自進」，這正是他們所以封侯得寵的真正原因，但這種行徑並不能得到士兵的心，亦不為當時人所稱讚，司馬遷雖有所譏刺卻不直接批評，故借蘇建與衛青之對話，得以見衛青性格之全面。

除了借引他人之言以評論外，亦常引傳中人之自論自悔以為論斷，程金造便言：

> 《史記》所書之事，有太史公不自作論斷，而由為其事者自己說出，
> 以明太史公對其人其事之是非褒貶〔註40〕。

例如在〈白起王翦列傳〉中白起自殺前便自云：

〔註40〕程金造，〈史記的論斷語言〉，收於《史記研究粹編（一）》（高雄復文圖書出版，民國
81年4月），頁344。

我固當死。長平之戰，趙卒降者數十萬人，我詐而盡坑之，是足以死。

又如敘項羽、商鞅、蒙恬、陳平時，傳中亦皆有一段自論之語，司馬遷借其人之自言自悔以褒貶其人，是其特殊用心之安排。

以「引言論證」方式爲內容的「太史公曰」，不論是引古人言、引俗諺語或引當世人言，都具加強評論效果的感染力與說服力，尤其是司馬遷親至參訪所引用的當世人言，不僅常含有隱微的言外之旨，往往更具有現身說法的臨場感，使人讀來不得不對其論斷褒貶之語加以信服。

二、太史公曰中有關「敘補軼事」者

至於以「敘補軼事」爲內容的「太史公曰」，這裡包含了魯實先先生所云：補軼事、記經歷、言去取等三種，以下亦分別舉例論述之。

（一）補軼事

以補充說明正傳以外的相關史實爲主，此類補充說明性質的「太史公曰」，往往與正傳之間的關連性較爲鬆散，有的甚至與正傳人物僅有一點點的相關，這是因爲在正傳行文之中，不便加入這些說明，或者是有妨礙文氣之慮，故將其置於「太史公曰」之中，是以補正傳中之不足。如〈趙世家贊〉、〈樂毅列傳贊〉、〈田單列傳贊〉、〈韓長儒列傳贊〉等等皆是。〈趙世家贊〉中引趙人馮遂之語，用以補正文之未備，「太史公曰」：

> 吾聞馮王孫曰：「趙王遷，其母倡也，嬖於悼襄王。悼襄王廢適子嘉而立遷。遷素無行，信讒，故誅其良將李牧，用郭開」。豈不謬哉！秦既虜遷，趙之亡大夫共立嘉爲王，王代六歲，奏進兵破嘉，遂滅趙以爲郡。

司馬遷借敘馮遂之語而知趙遷實以其母故而得立，不僅行爲惡劣、聽信讒言，更於強秦亂世之時誅殺良將，而吾人正可由此以推知趙國速亡之因。

又如〈樂毅列傳贊〉云：

> 樂臣公學黃帝、老子，其本師號曰河上丈人，不知其所出。河上丈人教安期生，安期生教毛翕公，毛翕公教樂瑕公，樂瑕公教樂臣公，樂臣公教蓋公。蓋公教於齊高密、膠西，爲曹相國師。

贊文主要在補充說明漢初黃老學說的師承及樂氏與道家的關係。樂瑕公、樂臣公都僅是樂毅的後世宗族，並不能說他們傳承了或代表了樂毅本人的思想，但司馬遷既有此學術淵源的資料，雖與樂毅無直接關係，亦仍以借「太史公曰」將其師承系統記錄下來，並記至曹參，以明曹參之學其來有自。徐文珊認爲：「備詳其有後，敬其

人，當有後也」〔註41〕，此亦應是司馬遷敘補軼事的用心。

〈田單列傳贊〉以稱讚田單之多謀善變，正合於《孫子兵法》的用兵之法與思想為主，但贊文之後卻補述了法章王后及布衣王蠋的兩段事跡：一寫太史傲女不因襄王子法章落難到為人灌園而嫌棄，反而憐愛且善待之，故能於後成為王后。二寫王蠋雖為一介布衣，卻能為了國家忠誠而以身殉義，由於他一個人的犧牲，卻喚回了齊國大夫們的愛國心。司馬遷在贊文之後另補記太史女與王蠋事，得以縱觀當時齊國形勢之全貌與民心之向背，也說明了齊之所以能復國，除了因田單能善用兵法、出奇致勝外，齊國百姓各個心向於齊，正如太史女、王蠋之類，亦皆是齊人復國的基礎，因此贊後的補敘，實足以明了瞭整個齊國歷史與政治之間的全面情勢。然此種於贊文中補敘軼事的寫法，在《史記》中是極為罕見，故後人多有議論〔註42〕。其實只要將傳文與贊文互為參補配合而細讀之，即可知傳、贊之間相互映襯，含意甚深，並非贅言或了無章法。

又如〈韓長孺列傳贊〉云：

> 余與壺遂定律曆，觀韓長孺之義，壺遂之深中隱厚。世之言梁多長者，不虛哉！壺遂官至詹事，天子方倚以為漢相，會遂卒。不然，壺遂之內廉行脩，斯鞠躬君子也。

傳文以敘韓長孺一生的功績、行事與性格為主，贊文卻僅用一句「觀韓長孺之義」評長孺深明大義、行事得宜而已，其他則皆在評論長孺所舉荐之士——壺遂，故可知司馬遷實以借〈韓長孺列傳贊〉讚美壺遂之為人。壺遂曾與司馬遷共定太初曆，官至詹事，為一思想嚴謹、品格廉正忠厚之君子，在〈太史公自序〉中亦曾出現，曾與史遷一起討論《史記》著作之旨。牛運震評曰：

> 太史公不為壺遂立傳，然觀〈韓長孺傳〉贊語及〈自序〉篇中與壺遂問答語，則壺遂之為人，本末具見矣，此即太史公所為壺遂傳也〔註43〕。

因此，贊文雖以褒壺遂為主，而不提及韓長孺，但事實上亦正是以壺遂鞠躬君子之賢，以顯韓長孺之明義與知人，故此贊亦是司馬遷利用「太史公曰」補敘人物軼事以為傳的特殊例子。

上述幾篇「太史公曰」中所敘補的軼事，多與傳文中之主題或主要人物相差甚遠，但司馬遷利用「太史公曰」敘補軼事，實皆有其特殊的安排與用意，亦即以贊語與傳文互參互補，以見傳外之旨，而非強言贅述。

〔註41〕同註36，頁316。
〔註42〕參韓兆琦，《史記選注匯評》（台北：文津出版，民國82年4月），頁278。
〔註43〕同註34，頁672。

（二）記經歷

司馬遷曾於二十歲左右遊歷江淮，亦曾奉使巴蜀，從武帝遊，足跡遍於全國，他除了廣泛的收集史料之外，更將這些親身考察各地的風俗與傳說，都融入於各篇贊文之中。如〈齊太公世家贊〉云：

> 吾適齊，自泰山屬之琅邪，北被于海，膏壤二千里，其民闊達多匿知，其天性也。以太公之聖，建國本，桓公之盛，修善政，以爲諸侯會盟，稱伯，不亦宜乎？洋洋哉，固大國之風也。

〈留侯世家贊〉云：

> 余以爲其人計魁梧奇偉，至見其圖，狀貌如婦人好女。

〈信陵君列傳贊〉云：

> 吾過大梁之墟，求問其所謂夷門。夷門者，城之東門也。

〈春申君列傳贊〉云：

> 吾適楚，觀春申君故城，宮室盛矣哉！

〈屈原賈生列傳贊〉云：

> 適長沙，觀屈原所自沉淵，未嘗不垂涕，想見其爲人。

〈蒙恬列傳贊〉云：

> 吾適北邊，自直道歸，行觀蒙恬所爲秦築長城亭障，塹山堙谷，通直道，固輕百姓力矣。

除了記親身旅遊參訪所知之史料外，亦記與當時人交往中之所見所聞。如〈樊酈滕灌列傳贊〉云：

> 余與他廣游，爲言高祖功臣之興時若此云。

〈酈生陸賈列傳贊〉云：

> 平原君子與余善，是以得具論之。

〈李將軍列傳贊〉云：

> 余睹李將軍，悛悛如鄙人，口不能道辭，及死之日，天下知與不知，皆爲盡哀，彼其忠實心誠信於士大夫也。

〈田叔列傳贊〉云：

> 仁與余善，余故并論之。

〈游俠列傳贊〉云：

> 吾視郭解，狀貌不及中人，言語不足採者。

以上所舉數則「太史公曰」，皆是以記司馬遷個人之經歷爲內容者，記述經歷之類的贊語除了可幫助吾人對傳中人物的了解外，司馬遷實亦透過此類之記述，隱喻個人

對傳中人物的褒貶論斷。例如：〈春申君列傳贊〉足以見春申君生前之奢華無度，〈屈原賈生列傳贊〉是以見司馬遷對屈原、賈誼一生遺事之感傷，〈蒙恬列傳贊〉則見秦政之暴虐與蒙恬之輕百姓，〈李將軍列傳贊〉則見司馬遷對李廣爲人之敬佩，因此「太史公曰」中的每一句記述實皆有其深意。

（三）言去取

在豐博而繁雜的史料中，司馬遷如何選擇與準確的運用？我們在「太史公曰」裡看到他面對史料時取擇的態度，如〈伯夷列傳〉云：「夫學者載籍極博，猶考信於六藝」，〈孔子世家贊〉云：「中國言六藝者折中於夫子，可謂至聖矣」！亦即以六藝經典與孔子褒貶人物的標準來作取捨，這是司馬遷面對歷史的基本態度。當史料繁雜而有殘缺時，司馬遷則以古文之原始資料和言語典雅者爲取捨的標準。〈五帝本紀贊〉便云：

> 學者多稱五帝，尚矣。然《尚書》獨載堯以來；而百家言黃帝，其文不雅馴，薦紳先生難言之。孔子所傳《宰予問五帝德》及《帝繫姓》，儒者或不傳。余至空桐，北過琢鹿，東漸於海，南浮江淮矣，至長老皆各往往稱黃帝、堯、舜之處，風教固殊焉，總之不離古文者近是。予觀《春秋》、《國語》，其發明《五帝德》、《帝繫姓》章矣，顧弟弗深考，其所表見皆不虛。《書》缺有閒矣，其軼乃時時見於他說。非好學深思，心知其意，固難爲淺見寡聞道也。余并論次，擇其言尤雅者，故著爲本紀書首。

司馬遷認爲雜揉迷信的古代傳說，往往真僞參半，不能完全相信，但亦不能輕率抹煞，唯有以六藝、夫子之言，與他遊歷所得的各種資料互相比對考證，並以「不離古文者近是」爲原則。由此可知，司馬遷謹愼考實的處理態度是非常進步而難得的。

另外如〈三代世表序〉云：

> 至於序《尚書》則略，無年月；或頗有，然多闕，不可錄。故疑則傳疑，蓋其愼也。

〈高祖功臣侯者年表序〉也云：

> 於是僅其終始，表其文，頗有所不盡本末，著其明，疑者闕之。

所謂「疑則傳疑，蓋其愼也」，古代的世系往往因年歲久遠而難以詳考，即使有記載，亦已殘缺不全，因此文獻無徵者，闕而不載，這也是司馬遷謹嚴的考察態度。

至於世人多已得見的史料、書籍，司馬遷又是如何處理呢？〈管晏列傳贊〉云：

> 既見其著書，欲觀其行事，故次其傳。至其書，世多有之，是以不論，論其軼事。

〈司馬穰苴列傳贊〉云：

世既多《司馬兵法》，以故不論，著穰苴之列傳焉。

〈孫子吳起列傳贊〉也說：

吳起《兵法》，世多有，故弗論，論其行事所施設者。

故知《史記》以記載重要又不為世人所熟知的史實為主，這些「太史公曰」都是說明論述史事與編寫材料的原則。

又司馬遷寫史以求實詳慎為主，因此考辨史料之正確，摒棄不實的傳說，並以客觀理性的角度說明史實，往往亦成為「太史公曰」的主要內容。如〈周本紀贊〉云：

學者皆稱周伐紂，居洛邑，綜其實不然。武王營之，成王使召公卜居，居九鼎焉，而周復都豐、鎬。至犬戎敗幽王，周乃東徙于洛邑。

漢代學者多認為周武王定都於洛邑，經實地考察以後，司馬遷發現事實並不然，便利用「太史公曰」說明他的考證結果，以糾正一般史論的謬誤，此亦為司馬遷考信史實的表現。又如〈大宛列傳贊〉云：

《禹本紀》言「河出崑崙。崑崙其高二千五百餘里，日月所相避隱為光明也。其上有醴泉、瑤池」。今自張騫使大夏之後也，窮河源，惡睹本紀所謂崑崙者乎？故言九州山川，《尚書》近之矣。至《禹本紀》、《山海經》所有怪物，余不敢言之也。

〈刺客列傳贊〉云：

世言荊軻，其稱太子丹之命，「天雨粟，馬生角」也，太過。

民間對遠古時期史地的認識以及感動人心的事跡，往往會夾雜許多富有想像力的傳說故事，司馬遷對於這類傳說的內容，便自覺的以科學的精神來判斷，這是《史記》以信史記載的進步精神。

以「敘補軼事」為內容的「太史公曰」，與後代一般以褒貶人物為主要議題的論贊，性質稍有不同。從論贊的內容而言，這是「太史公曰」更富變化與豐富的內涵，當司馬遷在傳文中有無法順利或自由抒寫的時候，他便利用「太史公曰」的空間自由的表達出來，這是《史記》「太史公曰」為何出現如此多則「敘補軼事」內容的原因。從另一方面而言，《史記》論贊乃師法先秦典籍「君子曰」的形式而來，仍屬於論贊形式的發展初期，不如《漢書》以後的史書論贊已漸定型，多以論斷史事、褒貶人物為主要內容，因此「太史公曰」在無定式的規範下，其內容便顯得多采多姿，而出現許多以「敘補軼事」為內容的部份。但不論是補軼事、記經歷或是言去取，司馬遷在「太史公曰」裏的表達，皆有其特殊安排的用意，往往具有傳外之旨，言外之意，絕非強言贅述或毫無參考價值。

第四章　《史記》太史公曰的評議

第一節　論太史公曰的史論精神

　　歷史的珍貴在於歷史具有啓發幽思與教誡的意義，史家的尊貴則在於史者具有崇高的精神與偉大的心靈。歷史是人類活動與行爲的記錄，歷史的形成則是人生價值與思想意識的展現與延伸，人在整個歷史的形成中，扮演了何種角色？有何意義？有何作用？有何影響？除了從歷史的記載中觀察體認，史家的史論便是最直接而珍貴的參考資料。但是如果歷史只是史蹟、史料的堆積，史家只是編次彙集史料的工作者，歷史便不會具有太大的意義，史家亦沒有作用與使命可言。章學誠《文史通義》云：

> 史之大原，本乎《春秋》。《春秋》之義，昭乎筆削。筆削之義，不僅事具始末，文成規矩已也〔註1〕。

因此，史家的工作不僅僅只是運用史料、鑑別史料而已，他並且必須具有崇高的人格與歷史良心，能對歷史作客觀的敘述，才能對歷史事件與人物作正確的評價，並完整的呈現歷史的眞貌。《史記》與司馬遷之所以偉大，正是因爲司馬遷在《史記》中注入了他一生的血淚，發揮他高度的史德與史識，展現了他令人崇敬而感佩的史家精神。

　　司馬遷作史的動力來自於父親司馬談，他爲了繼承父親的志業，發誓要「悉論先人所次舊聞，弗敢闕」〔註2〕，即使是面對極刑亦無慍色，隱忍苟活下來，爲的

〔註1〕章學誠，《文史通義》（台北：里仁書局，民國73年9月），卷五，〈答客問上〉，頁470。
〔註2〕《史記・太史公自序》。

只是「恨私心有所不盡，鄙陋沒世而文采不表於後世」〔註3〕，在繼承父志的力量中，他秉持著父親司馬談對聖人不朽的重視，透過對歷史的記錄，表達內心對文化的熱忱，對政治的理想，以及對人類生存的自然願望，企圖在完成記載歷史的過程中，達成一種神聖而不朽的精神使命。

除了父親的遺訓，孔子作《春秋》以寓褒貶的精神，亦是刺激司馬遷作史的動機，他借孔子之言說「我欲載之空言，不如見之於行事之深切著明也」〔註4〕，希望能上繼孔子，效法《春秋》，繼續孔子修舊起廢的工作，所以〈太史公自序〉說：

> 先人有言：「自周公卒五百歲而有孔子，孔子卒後至於今五百歲〔註
> 5〕，有能紹明世，正《易傳》，繼《春秋》，本《詩》、《書》、《禮》、《樂》
> 之際？」意在斯乎！意在斯乎！小子何敢讓焉。

孔子述《春秋》以後已經歷了數百年，卻仍然未有人爲歷史作總結，司馬遷在父親的遺訓與鼓勵下，負起了繼《春秋》之後述作歷史的重要責任，這是何等的雄心壯志。又云：

> 夫《春秋》，上明三王之道，下辨人事之紀，別嫌疑，明是非，定猶
> 豫，善善惡惡，賢賢賤不肖，存亡國，繼絕世，補敝起廢，王道之大者也
> 〔註6〕。

司馬遷認爲《春秋》的珍貴在於能夠闡明王道，判別嫌疑，明辨是非，決斷世人對善惡賢賤的疑惑，更是爲亡國絕世補敝起廢、撥亂反正的重要工作〔註7〕。司馬遷又說：「夫據事直書，善惡自見，《春秋》之意也。〔註8〕」司馬遷透過對孔子作《春秋》的精神肯定與嚮往，在他的《史記》裡秉承了同樣的精神，並且勇敢而確實的實踐，因此我們在《史記》中看到他秉筆直書，盡其紀實，委婉成章，在〈自序〉中則見到他對歷史的用心和認眞，這是司馬遷著作《史記》的崇高目的與使命感，更是他所秉持的史論精神。

司馬遷面對歷史自有其對歷史的特殊見解，他借《史記》的論著表達他對政治的理想，對人存在價值的思考，政治的形勢與力量關係著整個時代的大環境，因此《史記》有〈本紀〉、〈表〉、〈書〉。而性格、行爲與價值判斷，形成一個人的成敗得

〔註3〕〈報任安書〉。
〔註4〕同註2。
〔註5〕不足五百歲，約三百七十餘年。
〔註6〕同註2。
〔註7〕〈太史公自序〉云：《春秋》以道義，撥亂世反正之，莫近於《春秋》。《春秋》文成
　　　數萬，其指數千，萬物之散聚皆在《春秋》。……故《春秋》者，禮義之大宗也。
〔註8〕同註2。

失，間或亦影響整個大環境形勢的消長，故《史記》有〈世家〉、〈列傳〉。司馬遷借著對政治複雜形勢的考察，對人物是非成敗的深刻思考，並用他自己獨特的史識去分析各種歷史主、客體間錯綜複雜的關係，然後在生動的敘事與犀利的議論中呈現出歷史的全貌，其中尤以表序、長篇序文與論斷人物是非的「太史公曰」，特能見其卓越的史觀。

　　司馬遷認為人是歷史的中心，他重視人在歷史中所產生的作用，人格與道德是他評價人物的標準，對於禮廉仁義之才、剛直有節之士，皆抱持正面的肯定，他喜愛那些為堅持人格與道德原則而發揮人性光芒的聖賢、英雄和有志之士，他欣賞這些人物不僅能對歷史有影響性的作用，又能超越政治權勢而創造人生的價值，並且不以他們最後的成敗論英雄，而是以呈現人物深刻的心靈與精神世界為重點。所以他悲嘆伯夷說：

　　　　或曰：「天道無親，常與善人」。若伯夷、叔齊，可謂善人者非邪？積
　　仁絜行如此而餓死（〈伯夷列傳贊〉）！

司馬遷將他認為節義最高的伯夷、叔齊列為〈列傳〉第一，即是對歷史人物賢佞正曲判別的重要提示，〈自序〉有云：「末世爭利，維彼奔義；讓國餓死，天下稱之。作〈伯夷列傳〉第一」，歷史上爭利者彼彼皆是，奔義禮讓者卻屈指可數，能夠像伯夷、叔齊讓國而不爭利，餓死而不屈者，可謂為節義之極致。因此當他為志行高潔、忠心熱情的屈原立傳時，亦同樣為屈原的一生感慨，〈屈原賈生列傳贊〉云：

　　　　余讀〈離騷〉、〈天問〉、〈招魂〉、〈哀郢〉，悲其志。適長沙，觀屈原
　　所自沉淵，未嘗不垂涕，想見其為人。及見賈生弔之，又怪屈原以彼其材，
　　游諸侯，何國不容，而自令若是。

屈原愛國憂民，正邪分明，才華洋溢，卻亦因此遭忌流放而死，司馬遷重賢愛才，為屈原的堅貞不移而悲嘆垂泣。但他卻又不平的說，像這樣的人才，何憂無容身之處，何須走上絕路，因為司馬遷知道追求真理的崇高理想，往往是須要犧牲生命或是以悲壯的人生歷程換取而來。此外，他欽佩田橫之義說：

　　　　田橫之高節，賓客慕義而從橫死，豈非至賢（〈田儋列傳贊〉）！

田橫雖與劉邦為敵，敗而不肯降志事漢，不僅能從容就義，連客五百人亦同俱死，無論古今敵友聞之，皆是令人敬佩的，這正是司馬遷褒揚其人其德的用意。因此他亦讚譽〈刺客列傳〉中的烈士說：

　　　　自曹沬至荊軻五人，此其義或成或不成，然其立意較然，不欺其志，
　　名垂後世，豈妄也哉！

在〈刺客列傳〉中的五位刺客各有成敗，而其義亦有輕重，然不論成敗或就死否，

只要盡其心力，內不欺其志，外亦無愧於仁，即是值得讚佩的磊落義行。

相對的，對於以諂媚得寵的弄臣與不恥之徒，或是以犧牲他人利益、性命做為自己得勢墊腳石者，司馬遷亦同樣為他們立傳，因為在政治的核心中一定會有這一類型人物的存在，他觀察到整個歷史的發展與形勢的轉化，這些人物同樣產生對等的作用，只是他們所影響的往往是反面的意義，因此司馬遷用譏諷之語，用誠鑑之旨，給予他們公允的批評。他用譏刺的筆調批評佞幸者說：

> 甚哉愛憎之時！彌子瑕之行，足以觀後人佞幸矣。雖百世可知也（〈佞幸列傳贊〉）。

佞幸之流多是品德卑劣委瑣之人，或是善於察言觀色，或是以美色狎幸而受到君主的寵信，然這些人卻皆因此而得到富貴權勢，甚至於左右君主的意志，干預國家大事，故司馬遷感慨的以彌子瑕之例，暗諷漢代諸帝與其身邊的弄臣。此外，他論說主父偃的為人時說：

> 主父偃當路，諸公皆譽之，及名敗身誅，士爭言其惡。悲夫（〈平津侯主父列傳贊〉）！

主父偃既無奇節之能，亦無禦侮之功，僅因一味的主和不主戰而得到貴幸，武帝對如此之人卻言聽計從，由此一方面可知武帝之識人，一方面則可知佞幸影響政治之深。

對人的政治活動，司馬遷同樣極其敏銳，他多以重大的歷史事件作為歷史的分期點，在〈本紀〉、〈表〉和篇章的安排上，都可以閱讀到他的卓識與用心。在動亂不安的大時代中，司馬遷觀察到，什麼樣的政治環境與為政者，天下百姓才能得到和樂福祉，社會才能進步興盛，國家才可長治久安。因此他對仁厚的德治者抱持高度的肯定與讚賞，他讚美吳太伯說：

> 孔子言「太伯可謂至德矣，三以天下讓，民無得而稱焉」。余讀《春秋》古文，乃知中國之虞與荊蠻句吳兄弟也。延陵季子之仁心，慕義無窮，見微而知清濁。嗚呼，又何其閎覽博物君子也（〈吳太伯世家贊〉）！

〈自序〉又云：「嘉伯之讓，作〈吳世家〉第一」。太伯孝悌禮讓的美德與季札仁愛正義之心，都是司馬遷將吳太伯列為世家第一的原因。此外他稱許齊太公與齊桓公說：

> 以太公之聖，建國本，桓公之盛，修善政，以為諸侯會盟，稱伯，不亦宜乎？洋洋哉，故大國之風也（〈齊太公世家贊〉）！

齊境廣闊，國富民豐，齊國不僅以簡易為政，且興魚鹽之利，歷太公、桓公、管仲、晏嬰而盛，故司馬遷述其功業以讚其德。

此外在漢代諸君中，則特別推崇文帝的政績，〈孝文本紀〉云：

　　孔子言「必世然後仁，善人之治國百年，亦可以勝殘去殺」。誠哉是
言！漢興，至孝文四十有餘載，德至盛也。廩廩鄉改正服封禪矣，謙讓未
成於今。嗚呼，豈不仁哉！

〈律書〉「太史公曰」亦云：

　　文帝時，會天下新去湯火，人民樂業，因其欲然，能不擾亂，故百姓
遂安。自年六七十翁亦未嘗至市井，游敖嬉戲如小兒狀。孔子所稱有德君
子者邪？

文帝儉樸仁德，不只對內能緩和諸侯之間的矛盾，且處處以百姓爲念，休養生息，
對外亦能安撫邊境，無爭無戰，「仁君」之讚可謂是司馬遷對文帝最誠摯的肯定，亦
是他對國家社會所寄與的理想。

　　相對於嚴苛殘暴、酷虐無道的爲政者則是極爲反感，例如他批評王翦說：

　　王翦爲秦將，夷六國，當是時，翦爲宿將，始皇師之，然不能輔秦建
德，固根本，偷合取容，以至殞身。及孫王離爲項羽所虜，不亦宜乎（〈白
起王翦列傳贊〉）！

「天下苦秦久矣」是漢興秦亡的重要因素，不論是王翦、蒙恬、李斯，都因爲不能
輔秦以德，而終究導致身亡國滅，因此司馬遷歸結歷史興替的因素，在於爲政者是
否能關心民間疾苦，是否能重視人心之向背。同時他在〈酷吏列傳序〉中說：

　　法令者治之具，而非制治清濁之源也。昔天下之網嘗密矣，然姦僞萌
起，其極也，上下相循，至於不振。當世之時，吏治若救火揚沸，非武健
嚴酷，惡能勝其任而愉快乎！言道德者，溺其職矣。

漢武帝之後，開始實行嚴刑峻法，建立專制的中央集權，酷吏成爲執行皇帝意旨的
工具，在〈酷吏傳〉中每個幾乎皆是貪財嚴酷的人物，但武帝卻任他們專橫殘酷，
殺人無數。然而法令越嚴社會卻越亂，因此，司馬遷說法令絕非治理天下之根本，
而是德治，所以司馬遷在〈酷吏列傳序〉中又引孔子與老子之言曰：

　　孔子曰：「導之以政，齊之以刑，民免而無恥。導之以德，齊之以禮，
有恥且格」。老氏稱：「上德不德，是以有德；下德不失德，是以無德。法
令滋章，盜賊多有」。

在〈循吏列傳序〉中他更明確的說：

　　法令所以導民也，刑罰所以禁姦也。文武不備，良民懼然身修者，官
未曾亂也。奉職循理，亦可以爲治，何必威嚴哉？

司馬遷從自身的遭遇中，深切體會出嚴刑峻法對百姓、國家之害，因此對於專制殘
酷的政治手段特別反感，認爲唯有能奉職循理、聽察微理、體恤人民的官吏，才能

使國家長治久安。

「太史公曰」的內容除了包括對歷史事件的議論和對歷史人物的評價外,「太史公曰」也往往會說明自己對史料處理的態度和方法,司馬遷在這些地方亦展現了他面對歷史的科學態度與實錄精神,例如他不迷信,對於荒誕不經的傳聞或資料不全的史事,疑者傳疑,或是疑者缺焉,論述時必考之以六藝,對於史料的取捨與來源,自有其客觀的標準與考證的方法。此外,他還常根據自己遊歷各地的親見親聞和與朋友的交遊中,訪問故老,搜求遺聞,證實古蹟,補充逸事,使他的評論更具有說服力,內容也更豐富多彩。

司馬遷對歷史的認識與觀察是全面的,在縱面的延續上,他根據重要的歷史事件作分期,對歷史的演變作組織性與科學性的考察。在橫面的關係中,他不僅重視人與事件的發展關係,更觸及文化學術、知識教育、經濟財政、河渠地理、軍事戰爭等各種生活條件與社會物資。古今演變的脈動,人類生存的意義與價值,歷史發展的各種因素,與政治形勢的利害衝突,我們都可以在《史記》中得到最好的啟發與誡鑑,因為司馬遷的用心嚴密而謹慎,他的精神崇高而悲壯,他的論斷含蓄而犀利,他的見解進步而卓越。

第二節　論太史公曰的文學特質

司馬遷寫史具有史家客觀的批判精神,他的史論筆法含蓄而犀利,常是在深微隱晦之中,才能見其褒貶之真意。而另一方面,他也是個具有豐富敏銳的情感之人,常富有詩人多愁善感的浪漫氣質,還懷有老莊曠達不羈的風格,因此在「太史公曰」裡,我們可以看到他常用十分強烈而直接的筆觸來表達內心的感受,常於不拘一格的行文中,表露出溯古思今的幽情,而愛憎喜惡之感亦莫不具於其中。司馬遷這樣的人格特質,使得《史記》的人物傳記雖是歷史紀實之作,卻具有很強的文學性,例如在敘述人事時傳神繪影,微妙微肖,記載言語時則如人親在,變化恣肆,疏蕩而有奇氣〔註9〕。因此做為史學名著的《史記》之所以能夠深入人心,受讀者的喜愛與感動,絕不僅僅因為它在史學方面的成就,更因為它的內容實充滿了創造性與藝術性,茅坤曾說:

讀〈游俠傳〉,即欲輕生;讀〈屈原賈誼傳〉,即欲流涕;讀〈莊周〉、

〔註9〕蘇轍,《欒城集》卷二三〈上樞密韓太尉書〉中語:「太史公行天下,周覽四海名山大川,與燕趙間豪俊交游,故其文疏蕩,頗有奇氣。」收於楊燕起編,《歷代名家評史記》(北京師範大學出版,1986年),頁197。

〈魯仲連傳〉,即欲遺世;讀〈李廣傳〉,即欲立鬥;讀〈石建傳〉,即欲
俯躬;讀〈信陵〉、〈平原君傳〉,即欲養士。若此者何哉?蓋各得其物之
情,而肆於心故也,而固非區區句字之激射者也〔註10〕。

正所謂「得物之情」、「肆於其心」,是故《史記》富有特殊的文學性與感染力。

因此,即使是屬於論贊的「太史公曰」,亦同樣富有它的文學特質。正如牛運震
《史記評注》卷一論述《史記》史論的特點時說:

太史公論贊,或隱括全篇,或偏舉一事,或參諸涉歷所親見,或徵諸
典記所參合,或於類傳之中摘一人以例其餘,或於正傳之外摭軼事以補其
漏,皆有深義運神,誠千古絕筆〔註11〕。

此言實為高見,可謂為司馬遷之知己,「太史公曰」的形式多樣,不拘一格,內容豐
富且思想深刻,不論是隱括全篇、偏舉一事或是敘補軼事,每則皆有其特殊的作意
與安排。雖屬於對人物史事的論贊褒貶,卻與傳文一樣具有強烈的抒情風格。

例如〈伯夷列傳〉全篇便充滿了難以抑制的義憤之情,司馬遷將他對天道的不
公,對惡人未得惡報的憤懣,毫不掩飾的表露在行文之中。在〈屈原賈生列傳贊〉
中則說:

余讀〈離騷〉、〈天問〉、〈招魂〉、〈哀郢〉,悲其志。適長沙,觀屈原
所自沉淵,未嘗不垂涕,想見其為人。

因為讀屈原的作品而為屈原的心志與忠誠悲嘆,至汨羅江邊則想見其為人,為屈原
的一生傷感垂淚。故樓昉《過庭錄》稱許此贊云:

贊尤奇,屈原賈誼、荊軻兩贊,當為第一,讀之,使人鼓舞痛快而繼
之以泫然泣下也〔註12〕。

而〈孔子世家贊〉則說:

《詩》有之:「高山仰止,景行行止。」雖不能至,然心嚮往之。余
讀孔氏書,想見其為人。

司馬遷對於自己所敬佩的至聖,有無限景仰之情,雖無法親臨座下從孔子學,卻仍
然用心嚮往,悠遊於孔子的人格與學說之中。讀《孟子》時則說:

余讀《孟子書》,至梁惠王問「何以利吾國」,未嘗不廢書而歎也。

司馬遷在閱讀《孟子》時,想到世人為了利益權勢而爭戰不已,是如何一種慨然感
嘆之情!

〔註10〕同註9,頁202。
〔註11〕同註9,頁108。
〔註12〕同註9,頁201。

深沉的嘆息是「太史公曰」裡的真情流露，司馬遷並不認為篇末的「太史公曰」僅能作史論的批評與褒貶，除了補充軼事的說明外，在他恣肆疏蕩的風格中，總是將真情感受展現於其中，使人常有感同身受的悲嘆，他會有如此深刻的寄寓，其中很大的因素來自於他的親身經歷。司馬遷寫《史記》本就存有其情感上的動機與動力，自遭遇刑禍之後，對政治與社會的現實面更具有強烈的感悟，因此他從歷史上諸多不幸的事件與悲劇英雄中，尋找到心靈的寄託與聊以自慰的感情，在他發憤著書的抒情中，表達出內心的慷慨激憤之情，他懷著豐富的感情色彩寫歷史上的每一個人，每一件事，處處都有他獨契於心的深刻感受。正如曾國藩所說：

太史公于不平事，多借以發抒，以自鳴其鬱抑〔註13〕。

又明王世貞亦云：

〈刺客〉、〈游俠〉、〈貨殖〉諸傳，發所寄也，其文精嚴而工篤，磊落而多感慨〔註14〕。

正如王氏所云「發所寄也」、「磊落而多感慨」，《史記》的「太史公曰」一方面在褒貶中表達愛憎，一方面則是在評價中寄寓自己的身世經歷。因此對於歷史上同樣遭遇不幸卻又能發憤有為的人，以及能堅持個人理想，與具有高尚人格的人物，司馬遷總是懷著深切的同情，給予特別的讚賞與詠嘆，如〈屈原賈生列傳贊〉、〈刺客列傳贊〉、〈魏公子列傳贊〉、〈廉頗藺相如列傳贊〉等。還有那些忍辱負重，棄小義，雪大恥而成就功名的英雄，他更是在「太史公曰」中透露出對人物的同情與共鳴，如〈伍子胥列傳贊〉、〈季布欒布列傳贊〉、〈范雎蔡澤列傳贊〉等。這些「太史公曰」常似抒情雜文，既能直見司馬遷之心情、想法，同時又能給予人傷時感遇的情境感受。

至於司馬遷在《史記》中表達感情的方式，則有以下幾種：

一、常用各種語氣詞直抒胸意，利用「悲夫」之類的語末助詞，直接表達自己的感歎之意，例如〈伍子胥列傳贊〉：

向令伍子胥從奢俱死，何異螻蟻。棄小義，雪大恥，名垂於後世，悲夫！

〈孫子吳起列傳贊〉：

吳起說武侯以形勢不如德，然行之於楚，以刻暴少恩亡其軀。悲夫！

〈平津侯主父列傳贊〉：

主父偃當路，諸公皆譽之，及名敗身誅，士爭言其惡。悲夫！

其他常用的語氣詞還有也、矣、邪、哉、夫、乎、焉等等，這些雖同為語氣詞，每個字卻各有其不同的意思。如「也」字表示肯定，有舒緩穩定的感覺，「矣」字則

〔註13〕同註9，頁83。
〔註14〕同註9，頁204。

具有隱含暗喻之意，「邪」字往往表示懷疑，常有抑揚徘徊的味道，「哉」字則是在否定中具有感嘆的意味〔註15〕，因此我們往往可以從司馬遷所使用的語氣詞，去了解他在「太史公曰」中所隱含的褒貶意義。

二、常用重覆相同的語句，用以加重情感的分量與感慨的氣氛，如〈張釋之馮唐列傳贊〉云：

> 張季之言長者，守法不阿意；馮公之論將率，有味哉！有味哉！

〈匈奴列傳贊〉云：

> 堯雖賢，興事業不成，得禹而九州寧。且欲興聖統，唯在擇任將相哉！
> 唯在擇任將相哉！

司馬遷在「太史公曰」中用重覆相同的語句，往往是心中有無限的感慨，或是具有言外之旨。正如在〈張釋之馮唐列傳贊〉中以馮唐論將帥的機會直諫文帝之言，同時深深的讚許了馮唐的勇於直諫與文帝接受勸諫的心胸。而〈匈奴列傳贊〉中「唯在擇任將相哉」一句，雖並未直接否定衛青、霍去病的功績，其實卻隱含著譏刺漢武帝不能善擇良將，而用李廣利等庸將之失。因此司馬遷使用重覆相同的語句，往往具有言外之意。

三、常將個人當時的心情、感想，直接描述記敘下來，如〈河渠書〉云：

> 余南登廬山，觀禹疏九江，遂至于會稽太湟，上姑蘇，望五湖；東闚洛汭、大邳，迎河，行淮、泗、濟、漯洛渠；西瞻蜀之岷山及離碓；北自龍門至于朔方。曰：甚哉，水之為利害也！余從負薪塞宣房，悲瓠子之詩而作〈河渠書〉。

司馬遷一方面記敘自己親自考察、遊歷各地所見的河渠地理概況，一方面則坦率的論說自己心中真正的感受──「甚哉！水之為利害也」！自古以來，百姓為河患之深苦不堪言，司馬遷與武帝、百官一同負薪塞河，親身感受到興修水利的重要，因此除了追想禹治水的功業之外，最後並說明自己著作〈河渠書〉的原因，以及自己負薪塞河時的感動。又如〈游俠列傳贊〉云：

> 吾視郭解，狀貌不及中人，言語不足採者。然天下無賢與不肖，知與不知，皆慕其聲，言俠者皆引以為名。

司馬遷敘述自己所親見的郭解是個形體、品貌、說話都平庸之人，但郭解卻能以俠義而名聞天下，實由於他的人格品德與精神力量，而這樣的內在美，也正是司馬遷對郭解敬重的原因。這種將主體之「我」置於論斷之中的敘述，不僅能要言不煩、

〔註15〕參范文芳，《司馬遷的創作意識與寫作技巧》（台北：文史哲出版，民國76年5月），頁196。

畫龍點睛式的借史發揮，更能使「太史公曰」富有豐富生動的變化而打動人心。

四、常引歌謠、詩賦、諺語、孔子之言或時人的評論，借著引言以表達個人的觀點，且其引語往往能挈重要點、恰到好處，有時甚至僅用引語而不必多言，便能使讀者心領神會，不僅具有增添評論內容的感染力與說服力，更往往有意在言外的微旨功能。如〈汲鄭列傳贊〉云：

> 翟公乃大署其門曰：「一死一生，乃知交情。一貧一富，乃知交態。
> 一貴一賤，交情乃見」。汲、鄭亦云，悲夫！

汲黯、鄭當時為武帝時清廉之官，兩人官職卻時時進退升沉，而司馬遷遭禍受刑時交遊莫救，故對兩人的遭遇於心有戚戚焉，而翟公的話也正是他的親身體會，於是便借著翟公之口批評與抒憤，增加了「太史公曰」的說服力。又如〈李將軍列傳贊〉中同時引《論語・子路篇》中孔子之語和俗諺，「太史公曰」：

> 《傳》曰：「其身正，不令而行；其身不正，雖令不從」。其李將軍之
> 謂也？余睹李將軍悛悛如鄙人，口不能道辭。及死之日，天下知與不知，
> 皆為盡哀。彼其忠實心誠信於士大夫也？諺曰：「桃李不言，下自成蹊」。
> 此言雖小，可以諭大也。

李廣英勇善戰，廉愛士卒，兵士皆樂於為他效力，雖不善言辭，卻能身體力行，因此司馬遷用「其身正，不令而行；其身不正，雖令不從」來讚許李廣廉正不阿的為人，而「桃李不言，下自成蹊」一句，正是以不說話的桃、李樹來形容悛悛誠懇的李廣性格，世人亦在默默之中對李廣表達了無限敬仰之意，而這兩句引言亦更回應了傳文敘述李廣自剄時，「廣軍士大夫一軍皆哭，百姓聞之，知與不知，無老壯皆為垂涕」的情況，且司馬遷對李廣為人的敬佩之情，更在此引言中不言而盡其意了。我們從這些引言的意義，往往可以清楚的得見司馬遷對人物的褒貶之意，這也是他對人物與俗諺、經典都有深入的體會與見解，而能運用自如的功夫表現。

不過仍然有人對史家在史論中，對事件與人物表達過多的愛憎之情有所批評，章太炎便說：

> 史家之弊，愛憎過其情，與解觀失實者有之，未有作史而橫為寓言者
> 也〔註16〕。

史家注入過多的愛憎喜惡之情，的確容易影響讀史者對歷史發展的是非判斷，或易流於類似稗官野史的主觀喜惡，但是作史者若能考核史實節之以理，將感情的表達控制得宜，並能求其真以敘其事，史論中的情感表達，絕對可以增添史學著作的文

〔註16〕章太炎，〈讀太史公書〉，收於《章太炎全集》（上海人民出版，1985年），冊五，頁120。

學性與可讀性，司馬遷的《史記》在這方面有非常優異的表現。

「太史公曰」除了具有獨特的抒情風格之外，並常用夾敘夾議的筆法，在敘事中加上議論，在事跡中體現褒貶，在評價說理中突顯事實。如〈儒林列傳序〉云：

> 及至秦之季世，焚《詩》《書》，阬術士，《六藝》從此缺焉。陳涉之王也，而魯諸儒持孔氏之禮器往歸陳王。於是孔甲為陳涉博士，卒與涉俱死。陳涉起匹夫，驅瓦合適戍，旬月以王楚，不滿半歲竟滅亡，其事至微淺，然而縉紳先生之徒負孔子禮器往委質為臣者，何也？以秦焚其業，積怨而發憤於陳王也。

司馬遷在這裡一方面敘述秦世焚書坑儒至陳涉、楚興之際，整個儒學復興的軌跡，一方面則議論諸儒負孔氏禮器往歸陳涉的原因，他認為雖然陳涉僅經數月即敗亡，但因為秦焚毀了諸儒的事業與精神象徵，因此在積怨憤懣之中他們投靠了陳涉，而孔甲會選擇與陳涉俱死，亦是基於對陳涉能保存傳續儒業的感謝。〈儒林列傳序〉後文又云：

> 及高皇帝誅項籍，舉兵圍魯，魯中諸儒尚講誦習禮樂，弦歌之音不絕，豈非聖人之遺化，好禮樂之國哉？故孔子在陳，曰「歸與歸與！吾黨之小子狂簡，斐然成章，不知所以裁之」。夫齊魯之間於文學，自古以來，其天性也。故漢興，諸儒始得脩其經藝，講習大射鄉飲之禮。叔孫通作漢禮儀，因為太常，諸生子弟共定者，咸為選首，於是喟然歎興於學。

楚漢之際的戰爭殺伐完全干擾不到魯境，禮樂帶給人們的祥和與世人的爭奪暴戾形成極大的對比，因此司馬遷論述孔子之言，認為文學、文化對於齊、魯兩地而言乃是自然天性。到了漢興，禮樂儒學的復興已經明朗可見，故司馬遷在序文中不禁欣然讚嘆。如此簡明清晰的敘事，加上重點式的議論，使得整篇序論條理井然而脈絡分明，明王維楨便曾云：

> 〈儒林傳〉等序，此皆述其事，又發其義，觀詞之辨者，以為議論可也，觀實之具者以為敘事可也〔註17〕。

又如〈游俠列傳序〉亦是運用夾敘夾議的筆法，「太史公曰」：

> 古布衣之俠，靡得而聞已。近世延陵、孟嘗、春申、平原、信陵之徒，皆因王者親屬，藉於有土卿相之富厚，招天下賢者，顯名諸侯，不可謂不賢者矣。比如順風而呼，聲非加疾，其執激也。至如閭巷之俠，修行砥名，聲施於天下，莫不稱賢，是為難耳。然儒、墨皆排擯不載。自秦以前，匹

〔註17〕凌稚隆，《史記評林》（天津：古籍出版，1998 年 3 月），冊一，〈史記總評〉，頁 171。

夫之俠，湮滅不見，余甚恨之。以余所聞，漢興有朱家、田仲、王公、劇
孟、郭解之徒，雖時扞當世之文罔，然其私義廉絜退讓，有足稱者。名不
虛立，士不虛附。

司馬遷認爲靠著自己的品德修養與社會道德而有所成就的布衣之俠，與以貴族卿相
而俠者，是有所不同且更值得敬佩的，可惜在儒、墨兩家的排擠擯棄之下，游俠因
爲常常「扞文罔」而處處受到儒者與朝廷的迫害，故往往無從得知前代布衣之俠的
事蹟，司馬遷對這樣的事寄寓無限感慨惋惜之情說：「余甚恨之」，他亦因此爲漢代
幾位廉潔退讓的游俠立傳。他不僅議論近世貴族游俠與布衣游俠的分別，又敘及游
俠的處境與命運，更在夾敘夾議的行文之中，透露出自己對游俠的深切痛惜，使人
讀來倍感眞切而生動。故董份評曰：

咨嗟慷慨，感嘆宛轉，其文曲至百代之絕矣〔註18〕。

此外，司馬遷對於奇異之人與事特別喜愛加以評論，揚雄曾說：

文麗而寡用，長卿也。多愛不忍，子長也。仲尼多愛，愛義也。子長
多愛，愛奇也〔註19〕。

劉勰《文心雕龍・史傳篇》也說：

而其實錄無隱之旨，博雅弘辯之才，愛奇反經之尤〔註20〕。

劉勰把「愛奇」與「反經」並提，雖不無微詞，但也因此反映出司馬遷與他人不同
的獨特風格與文學特質。在「太史公曰」中，我們常可見到司馬遷用「奇」字爲人
物作評論，如〈陳丞相世家贊〉云：

常出奇計，救紛糾之難，振國家之患。

〈樗里子甘茂列傳贊〉云：

甘羅年少，然出一奇計，聲稱後世。

〈白起王翦列傳贊〉云：

白起料敵合變，出奇無窮，聲震天下，然不能救患於應侯。

正如司馬遷在〈三王世家贊〉裡說：

自古至今，所由來久矣。非有異也，故弗論著也。燕齊之事，無足采者。

在龐大的史料中，司馬遷根據自己對歷史的審美之情，選擇奇人異事撰述成《史記》，
此亦正是《史記》特別具有文學性的重要原因之一。

魯迅說：「《史記》一書，不拘於史法，不囿於字句，發於情，肆於心而爲文」。

〔註18〕同註17，冊六，頁763。
〔註19〕揚雄，《法言》（台北：世界書局，民國七十年5月），卷十二，〈君子篇〉。
〔註20〕劉勰，《文心雕龍》（台北：維明書局，民國72年9月），卷四，〈史傳〉，頁284。

並稱讚《史記》爲史家之絕唱，無韻之《離騷》〔註21〕。司馬遷善於將事、理、情熔於一體，生動的寫人記事，借事以達理，借理以抒情，在客觀的描述中，運用高度的語言技巧，自然而具體的展現出《史記》的文學特質。在大量的史料中，謹密而生動的爲人物性格與故事情節注入藝術性的構思。論贊本應以發議論爲主，但《史記》「太史公曰」卻能一本其一貫的文學性與藝術性，在議論與批評的微旨中，同樣注入它豐沛而活躍的感情，展現他引人入勝的文學張力。

第三節　論太史公曰的思想

　　司馬遷用原始察終、見盛觀衰的方法對歷史作全面性的觀察與分析，他認爲歷史的演化是有軌跡可循的，不僅可以追本溯原考察其轉變的原因，更可以知其盛衰的關鍵，特別是在〈書〉與〈表〉的「太史公曰」，最能直接反映司馬遷對歷史發展的卓越見解，對政治變化的整體分析，以及對人類道德與行爲作用的價值意義，在簡短的「太史公曰」中，處處皆透露了他進步的思想意義。以下將分爲三方面加以說明。

一、對歷史發展的認識

　　司馬遷以全面與通變的方法觀察歷史，認爲歷史是連續性的發展，並且往往是由低向高發展，從「漸」至「變」，〈太史公自序〉說：

　　　　王跡所興，原始察終，見盛觀衰，論考之行事，略推三代，錄秦漢，
　　上記軒轅，下至於茲。

〈平準書〉說：

　　　　物盛而衰，固其變也。

〈平準書贊〉又說：

　　　　物盛則衰，時極而轉，一質一文，終始之變也。

〈天官書〉亦云：

　　　　爲天數者，必通三五，終始古今，深觀時變，察其精粗，則天官備矣。

歷史的變化是經過漸進式的規律因素逐漸孕育而成的，並非突然或雜亂而至的，而在終始循環的發展中，則往往可以見出事物必然盛衰的軌跡，因此司馬遷依照歷史

〔註21〕魯迅，《漢文學史綱要》，收於《魯迅作品全集》（台北：風雲時代出版，民國79年），
　　　　冊二十五，〈司馬相如與司馬遷〉，頁64。

事件發生的時間順序，將近三千年的中國歷史劃分為幾個不同的歷史時期，然後一一的論說它們各別的發展過程和特點，如實的呈現出整個歷史事件的作用和意義。

其中〈十表序〉可說是司馬遷對歷史認識的精華所在，如〈十二諸侯年表〉即是根據《春秋》、《國語》所記述的歷史，用綜其終始的方式表列出來，以便於觀察考核各諸侯間權勢的轉移與歷史事件的發生，而〈表序〉則是為〈表〉所作提綱挈領的具體說明，將春秋時代周王室與諸侯爭霸的政治形勢和興替演變作了完整的分析：

> 及至厲王，以惡聞其過，公卿懼誅而禍作，厲王遂奔於彘，亂自京師始，而共和行政焉。是後或力政，強乘弱，興師不請天子。然挾王室之義，以討伐為會盟主，政由五伯，諸侯恣行，淫侈不軌，賊臣篡子滋起矣。齊、晉、秦、楚其在成周微甚，封或百里或五十里。晉阻三河，齊負東海，楚介江淮，秦因雍州之固，四海迭興，更為伯主，文武所褒大封，皆威而服焉。

司馬遷明白的指出，周代的腐敗源自於周王的驕奢淫逸，因此諸侯漸漸的不再向周天子請示，而開始了武力爭伐的春秋時代，齊、晉、秦、楚等國亦在各自佔據險要的領地後，一一成為各時期的霸主。歷史的變遷是漸進的，而政治權勢的興替嬗迭亦是有因有果的終始變化，劉咸炘《太史公書知意》論此表時便云：

> 合年月、世諡為譜而述盛衰大指，兼歷人數家而憑儒者，以綜始終也
>
> 〔註22〕。

這也就是說司馬遷是用綜其終始的方法來說明春秋時期的盛衰轉變。

同樣用歷史終始的方法，以秦為中心的〈六國年表〉，其〈表序〉也是將秦統一六國的重要過程作了十分詳盡的考察，序文云：

> 太史公讀《秦記》至犬戎敗幽王，周東徙洛邑，秦襄公始封為諸侯，作西畤用事上帝，僭端見矣。《禮》曰：「天子祭天地，諸侯祭其域內名川大川。」今秦雜戎翟之俗，先暴戾，後仁義，位在藩臣而臚於郊祀，君子懼焉。………秦始小國僻遠，諸夏賓之，比於戎翟，至獻公之後常雄諸侯。論秦之德義不如魯衛之暴戾者，量秦之兵不如三晉之強也，然卒并天下，非必險固便形勢利也，蓋若天所助焉。

〈六國年表〉主要在顯示秦逐漸強大至最後統一的大勢，司馬遷對秦的蠻橫無道、暴戾輕仁是非常痛惡的，但他卻也同時對秦能兼併天下的原因作了仔細的分析，他

〔註22〕楊燕起編，《歷代名家評史記》（北京師範大學出版，1986年），頁278。

認爲秦的強盛與統一六國，絕對不是一朝一夕偶然發生或僥倖所致的，除了地勢險要與時機便利之外，更有非人力所能挽回的「天助」形勢，一切都是經過長時期發展的結果，秦的統一乃是歷史發展趨勢的推動。且後文又云：

> 秦取天下多暴，然世異變，成功大。傳曰：「法後王」，何也？以其近己而俗變相類，議卑而易行也。學者牽於所聞，見秦在帝位日淺，不察其終始，因舉而笑之，不敢道，此與以耳食無異。悲夫！

司馬遷並不因秦以暴力得天下，也不因秦在帝位的時間短暫就否定它在歷史上的重要性與地位，且借著秦法與漢代之間的關係，反語詭辭鄙斥漢，更對漢代學者「不察其終始」而否定秦的觀點加以諷刺批評。方苞便認爲司馬遷設置〈六國年表〉是「皆用秦事爲經緯」，並且能完全掌握整個戰國情勢與過去不同的特點，他評論此表云：

> 世變異，則治法隨之，故漢之興多沿秦法。昔三代受命，相繼相因，孔子推之，以爲百世可知。秦始變古，而傳乃曰法後王，何也？孔子之所謂因者，禮也，天不變，道亦不變；遷之所謂法者，政也，政必逐乎情與勢。而遷近己而俗變相類，論卑而易行，乃情之不謀而同，勢之往而不反者也。故遷之言，亦聖人所不易也。其消學者以不道秦事爲耳食，蓋深感世變而詭其辭，以志痛與〔註23〕！

方苞所評實指出了司馬遷〈表序〉的用心與意義。

其實歷史上的每一件史事，莫不是由弱變強，由小而大，一個朝代則必有它的開始與結束，且總是先盛後衰漸變而成。因此想要興盛一個國家，就必須要承弊易變，吸取經驗教訓，去惡從善，順應民心，休養生息，以求得社會的長治久安，因此司馬遷在〈高祖本紀贊〉中說：

> 三王之道若循環，終而復始。周秦之間，可謂文敝矣。秦政不改，反酷刑法，豈不繆乎？故漢興，承敝易變，使人不倦，得天統矣。

政治現象常是周而復始的循環，如果與秦一樣實行嚴刑酷法，是無法得到民心支持的，而漢之所以能夠興起，正是由於能夠改秦之弊而得到天下百姓之心。

此外，至秦漢之際，英雄豪傑群起，在如此縱橫複雜而變化快速的時代中，司馬遷亦精確的從歷史的線索中把握住陳涉、項羽、劉邦三個主要人物，並在這三個連續發展且快速變化的階段中，詳細而公允的爲秦漢之際的大勢做最確切的論述。所以他在〈秦楚之際月表〉中云：

〔註23〕同註22，頁381。

> 初作難，發於陳涉；虐戾滅秦，自項氏；撥亂誅暴，平定海內，卒踐
> 帝祚，成於漢家。五年之間，號令三嬗，自生民以來，未始有受命若斯之
> 亟也。

短短數言，清楚的掌握出急速變化的時代脈絡，並認為這是自有人類以來，從未有
過的劇烈轉變。司馬遷認為歷史是連續的、發展的、變化的，歷史則是透過時間、
地域、人物和事件之間的綜錯關係，表現它的通變之理。而司馬遷以他終始察變的
通觀考察，從其中總結出歷史的經驗教訓，稽核其成敗興壞之理，並在「太史公曰」
中表達他「通古今之變」的卓越思想。

二、對人在歷史發展中的看法

在漢代，陰陽五行說非常盛行，當時許多人認為天道與人事之間是互相影響的，
以為天是可以干預人事的，身處西漢的司馬遷對這些論點則提出了他的質疑。他認
為社會與歷史的發展是由人的活動所構成的，人事與天意並沒有絕對必然的關連，
例如〈伯夷列傳〉便對「天道無親，常與善人」的觀念提出質疑，因為像伯夷、叔
齊之類的善人，卻仍然遭遇餓死的命運，相反的，許多奸邪之人卻富貴平安的渡過
一生，因此他說：「余甚惑焉，儻所謂天道，是邪非邪？〔註24〕」

對於項羽的一生，司馬遷是深表同情與敬佩的，但是對項羽在覆亡時所說的話：
「天之亡我，非用兵之罪也」〔註25〕卻持以不同的意見，他在〈項羽本紀贊〉中客
觀而理智的評論項羽失敗的原因說：

> 及羽背關懷楚，放逐義帝而自立，怨王侯叛己，難矣。自矜功伐，奮
> 其私智而不師古，謂霸王之業，欲以力征經營天下，五年卒亡其國，身死
> 東城，尚不覺寤而不自責，過矣。乃引「天亡我，非用兵之罪也」，豈不
> 謬哉！

由此可知項羽「自矜功伐，奮其私智而不師古」的作風與「背關懷楚」、「欲以力征
經營天下」的錯誤政策，才是項羽敗亡的重要原因，可惜他自己卻至死不悟，還將
罪歸於天，項羽的想法，便是受天意可以決定人們成敗觀念的影響，所以司馬遷最
後駁斥項羽說「豈不謬哉」！

同樣的，秦將蒙恬將死之時，也是將自己的過錯歸罪於天的懲罰，以為自己是
因為絕地脈之過而當死，司馬遷對蒙恬的想法亦提出了批評：

〔註24〕《史記·伯夷列傳》。
〔註25〕《史記·項羽本紀贊》。

吾適北邊，自直道歸，行觀蒙恬所爲秦築長城亭障，塹山堙谷，通直道，固輕百姓力矣。夫秦之初滅諸侯，天下之心未定，痍傷者未瘳，而恬爲名將，不以此時彊諫，振百姓之急，養老存孤，務修眾庶之和，而阿意興功，此其兄弟遇誅，不亦宜乎！何乃罪地脈哉〔註26〕？

司馬遷認爲蒙恬之罪乃是在助秦興國，阿意興功，不顧百姓之急，輕百姓之力，而非所謂絕地脈之罪。所以人之成敗，國之興亡，絕非與天意或獎懲有關，完全是因爲人自己的所作所爲，所漸滋形成的結果，因此人必須對自己的思想、性格與行爲負責，不能推卸、逃避自己的過失，更不能將責任歸咎於遙遠的天。當司馬遷肯定了人的行爲與群體社會之間的作用後，他便清楚的看出人性的全貌，因爲既然是人，就不會像神和天一樣的完美，沒有必要神化任何一個歷史人物的存在，所以我們在《史記》中總是看到司馬遷對迷信傳說的駁斥與摒棄，而能客觀的推究出歷史成敗興衰的眞相。

當人能誠實的對自己的行爲負責時，便會發現人爲的各項活動對歷史都會產生各種不同的影響，正確的行爲帶來正面的發展，錯誤的決策造成負面的影響，而各種人物中，尤其是帝王將相所作的決策，對歷史最具有決定性的影響力，所以司馬遷認爲一定要仔細小心的選擇將相，〈匈奴列傳贊〉云：

堯雖賢，興事業不成，得禹而九州寧。且欲興聖統，唯在擇任將相哉！

唯在擇任將相哉！

〈楚元王世家贊〉更明白的說：

國之將興，必有禎祥，君子用而小人退。國之將亡，賢人隱，亂臣貴。使楚王戊毋刑申公，遵其言，趙任防與先生，豈有篡殺之謀，爲天下僇哉？賢人乎，賢人乎！非質有其內，惡能用之哉？甚矣，「安危在出令，存亡在所任」，誠哉是言也！

司馬遷體認到人才對歷史的重要影響，唯有重用賢人國家才會興盛，否則就會顯現跡象逐漸走向衰退敗亡。因此《史記》中記述了各種不同的人物，有因人而興盛者，亦有因人而敗亡滅國者。而各色英雄豪傑與仁德奇異之士，不論是游俠、刺客，或是滑稽、貨殖者，皆在歷史中形成各種不同的作用，因此《史記》中有「本紀」、「世家」、「列傳」，用來記敘他們在整個歷史發展中所留下來的影響。〈劉敬叔孫通列傳贊〉便云：

語曰：「千金之裘，非一狐之腋也；臺榭之榱，非一木之枝也；三代

〔註26〕《史記・蒙恬列傳贊》。

—79—

之際，非一士之智也。」信哉！

因為歷史不是少數幾個人所能創造出來的，而是由許多人的智慧與努力共同發展而成的。這些對人在歷史發展中的作用，都是司馬遷「究天人之際」的深刻認識。

三、政治思想

司馬遷首先注意到政治與民心向背的關係，所謂「得人者昌，失人者亡」，百姓的心可以決定一個政治人物的成敗，也是一個國家政治興亡的首要條件。例如〈陳涉世家〉中引陳勝之語說：「天下苦秦久矣」，秦因暴政而失民心，當陳涉一舉義，便有千人附之以應〔註27〕，可見「今反者已有天下之半矣」的話的確是事實〔註28〕。到了楚漢之際，項羽敗，劉邦勝，民心的歸向也是二人成敗的關鍵之一，項羽坑殺秦降卒二十萬人，又放火燒咸陽城，暴戾殺戮，百姓不附，所以〈項羽本紀贊〉云：

> 自矜功伐，奮其私智而不師古，謂霸王之業，欲以力征經營天下，五年卒亡其國，身死東城，尚不覺寤而不自責，過矣。

相反的，劉邦「仁而愛人，喜施，意豁如也，常有大度」便顯得仁慈親切〔註29〕，他一方面從善如流、約法三章，一方面安撫父老、與民簡便，所以暴虐者失民心，以德化民者得民心，失民心者敗，得民心者勝。

又如〈李將軍列傳贊〉云：

> 傳曰：「其身正，不令而行；其身不正，雖令不從」。其李將軍之謂也？余睹李將軍悛悛如鄙人，口不能道辭。及死之日，天下知與不知，皆為盡哀。彼其忠實心誠信於士大夫也？諺曰：「桃李不言，下自成蹊」。此言雖小，可以諭大也。

李廣為人忠誠正直，民心向之，及死，不論認不認識他的人都為他哀悼，司馬遷利用百姓對李廣其人的衷心愛戴，反諷武帝在政治權勢中的跋扈不仁，也襯托出衛青為人的和柔自媚。

因此，反對暴虐殘酷之政，重視仁德之政，是司馬遷對政治的基本理念。所以〈循吏列傳序〉云：

> 法令所以導民也，刑罰所以禁姦也。文武不備，良民懼然身修者，官未曾亂也。奉職循理，亦可以為治，何必威嚴哉？

〈酷吏列傳序〉也云：

〔註27〕《史記‧陳涉世家》。
〔註28〕《史記‧李斯列傳》。
〔註29〕《史記‧高祖本紀》。

孔子曰：「導之以政，齊之以刑，民免而無恥。導之以德，齊之以禮，有恥且格。」老氏稱：「上德不德，是以有德；下德不失德，是以無德。法令滋章，盜賊多有。」太史公曰：「信哉是言也！法令者治之具，而非治清濁之源也」。

面對武帝時代的高壓政治，司馬遷是較傾向無為而治的政治思想的，所以他稱讚文帝說：「漢興，孝文施大德，天下懷安」〔註30〕。在〈呂太后本紀贊〉中也云：

孝惠皇帝、高后之時，黎民得離戰國之苦，君臣俱欲休息乎無為，故惠帝垂拱，高后女主稱制，政不出房戶，天下晏然。刑罰罕用，罪人是希。民務稼穡，衣食滋殖。

〈曹相國世家贊〉更明白的說：

參為漢相國，清靜極言合道。然百姓離秦之酷後，參與休息無為，故天下俱稱其美矣。

這些都是對順應民心、休養生息的仁德之政的肯定與提倡，因為在戰國與酷秦之後，人民最須要的就是不用威嚴、刑罰的無為清靜之治。可是武帝為了施展他個人的雄才大略，不斷的「外攘夷狄，內興功業」，不僅「海內之士力耕不足糧穰，女子紡績不足衣服」〔註31〕，將整個國家日漸導向民窮財盡的衰敗之路，加上酷吏的橫行霸道、嚴刑峻法，被妄殺迫害的百姓幾乎無路可行。

有德者昌，失德、無德者亡，因此一個國家的國勢是否能夠振作興盛，亦取決於君主的道德和施政主張。而君主的道德不僅能夠決定當世的盛衰，還能夠蔭及或禍及後代子孫，這個觀念也就是中國傳統的陰功陰德思想，司馬遷在《史記》「太史公曰」中便曾多次提及這種積下陰功且有功於民的觀念。〈燕召公世家贊〉云：

召公奭可謂仁矣！甘棠且思之，況其人乎？燕迫蠻貉，內措齊晉，崎嶇強國之間，最為弱小，幾滅者數矣。然社稷血食者八九百歲，於姬姓獨後亡，豈非召公之烈邪！

〈陳杞世家贊〉也說：

舜之德可謂至矣！禪位於夏，而後世血食者歷三代。及楚滅陳，而田常得政於齊，卒為建國，百世不絕，苗裔茲茲，有土者不乏焉。

〈越王句踐世家贊〉也具有同樣的意義：

禹之功大矣，漸九川，定九州，至於今諸夏艾安。及苗裔句踐，苦身焦思，終滅強吳，北觀兵中國，以尊周室，號稱霸王，句踐可不謂賢哉！

〔註30〕《史記·孝景本紀贊》。
〔註31〕《史記·平準書贊》。

蓋有禹之遺烈焉。

總之，司馬遷認為有王跡興盛之處、之人，大概都是因為他們的祖先陰德庇佑，因此以仁德施政，不僅有利於當世百姓，更能福及子孫，相反的，如果犯下罪孽，不僅自身遭禍，後代也會受其不祥。在〈白起王翦列傳〉中白起自殺前便自云：

我固當死。長平之戰，趙卒降者數十萬人，我詐而盡坑之，是足以死。

「太史公曰」中又說：

王翦為秦將，夷六國，當是時，翦為宿將，始皇師之，然不能輔秦建德，固其根本，偷合取容，以至呴身。及孫王離為項羽所虜，不亦宜乎〔註32〕！

這些都是司馬遷在道德與政治之間所作的關連性思考。

司馬遷寫《史記》絕非僅是史料的彙編，他在每一個篇章中都注入了史家的生命與精神，通過實事求是的歷史敘述，表達他對人與歷史所考察分析出來的哲理，而「太史公曰」中的思想更是整部《史記》的精華所在。

〔註32〕《史記・白起王翦列傳贊》。

第五章　《漢書》體例與贊曰

第一節　班固《漢書》對《史記》體例的繼承與創新

　　《漢書》與《史記》同為中國歷史上珍貴的史書，且在中國古代的學術發展史上，同具有重要的學術價值。《史記》在史書體例上最大的貢獻是創立紀傳體的通史，而《漢書》的成就則是在繼承且略變《史記》的體例與規模中，發展為紀傳體的斷代史，因此《史記》與《漢書》二者最大的不同，是一為通史，一為斷代史。斷代史體例的產生，是由於歷史發展的必然要求，《史記》的記載止於漢武帝，漢代的許多學者如褚少孫、劉向、馮商等，都曾紛紛加入續補《史記》的寫作行列〔註1〕，然而他們的作品皆僅限於對《史記》的增補與修改，並不能為漢代歷史作整體而有規模的編著。包舉一代的史書體制，不僅可以承續補接《史記》之後的漢代歷史，又可以符合東漢政權的趨勢與需要，況且若能將每一部專敘某朝的斷代史互相銜接起來，便能成為毫無間斷的通史，而無需將同時代的歷史做不斷重覆的記敘，因此《漢書》斷代史體例的創設，在中國史書的發展上，實具有其重要的意義與價值。

　　《漢書》名稱由班固自定〔註2〕，因專門記載漢一代之事蹟史實，故謂之《漢書》。班固曾在《漢書·敘傳》裡說明他著作《漢書》的動機與目的云：

　　　　唐虞三代，《詩》《書》所及，世有典籍，故雖堯舜之盛，必有典謨之
　　　　篇，然後揚名於後世，冠德於百王，故曰「巍巍乎其有成功，煥乎其有文

〔註1〕浦起龍釋，《史通通釋》（台北：里仁書局，民國82年6月），卷十二，〈古今正史〉
　　　　云：「其後劉向，向子歆及諸好事者，若馮商、衛衡、揚雄、史岑、梁審、肆仁、晉
　　　　馮、段肅、金丹、馮衍、韋融、蕭奮、劉恂等相次撰續，迄於哀、平間，猶名《史
　　　　記》」，頁338。
〔註2〕《漢書·敘傳》云：「探纂前記，綴輯所聞，以述《漢書》」。

章也」！漢紹堯運，以建帝業，至於六世，史臣乃追述功德，私作《本紀》，編於百王之末，廁於秦、項之列。太初以後，闕而不錄，故探纂前記，綴輯所聞，以述《漢書》，起元高祖，終於孝平王莽之誅，十有二世，二百三十年，綜其行事，旁貫《五經》，上下洽通，爲春秋考紀、表、志、傳，凡百篇。

保存歷史文獻與宣揚漢之功德是他著作《漢書》的宗旨，班固認爲《史記》自武帝太初之後便闕而不錄，且司馬遷將〈高祖本紀〉置於百王之末，廁於秦、項之列，尤其爲班固所不能接受，所以他根據父親班彪的遺作和評論，修改了《史記》中的部份體例，組織成紀傳體的斷代史——《漢書》。

《漢書》全書共一百篇，分爲一百二十卷，八十餘萬言，記載漢高祖元年（西元前二○六年）至王莽篡漢地皇四年（西元二十三年），共二百三十年的歷史，分爲〈十二紀〉、〈八表〉、〈十志〉、〈七十傳〉四個組成部份。〈紀〉由《史記》的〈本紀〉省稱而來，載漢高祖至平帝共十二世帝王的編年大事。〈表〉中有六表爲譜列漢代王侯的世系表，另外加上〈百官公卿表〉和〈古今人表〉共八個表。〈志〉則是取法《史記》〈八書〉而來，而將〈書〉的名稱改爲〈志〉，記載西漢的政治、經濟、軍事、文化等各方面的典章制度，分爲〈律曆志〉、〈禮樂志〉、〈刑法志〉、〈食貨志〉、〈郊祀志〉、〈天文志〉、〈五行志〉、〈地理志〉、〈溝洫志〉、〈藝文志〉等十個部份。〈傳〉爲《史記》〈列傳〉的省變，班固略去〈世家〉，而將《史記》〈世家〉與〈列傳〉中的人物，一起併入〈傳〉中，專門記敘西漢的人物傳記。〈紀〉、〈表〉、〈志〉、〈傳〉四個組成部份互相聯繫補充，形成一個完整的體系，使《漢書》成爲我國紀傳體之斷代史史書的典範，《漢書》以後的各朝正史多承襲相因，大都不能脫離班固所創立下來的體制規模。

在〈十二紀〉的部分，《漢書》有一些根本思想是與《史記》完全不同的。班固首先對司馬遷將〈漢高祖本紀〉編於「百王之末，廁於秦、項之列」的方式不能認同，在當時東漢政權的形勢中，社會與朝廷皆是以尊漢、尊君的「五德終始說」爲思想主導，班固亦同爲具有宣揚漢德的正統思想者。在〈高祖紀贊〉裡班固便提出：

漢承堯運，德祚已盛，斷蛇著符，旗幟上赤，協於火德，自然之應，得天統矣。

這是在說明劉邦的統一天下與漢朝的建立，是應自然之天統的君權天授，與秦朝和項羽的僭偽是不同的。

其次是《史記》不爲惠帝立紀，而在〈呂后本紀〉中用惠帝年號紀年，班固的作法也與司馬遷不同，他在《漢書》中爲惠帝立紀，亦於〈惠帝紀〉之後立〈高后

紀〉，確立了「紀之爲體，猶春秋之經，繫日月以成歲時，書君上以顯國統」〔註3〕的標準義例。此外《史記》將項羽列入〈本紀〉，班固亦不認同，而黜項羽於〈傳〉之中，認爲項羽爲僭僞之徒，絕不可以入〈紀〉。《漢書》每紀不僅皆按年月記載國家大事與帝王行事，且載錄當時的詔誥號令，記三公、宰相升黜之事與災變祥異之徵，內容簡明詳盡，故自《漢書》以後帝紀的體例便漸滋完整而嚴備。

　　《漢書》〈八表〉中的前六表多根據《史記》中有關漢代的史表改編而成〔註4〕，分別譜列功臣王侯之世系，包括了〈異姓諸侯王表〉、〈諸侯王表〉、〈王子侯表〉、〈高惠高后文功臣表〉、〈景武昭宣元成功臣表〉及〈外戚恩澤侯表〉，制表的方式較《史記》更爲清晰而簡明。除此之外，另增設的〈百官公卿表〉與〈古今人表〉則屬於班固的創新，〈百官公卿表〉記錄秦漢官制的沿革與各種官職的權限和俸祿，將漢代官制的變遷史料清楚的保留下來，頗受後代史學學者的推崇。〈古今人表〉則是將漢以前的歷史人物列分爲九等加以評價，表現了班固評議與褒貶人物的標準。

　　《漢書》〈十志〉雖取法《史記》〈八書〉而來，然其內容卻較《史記》更爲豐富而宏闊，尤其是對漢代在各方面發展的記載更是完備：

　　一、《漢書》將《史記》的〈律書〉、〈曆書〉合併爲〈律曆志〉，載劉歆所作的〈三統曆〉與律義。

　　二、將《史記》的〈禮書〉、〈樂書〉合併爲〈禮樂志〉，記賈誼、董仲舒、王吉、劉向等人的論奏，並且備載了許多郊廟歌詩。

　　三、改《史記》〈平準書〉爲〈食貨志〉，載西漢的經濟、貨幣、土地制度和社會的生產活動。

　　四、改《史記》〈封禪書〉爲〈郊祀志〉，載帝王祭祀天地之事。

　　五、改《史記》〈天官書〉爲〈天文志〉，記天文星象之變異。

　　六、改《史記》〈河渠書〉爲〈溝洫志〉，說明秦漢時代的水利政策，並載錄賈誼的〈治河三策〉。

　　七、另外增設〈刑法志〉寫西漢的法律制度，〈五行志〉記載災害、地震、日月蝕的情形，雖有部份災異迷信的思想於其中，但仍然保留了許多古代的科學史料。〈地理志〉則是劃分疆域政區，對各地的山川、物產、風俗、交通作綜合性的介紹。〈藝文志〉則採劉向、劉歆之《七略》，記錄漢代的官府藏書，並論述古代學術的源流和派別，是中國目錄學與學術史上的重要作品。

〔註3〕同註1，卷二，〈本紀〉，頁37。
〔註4〕《漢書》裁去《史記》中的〈三代世表〉、〈十二諸侯年表〉與〈六國年表〉，因此三表之內容與漢代無關，另將〈秦楚之際月表〉中的重要內容寫入〈異姓諸侯王表〉。

　　《漢書》〈十志〉繼《史記》〈八書〉發展而來，成爲後世正史撰寫典制的規範，亦發展成中國史學上的書志體，包括《通典》、《文獻通考》皆受其影響，而我國歷朝的典章制度也因此而被保存下來，故《漢書》〈十志〉在這方面實有繼往開來之功。

　　《史記》的〈列傳〉《漢書》省稱爲〈傳〉，標題全以姓名題之，非常統一，編排次第也井然有序，依時代順序，首先是專傳，次爲合傳、類傳，三是域外傳，最後是〈外戚傳〉與〈王莽傳〉。與《史記》爲寓褒貶之義，篇名或標以姓名、字號、官爵等等不同的方式，以及專傳、類傳、合傳次第相間的編排方法相較起來，《漢書》的編次體例實較《史記》爲整齊劃一而嚴謹。在內容方面，《漢書》廢〈倉公傳〉，不錄醫學類之人物，又廢《史記》中〈刺客列傳〉、〈滑稽列傳〉、〈日者列傳〉與〈龜策列傳〉等四類傳。而人物傳記方面，則在與《史記》記事的同時間之內，增加了王陵、吳芮、蒯通、伍被、賈山、李陵、蘇武、張騫等人之傳。班固在人物傳記的編寫上，充分利用了合傳的形式，將同時代之丞相、御史大夫、名公卿等爲一合傳，或同以狂狷聞名，或同以文學聞名，或同爲經營西域者等同類性質的人物，將他們聚合爲一傳，標題則全以姓題之，如〈楊胡朱梅云傳〉指楊王孫、胡建、朱雲、梅福、云敞等五人之合傳，〈傅常鄭甘陳段傳〉則是指傅介子、常惠、鄭吉、甘延壽、陳湯、段會宗等六人之合傳，這種編列方式可以達到知類嚴整而簡潔清晰的效果。所以章學誠說：

　　　　遷《史》不可爲定法，固《書》因遷之體，而爲一成之義例，遂爲後世不祧之宗焉〔註5〕。

此外，班固在《史記》〈大宛列傳〉的基礎下，將內容擴充爲〈西域傳〉，詳載西漢時代西域五十一個國家的歷史、戰爭和文化，以及各國與漢朝之間的交流情況，並對《史記》〈四夷傳〉在武帝以後的歷史加以補充。

　　《漢書》不立〈世家〉，而將《史記》〈世家〉中的人物併入〈傳〉之中，這是符合整個漢代歷史形勢的轉變的。《史記》所記載的春秋、戰國時期，諸侯國世代相傳，幾經盛衰興敗，相互爭戰，奪取霸權，確實有政權與形勢上的消長事實，故爲諸侯立〈世家〉是合理的。但至秦漢時代，中國已成爲統一的郡縣制國家，即使漢初曾實行分封，至七國亂後，異姓王、同姓王皆被誅滅或削藩，在政治與經濟上已無實權可言〔註6〕，更沒有獨立政權的世襲諸侯可立世家。班彪在《史記後傳》中

〔註5〕章學誠，《文史通義》（台北：里仁書局，民國73年9月），卷一，〈書教下〉，頁50。
〔註6〕《漢書‧諸侯王表序》云：「景遭七國之難，抑損諸侯，減黜其官。………諸侯惟得衣食稅租，不與政事」。《漢書‧高五王傳贊》：「自吳楚諸後，稍奪諸侯權，左官附益阿黨之法設。其後諸侯唯得衣食租稅，貧者或乘牛車」。

便曾云：

　　　今此後篇，不爲世家，唯紀傳而已〔註7〕。

而實際上漢代「世家」所指稱的意義與《史記》中所指春秋、戰國時代的「世家」已有所不同，班固在《漢書》中所提及的漢代「世家」皆僅是指當世的富人、商賈或知名大官〔註8〕，與《史記》中的封侯世家顯然不同，所以班固《漢書》省去〈世家〉是切合實際的史識之見。

　　《史記》除五體之外，較特別的是置於全書之末的〈太史公自序〉，〈自序〉以敍自身、家傳、著作要旨及全書篇目之綱要爲主，《漢書》也承襲此作法，在全書之末作〈敍傳〉，內容則包含了家傳與敍例兩個部份。

　　至於論贊的部份，班彪在寫作《史記後傳》時，便保留了史書「君子曰」、「太史公曰」的寫作形式，而題作「司徒掾班彪曰」，至班固編寫《漢書》時則將論贊之辭，皆改爲「贊曰」二字，且位置一律繫於篇末，因形式、體例、風格一致而成定式，與「太史公曰」有時置於篇首，有時繫於篇末，有時有序無贊，有時有贊無序的自由編置有所不同，是故後世正史多以《漢書》「贊曰」之定式爲規範。《漢書》論贊的內容與功能則頗能承襲《史記》「太史公曰」的精神，亦能發明作意，寓戒褒貶，且多傳外新義，又能補充軼事，徵引典籍或舊聞，與後世史書之贊語只能「錄紀傳之言，其有所異，唯加文飾而已」〔註9〕是有所不同的，因此《史》《漢》之論贊實爲諸史書中之翹楚。

　　《漢書》體例的設計，一方面繼承了《史記》原有的規模，一方面爲了配合時代與歷史發展的轉變，亦做了部份的省略和變更，其所作的變動，不論是在史學、文學或思想等各方面，多是合理且能適合於漢代潮流所需的。由於體例設置的完整，使得《漢書》的記事雖包含了四種形式，卻能夠整齊劃一，簡明清晰，也最能符合統治者的要求，因此劉知幾認爲《漢書》的編纂方法是最合標準的〔註10〕，而後來的各朝正史，也因此而多承襲《漢書》的編纂體例。

　　相對於《漢書》的工整，《史記》五體和「太史公曰」便顯得立例不純而凌亂，

〔註7〕《後漢書·班彪傳·略論》。
〔註8〕如《漢書·地理志下》：「漢興，立都長安，風俗不純，其世家則好禮文，富人則商賈爲利」。如《漢書·賈鄒枚路傳贊》：「路溫舒辭順而意篤，遂爲世家，宜哉」。又如《漢書·翟方進傳》：「如陳咸、朱博、蕭育、逢信、孫閎之屬，皆京師世家，以才能少歷牧守列卿，知名當世」。
〔註9〕同註1，卷四，〈論贊〉，頁82。
〔註10〕同註1，卷二，〈二體〉云：「故班固知其若此，設紀傳以區分，使其歷然可觀，綱紀有別」，頁29。

這是因為司馬遷的編著乃屬首創，體例的設置仍處於探索時期，加上司馬遷不拘一格的恣肆作風，往往在既定的原則中作靈活變通，當然被劉知幾等後世的史學學者所批評。由於司馬遷與班固兩人在身世、家學、思想和時代環境等各方面條件的不同，所以《史》、《漢》二書所呈現的風格也不相同，一為圓通靈活，一為嚴整周全，一為「體圓用神」，一為「體方用智」〔註11〕，正如章學誠所云：

> 遷書一變而為班氏之斷代，遷書通變化而班氏守繩墨，以示包括也〔註12〕。

因此《漢書》的體例編次的確是較《史記》規整而完備的，也更適合記敘一個朝代的史事，由於體例的完備，作者在表達對人物與史事的評論方面，亦更能達到史論批評的效果。但可惜的是，正因為體例規模過於整齊，《漢書》全書較《史記》而言，便顯得較為刻板而缺乏靈活，這也使得《漢書》在歷史思想的深度與文章風格的變化上，較《史記》要遜色許多。總體而言，《史記》由於作者主觀意識的表現較為強烈，是一部傾向於文學性強的歷史著作，而《漢書》客觀嚴整的作風，則屬於一件謹慎不苟的史學構造。不過，雖然兩者的風格不同，但在史書體例的創設與發展上，卻都同樣具有承先啟後的不朽功績。

第二節　《漢書》與時代的關係

司馬遷著《史記》純屬私修，班固雖原為續父業而撰史，然其後仍然是受詔而為官修，加上他的家世背景與朝廷關係密切〔註13〕，因此由於職責、立場與環境、思潮等各方面的因素，《漢書》論贊確實與其所處時代有相當深遠的關係。正如劉勰《文心雕龍‧時序》云：「文變染乎世情，興廢繫乎時序」〔註14〕，文人的創作與其所處的時代和自身的遭遇，必有其一定的關係。

首先，《史記》僅記載西漢前期的歷史，因此不能完全反映西漢一代全面的發展與規模，也成為後來續史者續補《史記》的原因之一。東漢初期班固《漢書》的編寫完成，正是在西漢政權結束與東漢重新建立皇權的交接時代之後，班固可以很清楚的看到西漢一代全面的發展過程，這是他身處東漢寫西漢全史的重要時空契機，也是他將通史改為斷代史的改變因素。

〔註11〕同註5。
〔註12〕同註5，頁49。
〔註13〕《漢書‧成帝紀贊》曰：「臣之姑充後宮為婕妤，父子昆弟侍帷幄」。故班氏家族為皇世姻親，並得以出入禁中。
〔註14〕劉勰，《文心雕龍》（台北：維明書局，民國72年9月），卷九，頁675。

　　而東漢初年承襲武帝獨尊儒術之策，特重儒學，師禮儒者，章帝甚至大會諸儒於白虎觀講論五經異同，因此，東漢是一個經學昌盛，經師、博士人數眾多的時代。然自從董仲舒創天人感應和陰陽五行學說所結合的春秋之學，加上京房所好的災異律曆、陰陽之占以後，漢代經學的內容其實夾雜了許多陰陽學說與讖緯之學。這類性質的經學蔚為風氣之後，學者往往假經設誼，依託象類〔註15〕，並常用災異來解釋人事，或借此以勸戒君主的為政之道，雖然立意屬善，但卻不免過於迷信。東漢初期為了鞏固君權，建立劉氏正統的歷史繼承地位和觀念，便利用此種陰陽五行與符瑞災異的理論，作為帝王掌握政權的統治工具。因此君權神授的尊君思想，便成為當東漢時期朝廷箝制臣子、文人的主要政策和手段，也理所當然的成為社會上普遍流行的思想觀念，班固便是在這樣的時代與環境下成長的。

　　正如班彪曾作〈王命論〉論述漢承天命而統治天下的理論，班固將此作收於《漢書‧敘傳》之中，其文中有云：

　　　　劉氏承堯之祚，氏族之世，著乎《春秋》，唐據火德，而漢紹之。

班彪與當時的許多人一樣，都一致認為漢政權是天命神授，是無可取代的。班固在這方面便承襲父親的思想，在《漢書‧敘傳》裡云：

　　　　唐虞三代，詩書所及，世有典籍，故雖堯舜之盛，必有典謨之篇，然
　　　　後揚名於後世，冠德於百王。故曰「巍巍乎其有成功，煥乎其有文章也」！

由此看來，班固著史雖亦有意繼春秋、述聖人之是非的動機，然而除此之外，其主要的目的仍然是在宣揚漢德，為他所崇敬的漢代做完整而有規模的記述。而班固除了不滿《史記》從通史的角度將漢「編於百王之末，廁於秦、項之列」〔註16〕，班固在《典引》中更明白的說：

　　　　股肱既周，天乃歸功元首，將授漢劉。………故先命玄聖，使綴學
　　　　立制，宏亮弘業，表相祖宗，贊揚迪哲，備哉燦爛，真神明之式也。………
　　　　蓋以鷹當天之正統，受克讓之歸運，蓄炎上之烈精，蘊孔佐之弘陳云爾
　　　　〔註17〕。

故知述漢德與尊漢不僅是班固著作的目的，更是當時朝廷內外文人學士述作的重要方向，而朝廷與帝王也期望文人的作品能夠符合這種價值觀，因此班固著史的目的與司馬遷是有所不同的，他是為了編寫一部能包羅西漢全史的宣漢之作而努力的。

　　班固在繼承父業的述作中，不論是《漢書》所選擇的史料或記敘的內容，或是

〔註15〕《漢書‧眭兩夏侯京翼李傳贊》。
〔註16〕《漢書‧敘傳》。
〔註17〕《文選‧典引》（台北：華正書局，民國75年7月），卷四八，頁683。

篇末的論贊，都明顯的表現出這種尊漢、宣漢的思想。在班固撰寫《漢書》的二十五年中，明帝的行事與指示，對班固修史的意識形態是有相當程度的影響的。在班固未被明帝命其續作《史記》之前，曾被人告發「私改國史」，且因此而險遭喪命，幸而其弟班超向明帝申明班固的述作之意，才得以免罪，此後《漢書》的編修便成爲朝廷敕令的官修之史，既爲帝命所修之史，班固必抱著兢兢業業之心。後來在永平十七年（西元七十四年），班固與賈逵等多位大臣曾一起被召詣至雲門，小黃門趙宣向班固等人問《史記‧秦始皇本紀》中的贊語是否得當，班固云：

> 此贊賈誼〈過秦篇〉云：向使子嬰有庸主之才，僅得中佐，秦之社稷未宜絕也。此言非是〔註18〕。

於是詔書曰：

> 司馬遷著書，成一家之言，揚名後世，至以身陷刑之故，反微文刺譏，貶損當世，非誼士也。司馬相如誇行無節，但有浮華之辭，不周於用。至於疾病而遺忠主上，求取其書，竟得頌述功德，言封禪事，忠臣效也。至是賢遷遠矣〔註19〕。

朝廷明白的下詔告訴臣子們，司馬遷「微文譏刺，貶損當世」的作法，非誼士之類，而司馬相如之作，雖僅是浮華之辭，卻還勝過司馬遷。此後班固「常伏刻誦聖論」，認爲即使是仲尼的史意亦比不過此〔註20〕。〈典引〉的這段記事不僅涉及當時《史記》流傳的情況，也反映出東漢政權一方面重視《史記》，一方面又深懼《史記》內容對漢朝廷的權勢有所影響，同時明帝對臣下的忠誠度亦非常重視，從其明確的指示以及對文人在思想與創作上的控制便可得知。鑑於朝廷對班固的兩次考核，班固是不敢不「常伏刻誦聖論」的，其精神上所承受的政治壓力亦是可想而知，也因此《漢書》中尊漢、宣漢的思想與內容是無可避免的。

正如班固在〈魏相丙吉傳贊〉中清楚的闡述了君臣之間的分際與尊君的思想云：

> 君爲元首，臣爲股肱，明其一體，相待而成也。是故君陳相配，古今常道，自然之勢也。

因此我們在《漢書》論贊中常可見到班固對西漢諸位帝王和其政績，往往多作正面的褒揚與稱頌，對於帝王之短，則常常僅是隱微的略作描述。如〈武帝紀贊〉云：

> 漢承百王之弊，高祖撥亂反正，文景務在養民，至于稽古禮文之事，猶多闕焉。孝武初立，卓然罷黜百家，表章六經。遂疇咨海內，舉其俊茂，

〔註18〕同註17，頁682。

〔註19〕同註18。

〔註20〕《文選‧典引》云：「雖仲尼之因史見意，亦無以加」。頁682。

與之立功。興太學，修郊祀，改正朔，定曆數，協音律，作詩樂，建封壇，

禮百神，紹周後，號令文章，煥焉可述。後嗣得遵洪業，而有三代之風。

武帝的功績在此被熱烈的稱頌，幾乎被視為一代明君，而不見《史記》中好戰、迷信的漢武帝，不過班固在贊末仍然隱微的指出：「如武帝之雄才大略，不改文景之恭儉以濟斯民，雖《詩》《書》所稱何有加焉」！這是班固對武帝在雄才大略之外的奢豪生活所作的批評，雖然語言含蓄，卻仍然表現了他的史筆。而在〈宣帝紀贊〉中，班固則對宣帝有高度的評價：

孝宣之治，信賞必罰，綜核名實，政事文學法理之士咸精其能，至於

技巧工匠器械，自元、成間鮮能及之，亦足以知吏稱其職，民安其業也。

遭值匈奴乖亂，推亡固存，信威北夷，單于慕義，稽首稱藩。功光祖宗，

業垂後嗣，可謂中興，侔德殷宗、周宣矣。

因此徐復觀先生懷疑《漢書》將帝紀改為簡單的編年，與班固所受到的政治壓力有關 [註21]。

　　漢代盛言陰陽災異與宣揚漢德的觀念，對當時的文人學士影響甚深，班固亦不能擺脫時代形勢對他的影響，皇權、正統觀，以及以漢儒思想為標準的是非觀，這些主觀的認知與判斷，都形成《漢書》論贊與其所處時代無法分割的關係。不過，雖然基本觀念上，班固的創作立場是尊漢、宣漢，但在當時權貴恣肆、外戚驕縱的時代裡，對於驕矜失道的貴戚，班固仍然能秉持良史之心，對不知節制與令人髮指的貴戚官吏，作嚴肅的指責與批評。〈景十三王傳贊〉便云：

漢興，至於孝平，諸侯王以百數，率多驕淫失道。何則？沉溺放恣之

中，居勢使然也。自凡人猶繫於習俗，而況哀公之倫乎！

而對於過份迷信的陰陽讖緯之學，班固也能透過他的觀察與史識，對這些觀念作客觀而公允的評斷。正如〈眭兩夏侯京翼李傳贊〉云：

漢興推陰陽言災異者，………此其納說時君著明者也。察其所言，仿

佛一端。假經設誼，依託象類，或不免乎「億則屢中」。

在時代與自身的矛盾中，班固《漢書》的表現雖不能完全跳脫時代所給予他的限制，但卻仍然具有其自己的特色與優點。

[註21] 參見徐復觀，《兩漢思想史》卷三（台北：台灣學生書局，民國82年9月），〈史漢比較研究之一例〉，頁483。

第三節　《漢書》贊曰的安排與意義

《漢書》「贊曰」明顯由承襲《史記》「太史公曰」的體例而來，在《漢書》以前，史書論贊的形式、定義並未完全確立，《左傳》為「君子曰」，《史記》為「太史公曰」，續補《史記》者則署名「褚先生曰」，班彪《史記後傳》則題作「司徒掾班彪曰」，自班固《漢書》改為「贊曰」以後，置於篇末評論人事的史論形式始為定式。

班固將史家「某某人曰」的題稱，改為「贊曰」二字實有其深意。《說文》：「贊」字曰「見也」，段注引徐鍇曰：「進見以貝為禮也」，因此引申其意而釋之，「贊」字有「助」意、「明」意、「進」意，以及「告說」之意。故班固設置「贊曰」二字，應有進其言而說之，或用以助其事的用意，即意在闡明正文中的主旨，或是用以輔助、補充正文的闕略之處，因此班固改題稱為「贊曰」，實有借此助以發明傳文之意的用心。是故「贊曰」二字較《史記》之前史書中的「君子曰」或「太史公曰」等等，實能更確切的表達出史書論贊的作用與功能，而後來劉知幾將此一體例總歸其義，並定名為「論贊」，亦應是由《漢書》「贊曰」的啟發而來。

《漢書》百卷共有八十二則「贊曰」〔註22〕，且其設置的位置全部皆繫於各篇篇末，這是《漢書》「贊曰」設置與《史記》「太史公曰」最明顯的不同。如果說《史記》「太史公曰」是論贊體的首創，故因而有安排上的凌亂不一，至《漢書》「贊曰」的整齊一致，則可以說是班固體例安排上的完備之功。將「贊曰」統一置於篇末的最大優點，便是讓讀史者在傳文結束之後，對史家的論斷能有一完整性的了解，不會因為部份置於篇末，或置於篇中或兩則論斷的情況而造成閱讀與理解上的困擾，而能在篇末的「贊曰」中，對班固的論斷作最直接而方便的分析。且以一般文章結構的章法而言，篇末的段落正是全文的總結，「贊曰」一律置於篇末實更具有總括前文、總結史事的明顯作用，讓讀者能一目了然的了解班固對正文所述人物史事的最後論斷。

《漢書》沒有「贊曰」的篇章集中在八〈表〉、十〈志〉中的七志與三篇類傳，雖然這十八篇沒有「贊曰」，但卻在篇前多有明顯的序論，用以說明〈表〉、〈志〉的義例、內容與編排要旨，只不過起首不作題稱，亦不作任何標示，班固應是有意區分篇前序論與篇末論斷二者性質的不同，因此篇前凡有序論者皆不題稱「贊曰」，以與篇末標明「贊曰」的論斷加以分別。而《史記》置於篇首的序論多亦標示「太史

〔註22〕《漢書》中沒有「贊曰」的篇章共有十八篇，包括八篇表，與〈律曆志〉、〈禮樂志〉、〈刑法志〉、〈天文志〉、〈五行志〉、〈地理志〉、〈藝文志〉等七志，以及〈循吏傳〉、〈貨殖傳〉、〈游俠傳〉等三傳，另外〈韋賢傳〉、〈翟方進傳〉、〈元后傳〉之贊語題稱為「司徒掾班彪曰」，故此三篇贊語與傳文應為班彪所作。

公曰」，其意乃在說明作史者有所發論，雖然司馬遷自有其設置與論述的本意，但不論是篇前、篇中、篇末皆統一題作「太史公曰」，易令後人有所疑惑，或認爲「太史公曰」的設置凌亂不一，或以爲司馬遷隨意的編置，因此後人往往依其所置之位置，將「太史公曰」分爲序論、贊論及論傳等等〔註 23〕。由此看來《漢書》「贊曰」的安排，顯然較《史記》「太史公曰」具有更進步的論贊屬性與自覺性。

　　至於此十八篇爲何有序論而無「贊曰」？其實論贊本來便無有傳必論的規定，不論是先秦典籍的「君子曰」或是《史記》「太史公曰」，皆是在事有所需，宜於補述申論其理或褒貶人事時才加以發論，若於不需強生其辭時，則無須每篇皆作論斷贊述，正如劉咸炘《漢書知意》云：「贊本隨拈，非每人必作數語」〔註 24〕。因此《漢書》八〈表〉皆作序論闡明制表主旨，以論其源流始末與得失。而〈志〉僅〈食貨志〉、〈郊祀志〉、〈溝洫志〉三篇作「贊曰」，其餘則作序論，皆是此理。

　　《漢書》〈傳〉亦可分爲單傳、合傳、類傳等，其中尤以合傳的篇數爲最多。其中單傳的「贊曰」直接對傳主加以論斷自無問題，合傳則往往集合多人於一篇之中傳述，故多篇合傳的「贊曰」亦往往因宜而論，並非傳中的每一個人皆有論斷，例如有些篇章是擇人而論，有些雖每人皆論，但多僅作重點式的評價褒貶而已，另外亦有在篇中無傳，而於贊中附見者。擇人而贊者，如〈文三王傳〉傳中敘梁孝王武、代孝王參、梁懷王揖等三人，而「贊曰」僅議論梁孝王一人而已，贊云：

　　　　梁孝王雖以親愛故王膏腴之地，然會漢家隆盛，百姓殷富，故能殖其
　　貨財，廣其宮室車服。然亦僭矣。怙親亡厭，牛禍告罰，卒用憂死，悲夫！

此乃因梁孝王行事最值得作爲戒鑑，故特於「贊曰」再寓其要義。此外如〈武五子傳〉述武帝皇子五人，「贊曰」亦是僅論戾太子一人。〈馮奉世傳〉以傳馮奉世爲主，附其子野王、逡、立、參四人之傳，但贊文僅論馮參一人而不論馮奉世等。而於〈李廣蘇建傳贊〉中不見蘇建贊，於〈張騫李廣利傳贊〉則不論李廣利，皆是論贊中擇人而贊的例子，此多因班固以擇有特殊行事與寓意者加以論斷。

　　另外有些篇章雖每人皆贊，但議論簡單，僅作一兩語而已，如〈蓋諸葛劉鄭孫毋將何傳贊〉曰：

　　　　蓋寬饒爲司臣，正色立於朝，雖《詩》所謂「國之司直」無以加也。
　　若采王生之言以終其身，斯近古之賢臣矣。諸葛、劉、鄭雖云狂瞽，有異
　　志焉。孔子曰：「吾未見剛者」。以數子之名跡，然毋將汙於冀州，孫寶橈
　　於定陵，況俗人乎！何並之節，亞尹翁歸云。

〔註 23〕參張大可，《史記論贊輯釋》（陝西：人民出版，1986 年），〈序論〉，頁 1～5。
〔註 24〕劉咸炘，《漢書知意》（台北：鼎文書局，民國 65 年），頁 21。

此贊除蓋寬饒有較多的論述褒貶之外，其餘數人多僅作簡單的總結論斷。另外如〈雋疏于薛平彭傳贊〉云：

> 雋不疑學以從政，臨事不惑，遂立名跡，終始可述。疏廣行止足之計，免辱殆之累，亦其次也。于定國父子哀鰥哲獄，爲任職臣。薛廣德保縣車之榮，平當逡遁有恥，彭宣見險而止，異乎「苟患失之」者矣。

亦是總結簡論篇中六人之贊。又〈何武王嘉師丹傳贊〉、〈王貢兩龔鮑傳贊〉等皆爲此類。

至於〈傅常鄭甘陳段傳贊〉則是在「贊曰」僅論傳中鄭吉、陳湯兩人，篇中無傳者則以附見於贊中的方法補充說明之，贊云：

> 自元狩之際，張騫始通西域，至於地節，鄭吉建都護之號，訖王莽世，凡十八人，皆以勇略選，然其有功跡者具此。廉褒以恩信稱，郭舜以廉平著，孫建用威重顯，其餘無稱焉。陳湯儻蕩，不自收斂，卒用困窮，議者閔之，故備列云。

因事跡少，本篇並無廉褒、郭舜、孫建三人之傳，但在〈烏孫傳〉中曾見廉褒、孫建之事，〈康居傳〉中則可見郭舜事，皆是有功於西域者，因此班固以附見的方式，在本篇論贊中加以議論。

因此班固亦常以傳贊互見法表達其論斷，劉知幾《史通·論贊》曰：「史之有論也，蓋欲事無重出，文省可知」〔註25〕，如〈惠帝紀贊〉、〈元帝紀贊〉、〈成帝紀贊〉補載〈紀〉中所無的帝王言行，〈劉向傳贊〉中載其學述著作之大要，〈公孫弘卜式兒寬贊〉論武帝宣帝用人之盛，〈趙充國傳贊〉論山西之出將，〈眭兩夏侯京翼李傳贊〉述漢歷朝的五行名家等，皆是在論贊中補傳中所略〔註26〕，此皆爲事無重出，省文之例。

至於在《漢書》「贊曰」的篇幅方面，文字或長或短並無一定的規則，一般以一、二百字爲常例，但亦有多至一千餘字者，完全視議論褒貶所需而有所不同，其中以議論是非者篇幅往往較長，如〈匈奴傳贊〉、〈西域傳贊〉等。而句型的變化則較多以整齊對稱的形式表現，例如有四字一句和對偶、排比的句子，如〈張湯傳贊〉便是以四字句爲常格：

> 漢興以來，侯者百數，保國持寵，未有若富平者也。湯雖酷烈，及身蒙咎，其推賢揚善，固宜有後。安世履道，滿而不溢。賀之陰德，亦有助云。

〔註25〕清浦起龍，《史通通釋》（台北：里仁書局，民國82年6月），頁82。
〔註26〕參第六章第三節「增補傳文」。

在〈眭兩夏侯京翼李傳贊〉中則是用四字且對偶排比的句子，贊曰：

> 仲舒下吏，夏侯囚執，眭孟誅戮，李尋流放，此學者之大戒也！

又如〈西域傳贊〉亦多對偶排比句型：

> 故能睹犀布、玳瑁則建珠崖七郡，感枸醬、竹杖則開牂柯、越雋，聞
> 天馬、蒲陶則通大宛、安息。自是之後，明珠、文甲、通犀、翠羽之珍盈
> 於後宮，蒲梢、龍文、魚目、汗血之馬充於黃門，鉅象、獅子、猛犬、大
> 雀之群食於外囿。

由此可知，班固為文好求工整，尤其在「贊曰」中更常以結構相似的句型規則排比，以此增強文氣。

　　由以上的歸納可知，班固《漢書》「贊曰」的安排與設置具有其特殊的用心，在題稱的設計上，不僅表現出論贊性質與作用的明確意義和屬性，並且顯示班固對史家論斷具有更清楚的自覺性。在形式方面，《漢書》「贊曰」較「太史公曰」更為整齊劃一而嚴謹，在寫作方式上則亦能吸取《史記》互見法、敘補軼事等優點。故從整個史書論贊體的發展來看，《漢書》「贊曰」雖師法《史記》「太史公曰」而來，然在形式的設置與安排方面，實具有相當重要的進步意義。

第六章　《漢書》贊曰內容的探析

　　《漢書》「贊曰」師法「太史公曰」的體例形式而來，在內容上也多所吸取，甚至有許多直接襲用的地方，因此《漢書》論贊的內容特色，仍承續著許多《史記》「太史公曰」的傳統，或是以《春秋》筆意寓意褒貶，或是綜述相關史事，或是以互見法補敘所缺，或亦有借題發揮以論政治之見者，其內容豐富博贍，皆有其特殊之旨意。本章依《漢書》論贊的內容略分為三個部份探析，亦即「寓意褒貶揚善抑惡」、「議論是非明言去取」、「增補傳文抒情寄慨」等三小節。

第一節　寓意褒貶揚善抑惡

　　《史通‧直書》云：「史之為務，申以勸戒，樹之風聲」〔註1〕，史書彰善癉惡、寓語褒貶的功能，一直是為史家所重，班固《漢書》論贊亦重褒貶古今，揚善抑惡戒鑒之旨。如褒讚漢世帝王者有〈文帝紀贊〉云：

　　　　孝文皇帝即位二十三年，宮室苑囿車騎服御無所增益。有不便，輒弛以利民。……專務以德化民，是以海內殷富，興於禮義，斷獄數百，幾致刑措。嗚呼，仁哉！

文帝恭仁儉樸，施行仁政，不僅少用刑罰，處處以民利為主，且能使國家富足有禮，故班固以「仁」讚文帝之德。又〈宣帝紀贊〉云：

　　　　孝宣之治，信賞必罰，綜核名實，政事文學法理之士咸精其能，至於技巧工匠器械，自元、成間鮮能及之，亦足以知吏稱其職，民安其業也。遭值匈奴乖亂，推亡固存，信威北夷，單于慕義，稽首稱藩。功光祖宗，

〔註1〕清浦起龍，《史通通釋》（台北：里仁書局，民國82年6月），卷七，內篇，頁192。

業垂後嗣，可謂中興，侔德殷宗、周宣矣。

宣帝時吏治清明而安定，官吏辦事皆能各司其職，百姓則能安居樂業，雖有匈奴擾攘，卻能柔遠善近，讓單于敬慕宣帝聲威而歸附爲藩屬，不僅有明主之風，其成就更足以光耀漢室，故班固以「中興君主」稱許宣帝時期的治世。

班固爲漢世之臣，對君主的論斷多以褒讚爲主，特別是在〈本紀〉中，班固歌頌漢室、美化君主之辭頗爲常見，但史家必需忠於史實，必須作客觀公允的判斷，班固雖不敢在〈本紀〉中直斥君主，卻亦常在行文之中，以微言暗示之筆譏刺，或是在其它篇章中秉筆直錄。例如〈惠帝紀贊〉云：

孝惠內修親親，外禮宰相，優寵齊悼、趙隱，恩敬篤矣。聞叔孫通之諫則懼然，納曹相國之對而心說，可謂寬仁之主。遭呂太后虧損至德，悲夫！

此贊以內修親親、外禮宰相、恩敬篤矣與「寬仁之主」稱讚惠帝之德，但行文中亦指出，由於惠帝的寬仁恭敬，致使呂太后殺趙王、戮戚夫人、奪劉氏權，故以「虧損至德」暗譏呂后，但〈高后紀贊〉班固則幾乎全錄《史記·呂太后本紀贊》，僅改動少數幾字而已，由此可知班固對惠帝、呂后兩人不同之論斷。

又如〈武帝紀贊〉亦是於褒美之中微刺武帝之窮兵黷武，贊中先褒揚武帝之文治云：

孝武初立，卓然罷黜百家，表彰六經。遂疇咨海內，舉其俊茂，與之立功。興太學，修郊祀，改正朔，定曆數，協音律，作詩樂，建封襌，禮百神，紹周後，號令文章，煥焉可述。後嗣得遵洪業，而有三代之風。

由於文、景時期的恭儉修息，累積了國家安定富足的基礎，也使武帝有充裕的資源大興文治之功，故班固在贊中稱讚說「煥焉可述」、「有三代之風」。但後文又云：

如武帝之雄才大略，不改文景之恭儉以濟斯民，雖《詩》《書》所稱何有加焉！

班固在〈文帝紀贊〉和〈景帝紀贊〉中皆著意稱讚文帝恭儉、景帝遵業，此處卻言武帝「雄才大略」、「不改文景之恭儉以濟斯民」，兩相對照，實爲暗示武帝連年征伐，所造成的國庫空虛與財務窘境，甚至於百姓困苦與人口的大量死亡，其它如〈刑法志〉、〈食貨志〉、〈蘇武傳〉、〈杜周傳〉等，亦皆於行文中明言武帝之非〔註2〕。趙

〔註2〕〈刑法志〉：「及至孝武即位，外事四夷之功，內盛耳目之好，微發煩數，百姓貧耗，窮民犯法，酷吏擊斷，姦軌不勝」。〈食貨志〉：「外事四夷，內興功利，役費並興，而民去本。……仲舒死後，功費愈甚，天下虛耗，人復相食」。〈蘇武傳〉：「春秋高，法令無常，大臣無罪夷滅者數十家」。〈杜周傳〉：「至周爲廷尉，詔獄亦多矣。二千

翼評〈武帝紀贊〉時便云：

> 是專贊武帝之文事，而武功則不置一詞。……以武帝豐功偉烈……乃
> 班固一概抹煞，并謂其不能法文、景之恭儉，轉以開疆闢土爲非計者，蓋
> 其窮兵黷武，敝中國以事四夷，當時實爲天下大害。故宣帝時議立廟樂，
> 夏侯勝已有武帝多殺士卒，竭民財力，天下虛耗之語，至東漢之初，論者
> 猶以爲戒，故班固之贊如此〔註3〕。

除了〈武帝紀贊〉外，班固在〈昭帝紀贊〉中，更明白的論及武帝奢侈的結果與昭
帝問民間疾苦之治：

> 承孝武奢侈餘敝師旅之後，海內虛耗，戶口減半，光知時務之要，輕
> 繇薄賦，與民休息。至始元、元鳳之間，匈奴和親，百姓充實。舉賢良文
> 學，問民間疾苦，議鹽鐵而罷榷酤，尊號曰「昭」，不亦宜乎！

在這一褒一貶的對比之中，表現出班固忠實誠信的論斷，武帝的文事固有可稱述之
處，然其好大喜功所造成的國家弊害，亦皆微婉曲折的在論贊中表達出來，實可謂
爲不溢美，不隱惡。

又如〈成帝紀贊〉亦是一則褒貶互見的論贊，贊云：

> 成帝善修容儀，升車正立，不內顧，不疾言，不親指，臨朝淵嘿，尊
> 嚴弱神，可謂穆穆天子之容者矣！博覽古今，容受直辭。公卿稱職，奏議
> 可述。遭世承平，上下和睦。

此處似以讚許之辭論成帝之外貌儀容與當時平承和睦之況，但後文論及漢末王莽之
時，則見班固推因溯亂源之貶意：

> 然湛於酒色，趙氏亂內，外家擅朝，言之可爲於邑。建始以來，王氏
> 始執國命，哀、平短祚，莽遂篡位，蓋其威福所由來者漸矣！

成帝外貌雖有穆穆之容，實則是酖於酒色、德有不足之帝，〈五行志〉中就曾描寫成
帝輕薄之劣行〔註4〕，以故使外戚專權，漢室終遭王莽篡漢之禍，所謂「所由來者
漸」正是班固察核史事發展所得的結論，亦以此語寓意譏斥成帝之無德，所以劉咸

石繫者新故相因，不減百餘人。郡吏大府舉之廷尉，一歲至千餘章。章大者連逮證
案數百，小者數十人」。
〔註3〕清趙翼，《二十二史劄記》（台北：世界書局，民國86年4月），上冊，卷二，頁20
～21。
〔註4〕〈五行志中之上〉：「成帝鴻嘉、永始之間，好爲微行出游，選從期門郎有材力者，
及私奴客，多至十餘，少五六人，皆白衣袒幘，帶持刀劍。或乘小車，御者在茵上，
或皆騎，出入市里郊野，遠至旁縣。時，大臣車騎將軍王音及劉向等數以切諫。」

炘論云：「穆穆之容，刺其寡德；推及王氏，責貽禍也」〔註5〕，實爲肯切著明之論。

在對諸侯臣子的褒貶方面，則以讚賢能忠良之士爲主，亦有斥責奸佞無道者。在褒讚方面，如〈蘇武傳贊〉曰：

> 孔子稱「志士仁人，有殺身以成仁，無求生以害仁」，「使於四方，不辱君命」，蘇武有之矣。

蘇武忠貞堅忍的人格與行事，爲《漢書》中相當突出的的一篇，對以宣漢、尊漢思想爲旨歸的《漢書》來說，蘇武這位愛國志士實爲漢廷最希望表揚的典型人物，因此班固以「志士仁人」來讚揚蘇武。又如〈張陳王周傳贊〉讚周勃輔高祖及誅諸呂之功云：

> 周勃爲布衣時，鄙樸庸人，至登輔佐，匡國家難，誅諸呂，立孝文，爲漢伊周，何其盛也！

在〈蓋寬饒傳贊〉中則美蓋寬饒之正直諍言，贊云：

> 蓋寬饒爲司臣，正色立於朝，雖《詩》所謂「國之司直」無以加以也。若采王生之言以終其身，斯近古之賢臣矣。

〈史丹傳贊〉亦對史丹直言不隱的忠貞給予相當高的讚譽：

> 史丹父子相繼，高以重厚，位至三公。丹之輔道副主，掩惡揚美，傅會善意，雖宿儒達士無以加焉。及其歷房闥，入臥內，推至誠，犯顏色，動寤萬乘，轉移大謀，卒成太子，安母后之位。「無言不讎」，終獲忠貞之報。

而〈賈鄒枚路傳贊〉亦以「春秋魯臧孫達以禮諫君，君子以爲有後」來讚許賈山諸人的正言諫君之行。〈金日磾贊〉則以「篤敬寤主，忠信自著，勒功上將，傳國後嗣，世名忠孝」來推稱金日磾之忠。

〈霍光傳〉是《漢書》中非常精彩而重要的一篇傳文，李景星《漢書評議》便稱讚此篇爲「諸傳中當爲第一」〔註6〕，霍光一生榮辱自見，早年受武帝信任託孤，故輔佐昭帝掌握政權，後來燕王謀反，霍光廢昌邑王而立宣帝，對漢室頗有貢獻，其謀略亦多爲明智之舉，一生行事皆爲漢室興衰之關鍵，然霍氏親族的驕縱擅權，終在霍光死後被連坐誅滅，因此〈霍光傳贊〉之論斷亦成爲後世重臣立身行事的借鏡。贊文先稱許霍光之忠賢，肯定他對漢室的功績與政治之才能，贊曰：

> 受襁褓之託，任漢室之寄，當廟堂，擁幼君，摧燕王，仆上官，因權制敵，以成其忠。處廢置之際，臨大節而不可奪，遂匡國家，安社稷。擁

〔註5〕劉咸炘，《漢書知意》（台北：鼎文出版，民國65年），頁12。
〔註6〕李景星，《四史評議》（岳麓書社出版，1985年），頁198。

昭立宣，光爲師保，雖周公、阿衡，何以加此！

但另一方面班固亦指陳出其晚年的不智之處：

> 然光不學亡術，闇於大理，陰妻邪謀，立女爲后，湛溺盈溢之欲，以
> 增顛覆之禍，死財三年，宗族誅夷，哀哉！

霍光的忠誠輔政雖値得褒揚嘉許，然其晚年的不智之舉，卻亦足以爲後世之戒鑒。

另外，班固在〈諸侯王表序〉中曾披露漢代諸侯王的驕縱說：

> 然諸侯原本以大，末流濫以致溢，小者淫荒越法，大者睽孤橫逆，以
> 害身喪國。

所以〈文三王傳贊〉、〈景十三王傳贊〉和〈宣元六王傳贊〉等篇，皆是對諸侯王的驕奢淫逸與失德無道加以貶斥批評。〈文三王傳贊〉云：

> 梁孝王雖以親愛故王膏腴之地，然會漢家隆盛，百姓殷富，故能殖其
> 貨財，廣其宮室車服。然亦僭矣。怙親亡厭，牛禍告罰，卒用憂死，悲夫！

梁孝王依恃著太后與文帝對自己的寵愛，不僅富厚至極，出入擬於天子，最後甚至還欲僭越帝位，故班固於此指出梁孝王貪求僭越，不思恩澤以致於憂死的結果，實爲人臣者所應警惕之例。〈景十三王傳贊〉亦是班固在對諸侯王的批評中，總結他自己在歷史經驗中所得到的教訓，贊云：

> 昔魯哀公有言：「寡人生於深宮之中，長於婦人之手，未嘗知憂，未
> 嘗知懼」。信哉斯言也！雖欲不危亡，不可得已。是故古人以宴安爲鴆毒，
> 亡德而富貴，謂之不幸。漢興，至於孝平，諸侯王以百數，率多驕淫失道。
> 何則？沉溺放恣之中，居勢使然也。自凡人猶繫於習俗，而況哀公之倫乎！

班固以簡明貼切的語言，娓娓道來景帝時期諸侯貴族驕淫失道的原因，他以爲此實歸因於「沉溺放恣之中，居勢使然也」。人在富裕安樂之中，過的往往是驕矜沉淪的生活，尤其是生在帝王之家的諸侯貴族，更是不知民間疾苦，因此此贊中對諸侯身亡國敗原因的深刻論述，實具有儆戒之深意。又〈宣元六王傳贊〉云：

> 孝元之後，遍有天下，然而世絕於孫，豈非天哉！淮陽憲王於時諸侯
> 爲聰察矣，張博誘之，幾陷無道。《詩》云：「貪人敗類」，古今一也。

許多擁有財富權勢的諸侯貴族，最後卻都落至身亡絕世的慘境，這究竟是什麼原因呢？班固在〈景十三王傳贊〉中實已作了深刻的論述，此贊則是以「豈非天哉」作無限的感慨，並舉淮陽憲王之例爲戒，引《詩》「貪人敗類」以直斥張博，感嘆人心貪慾古今一同。這幾篇論贊除了對漢室諸侯提出中肯的評論外，更利用論贊以總結前文之意旨，對諸侯勢力的盛衰變化，作了關鍵性的提示與說明，實爲《漢書》論贊中相當重要的篇章。

至於阿意苟合、諂言以邪、奸佞傾覆之徒，班固亦勇於揭發罰責。如〈蒯伍江息夫傳贊〉論蒯通、伍被、江充、息夫躬等為「利口覆邦」、「繇疏陷親」的諂臣，〈薛宣朱博傳贊〉論朱博為「不思道德」、「假借用權」的小人。又如〈佞幸傳贊〉則云：

> 柔曼之傾意，非獨女德，蓋亦有男色焉。觀籍、閎、鄧、韓之徒非一，而董賢之寵尤盛，父子並為公卿，可謂貴重人臣無二矣。然進不繇道，位過其任，莫能有終，所謂愛之適足以害之者也。漢世衰於元、成，壞於哀、平。哀平之際，國多釁矣。主疾無嗣，弄臣為輔，鼎足不彊，棟幹微撓。一朝帝崩，奸臣擅命，董賢縊死，丁、傅流放，辜及母后，奪位幽廢，咎在親便嬖，所任非仁賢。故仲尼著「損者三友」，王者不私人以官，殆為此也。

籍孺、閎孺、鄧通、韓嫣、董賢等人皆是以婉媚貴幸的寵臣，他們所得到的賞賜往往精美至極，因此聚斂財富，奢侈淫逸，又因常隨侍君主左右，更成為公卿關說、影響君主決策的重要人物，所以班固說「愛之適足以害之者也」。他並且分析漢代盛衰變化的關鍵，正是在元、成二帝之時，至哀帝、平帝時則成為弄臣、外戚擅權的時代，這也正是「咎在親便嬖，所任非仁賢」的結果，因此《漢書》最後以〈外戚傳〉、〈元后傳〉、〈王莽傳〉三篇為結，正是有意表現整個西漢衰亡的重要因素。因此班固亦借〈王莽傳贊〉貶責王莽云：

> 莽既不仁而有佞邪之材，又乘四父歷世之權，遭漢中微，國統三絕，而太后壽考為之宗主，故得肆其姦慝，以成篡盜之禍。

在此可以明顯的見到班固對王莽嚴厲的貶斥與批評。

《漢書》論贊不僅能在論斷之中，承續《春秋》、《史記》寓意褒貶的精神，以達到揚善抑惡、戒今鑒後的功能，又能在論述之中推因溯源、分析事理，實為班固史學的重要成就之一。

第二節 議論是非明言去取

本節討論《漢書》論贊內容中，有關「議論是非」與「明言去取」的部份。

一、議論是非

《漢書》論贊有許多作為評議政治得失與人物是非之論，在政治方面，如〈匈奴傳贊〉便是一篇相當有系統討論漢代匈奴政策的長篇議論文，贊文不僅述及高祖以來漢代諸君對匈奴政策的得失，更提出自己的深刻見解；班固不贊成單純和親的

方式，亦不贊成如武帝時期的窮兵黷武，他認為與匈奴的關係「約之則費賂而見欺，攻之則勞師而招寇」，最好是以宣元以來的懷柔政策以制，所以贊文末段提出「來則懲而御之，去則備而守之。其慕義而貢獻，則接之以禮讓，羈縻不絕，使曲在彼，蓋聖王制御蠻夷之常道也」的策略來解決困擾漢朝已久的匈奴問題。何焯便曾評論本贊云：「該本末，見表裡，立論如此，真良史也」〔註7〕。除了〈匈奴傳贊〉外，班固在〈西域傳贊〉中亦論述了自己對西域各國的看法：

> 西域諸國，各有君長，兵眾分弱，無所統一，雖屬匈奴，不相親附。匈奴能得其馬畜旃罽，而不能統率與之進退。與漢隔絕，道里又遠，得之不為益，棄之不為損，盛德在我，無取於彼。

所謂「得之不為益，棄之不為損，盛德在我，無取於彼」的見解，與〈匈奴傳贊〉中本著儒家精神安撫四邦的思想是相當一致的。

〈外戚傳贊〉則是對外戚的得失成敗有深刻的議論，文云：

> 《易》著吉凶而言謙盈之效，天地鬼神至于人道靡不同之。夫女寵之興，繇至微而體至尊，窮富貴而不以功，此固道家所畏，禍福之宗也。序自漢興，終于孝平，外戚後庭色寵著聞二十有餘人，然其保位全家者，唯文、景、武帝太后及邛成后四人而已。至如史良娣、王悼后、許恭哀后，身皆夭折不幸，而家依託舊恩，不敢縱恣，是以能全。其餘大者夷滅，小者放流，嗚呼！鑒茲行事，變亦備矣。

班固以《易》之吉凶論外戚福禍之道，漢室諸帝後宮佳麗上千人，但其中能受寵幸得貴且保位全家者卻寥寥無幾，班固舉出此現象作為〈外戚傳〉的總結，提出唯有謙退不驕的智慧，才能平安保全，若否，則多是遭致誅滅流放的悲慘後果。正如《漢書評林》引吳京評云：

> 謙則致福而保位全家，盈則致禍而夷滅放流，此贊之大致也〔註8〕。

在議論人物方面，則如〈魏相丙吉傳贊〉云：

> 古之制名，必繇象類，遠取諸物，近取諸身。故經謂君為元首，臣為股肱，明其一體，相待而成也。是故君臣相配，古今常道，自然之勢也。近觀漢相，高祖開基，蕭、曹為冠，孝宣中興，丙、魏有聲。是時黜陟有序，眾職修理，公卿多稱其位，海內興於禮讓。覽其行事，豈虛摩哉！

魏相丙吉皆為漢代良相，其執政各有特色，班固除了以「孝宣中興，丙、魏有聲」來讚美兩人之外，更以漢初功臣蕭何、曹參相比擬，可謂對他們的政績相當肯定。

〔註7〕何焯，《義門讀書記》（上海古籍出版，1992年3月），卷二十。
〔註8〕明凌稚隆，《漢書評林》（明萬曆九年，吳興凌氏刊本，國家圖書館藏），卷九七。

此外則借此議論君臣相配成就之道，他以爲君爲元首，臣則爲股肱，二者禮讓相助，各司其職，才能相輔相成。又如〈酈商傳贊〉曰：

> 當孝文之時，天下以酈寄爲賣友。夫賣友者，謂見利而忘義也。若寄父爲功臣而又執劫雖摧呂祿，以安社稷，誼存君親，可也。

酈寄的父親在漢初功臣平諸呂的政變中被周勃所劫持，酈寄利用呂祿對自己的信任，爲周勃將呂祿騙出，因此一方面救了自己的父親，一方面也安定了政局，雖然當時許多人批評酈寄賣友求榮，認爲他對朋友不義，但實際上酈寄卻是爲了安定社稷、解救己父所作的誼存君親之行，因此班固在論贊中爲酈寄平反，不以世人所言爲然，而給予他正面的評價，認爲他是一個爲懷忠孝而識大體之人。

在〈司馬遷傳贊〉中班固對司馬遷與《史記》的內容亦多所議論，在正面的肯定方面，班固稱許司馬遷繼孔子《春秋》的續史之功與《史記》創立紀傳體史書的成就，贊云：

> 及孔子因魯史記而作《春秋》，而左丘明論輯其本事以爲之傳，又纂異同爲《國語》。又有《世本》，錄黃帝以來至春秋時帝王公侯卿大夫祖世所出。春秋之後，七國並爭，秦兼諸侯，有《戰國策》。漢興伐秦定天下，有《楚漢春秋》。故司馬遷據《左氏》、《國語》，采《世本》、《戰國策》，述《楚漢春秋》，接其後事，訖於漢。其言秦漢，詳矣。

班固除了認識到《史記》在〈藝文志·春秋類〉中的屬性外，且能將先秦史書與《史記》排成一列述其發展，不僅肯定《史記》在史籍中的地位，欣賞《史記》詳近略遠的處理原則，更表現出班固對史書性質的認識與東漢史學的進步。此外班固以「其涉獵者廣博，貫穿經傳，馳騁古今，上下數千載間，斯以勤矣」稱許司馬遷博物洽聞，並肯定司馬遷的文才與《史記》資料的廣博和文學價值〔註9〕。此外，贊中又讚揚司馬遷的文風與人格云：

> 自劉向、揚雄博極群書，皆稱遷有良史之材，服其善序事理，辨而不華，質而不俚，其文直，其事核，不虛美，不隱惡，故謂之實錄。

實錄是一位良史最重要的精神依據，能夠排除政治環境的壓力，文直事核的忠實記史，是需要具有相當大的勇氣與正義精神的史家才能做到的，班固稱司馬遷爲良史，稱《史記》爲實錄，實是對司馬遷的人格與《史記》的肯定評價。

班固對司馬遷在史才、史德、史識與史學方面的肯定是相當中肯的，這些評價對後人認識司馬遷與《史記》的價值，有絕對的影響力。然而對於司馬遷的思想與

〔註9〕《漢書·藝文志》中曾載錄司馬遷賦八篇。〈東方朔傳〉稱司馬遷與董仲舒等人皆「辯之閎達，溢於文辭」，〈公孫弘卜式兒傳贊〉則將司馬遷與司馬相如並舉。

《史記》在其它方面的不足，班固則議論云：

> 採經撮傳，分散數家之事，甚多疏略，或有抵捂。

他指出司馬遷處理《史記》內容上有疏略、抵捂之處，這使後人開始留心《史記》校注、考訂方面的各項問題。在體例方面，班彪曾說《史記》「條例不經」，如「項羽、陳涉而黜淮南、衡山」，「序司馬相如，舉郡縣，著其字，至蕭曹、陳平之屬，及董仲舒并時之人，不記其字，或縣而不郡者，蓋不暇也」〔註10〕。由於《史記》記人往往不按編年次第，許多人物的基本資料並沒有詳載，專傳、合傳、類傳之篇名標題多自由編排而不統一，對於後世讀史者往往造成困擾或缺遺之憾，這種體例上的不統一，在班固以後的史書便多有改善且漸趨發展而完整。

最後在思想與政治立場方面，班固對司馬遷則提出三點批評，〈司馬遷傳贊〉曰：

> 是非頗繆於聖人，論大道則先黃老而後六經，序遊俠則退處士而進奸
> 雄，述貨殖則崇勢利而羞賤貧，此其所蔽也。

班固批評《史記》不以儒家思想為主，而市以黃老思想為先，其實馬、班二人的思想皆與其各自所處的時代背景與家學淵源有關，東漢時期的儒學為了配合政治與統治者的需要，是一個長期以獨尊儒術為是非標準的時代，班固在如此的環境中，帶著漢儒的正統觀與宗儒尊孔的規範來評量《史記》，自然對司馬遷的學術思想有所批評。

而漢代遊俠是社會中各階層的特殊人物，有義士俠客，也有近於地痞流氓之徒，這些人在社會上有一定的勢力與組織，但卻往往自行其道，不遵守朝廷法令，朝廷往往對他們冠上「大逆無道」的罪名〔註11〕，亦即班固所謂「布衣行權」的「奸雄」行為。班固認為不合朝廷禮法即是有罪，是故對司馬遷所欽慕的遊俠不能認同。

在經濟方面，司馬遷認為人類有求富的欲望，有求經濟發展的需求，這是社會發展的必然趨勢，民富則國富，國富則強，家富則能明理，能盡為人之道，因為「倉廩實而知禮節，衣食足而知榮辱」〔註12〕，不過他反對奸商奸利，反對官府與民爭利。班固則認為貧富之分，貴賤之別，是不可逾越的，應當「貴誼而賤利」〔註13〕，並且反對勢力之徒與互相爭利，這樣社會才能上下有序，百姓才能安份守己，不壞禮法，也不會助長貪欲，對於「上爭王者之利」或「犯奸成富」者，則應當教化管

〔註10〕《後漢書・班彪傳》。
〔註11〕《史記・遊俠列傳》公孫弘語曰：「解布衣為任俠行權，以睚眥殺人，解雖弗知，此罪甚於解殺之，當大逆無道」。
〔註12〕《史記・貨殖列傳》。
〔註13〕《漢書・貨殖傳》。

制〔註14〕。

不過對司馬遷的遭遇，班固在〈司馬遷傳贊〉中則是以惋惜的語氣云：

> 烏呼！以遷之博物洽聞，而不能以知自全，既陷極刑，幽而發憤，書
> 亦信矣。跡其所以自傷悼，《小雅・巷伯》之倫。夫唯《大雅》「既明且哲，
> 能保其身」，難矣哉！

《詩經・小雅・巷伯》是一首敘述忠臣被讒而受到宮刑的怨憤詩〔註15〕，顯然班固
是能夠了解司馬遷無罪而遭受極刑的冤情，也能體會其發憤著書之心，不過班固仍
認為為人臣子還是應該明哲保身。由此論贊之議來看，班固對司馬遷的評價是能多
方面且系統性的提出深刻見解的，他不僅能觀察到《史記》在史學發展上的重要性，
也能肯定司馬遷在文、史方面的貢獻，在《史記》體例與內容上則能夠瑕瑜互見，
這些亦應成為班固在編寫《漢書》時的重要參考。

二、明言去取

《漢書》論贊中另有部份內容以闡明史料去取的原則，或揭示其立傳之意旨者，
正與《史記》「太史公曰」中此類內容相仿，班固寫史亦知史書無法將全部史料、舊
聞皆網羅而盡，故往往在論贊中加以說明。例如關係國家利害的重要大事，班固必
備載其事，如〈溝洫志贊〉云：

> 古人有言：「微禹之功，吾其魚乎」。中國川原以百數，莫著於四瀆，
> 而河為宗。孔子曰：「多聞而志之，知之次也」。國之利害，故備論其事。

班固認為河川水利關係著國家民生之要，故於〈溝洫志〉中詳細論載治河水利工程
等相關之事。又如〈傳常鄭甘陳段傳贊〉云：

> 自元狩之際，張騫始通西域，至於地節，鄭吉建都護之號，訖王莽世，
> 凡十八人，皆以勇略選，然其有功跡者具此。廉褒以恩信稱，郭舜以廉平
> 著，孫建用威重顯，，其餘無稱焉。陳湯儻蕩，不自收斂，卒用困窮，議
> 者閔之，故備列云。

這裡說明自張騫通西域以後，任西域都護雖有多人，但有功者不過如傳中所記之數
人而已，其餘無所稱述者，班固則不為其立傳，而陳湯則因「議者閔之」而詳列其
事跡。類此二例皆在補充說明立傳去取的原則。又如〈嚴朱吾丘主父徐嚴終王賈傳

〔註14〕同註13。

〔註15〕《詩經・巷伯》朱熹注云：「時有遭讒而被宮刑為巷伯者，………巷，是宮內道名，秦
漢所謂永巷是也。伯，長也，主宮內道官之長，即寺人也，故以名篇。班固〈司馬
遷贊〉云：『跡其所以自傷悼，《小雅・巷伯》之倫』。其意謂巷伯本以被譖而遭刑也」。

贊〉曰：

> 漢興，征伐胡越，於是爲盛。究觀淮南、捐之、主父、嚴安之義，深
> 切著明，故備論其語。

自漢武帝以後連年征伐，漢之國勢雖盛，所耗損的財力、人力實爲甚巨，淮南王劉安、賈捐之、主父偃、嚴安等人皆勇於諍諫，上書直言征戰之不利，班固對這些人的勇氣與明智深感敬重，故特別於傳中載錄他們的議論。由上述數則論贊所交代的去取原則可知，班固以論述對國家、社會影響深遠的大事爲原則，在個人方面，則取忠信賢良之論或有功績、貢獻者爲原則。

另外《漢書》中載錄大量西漢時期的文章，包括詔書、對策、上書、辭賦、書信等等，內容廣泛且收羅豐富，然其所收錄的文章並非依個人好惡而毫無準則，實是以有益於世用且具影響性的著作爲主。例如賈誼傳世之著述頗多，但班固在〈賈誼傳〉中則僅選錄「切於世事」的文章，而不錄其它作品，這些被載錄的作品皆能表現出賈誼對漢廷匡建的用心，亦突出了賈誼的爲人與行事。班固在〈賈誼傳贊〉中說明自己選取的原則：

> 凡所著述五十八篇，撷其切於世事者著於傳云。

可見班固對這些施於朝廷、切於當世之書疏、策論的選錄，皆是經過細心的安排。

至於對傳文內容的安排與人物事跡的取捨，班固亦有其採錄的方法，他也常在論贊中對傳文的處理作明確的交代。例如〈東方朔傳〉爲何詳錄東方朔生平瑣碎之事跡，班固便在贊中作了完整的說明，〈東方朔傳贊〉云：

> 劉向言少時數問長老賢人通於事朔時者，皆曰朔口諧倡辯，不能持
> 論，喜爲庸人誦說，故令後世多傳聞者，而揚雄亦以爲朔言不純師，行不
> 純德，其流風遺書蔑如也。然朔名過實者，以其談達多端，不名一行，應
> 諧似優，不窮似智，正諫似直，穢德似隱。非夷齊而是柳下惠，戒其子以
> 上容：「首陽爲拙，柱下爲工；飽食安步，以仕易農；依隱玩世，詭時不
> 逢」。其滑稽之雄乎！朔之談諧，逢占射覆，其事浮淺，行於眾庶，童兒
> 牧豎莫不眩耀。而後世好事者因取奇言怪語附著之朔，故詳錄焉。

東方朔爲人雖以詼諧爲名，但卻有太多不實的奇言怪語附會在他的身上，所以班固將有所依據的行事詳述於傳中，對於傳言附會之說則摒除不錄，是以明東方朔之言行事跡。顏師古對此贊之主旨便有以下的說明：

> 言此傳所以詳錄朔之辭語者，爲俗人多以奇異妄附於朔故耳。欲明傳
> 所不記，皆非其實也。而今之爲《漢書》學者，猶更取他書雜說，假合東

方朔之事以博異聞，良可歎也〔註16〕。

可知事實未詳且無史料以證者，班固在《漢書》中皆以闕而不書為原則，其他篇章亦以同樣方法處理，並於論贊中加以說明的，又如〈張湯傳贊〉曰：

> 馮商稱張湯之先與留侯同祖，而司馬遷不言，故闕焉。

〈楊胡朱梅云傳贊〉亦云：

> 世稱朱雲多過其實，故曰「蓋有不知而作之者」，我亡是也。

遇有事實無可考徵或有所不知者，皆以闕如處理，並且明言去取的原因，此皆表現了班固對史料處理的謹嚴忠實，可知班固寫史實繼《春秋》、《史記》以來史家之真精神。正如章學誠〈和州志闕訪列傳序例〉所論：

> 班固〈東方朔傳〉，以謂奇言怪語，附著者多，遂詳錄其諧隱射覆瑣屑之談，以見朔實止此，是史氏釋疑之家法也〔註17〕。

第三節　增補傳文抒情寄慨

本節討論《漢書》論贊內容中，有關「增補傳文」與「抒情寄慨」的部份。

一、增補傳文

劉知幾《史通·論贊》云：「別加他語以補書中，所謂事無重出者也」〔註18〕。正文中往往有不適宜加入的軼事異聞，或為了傳贊互見，隱寓褒貶，以明實情，或為了文章結構之完整而別記所聞，故《漢書》論贊亦有多則以增補傳文為主要內容者。

其中增補皇室、帝王軼聞的論贊，如〈文帝紀贊〉、〈元帝紀贊〉、〈成帝紀贊〉等，《漢書》〈紀〉體以記載帝王、國家大事為主，多不記載帝王的私人生活，故凡西漢帝王的性情、才儀，往往可從《漢書》論贊中得見其為人。如〈文帝紀贊〉曰：

> 孝文皇帝即位二十三年，宮室苑囿車騎服御無所增益，有不便，輒弛以利民。嘗欲作露臺，召匠計之，直百金。上曰：「百金，中人十家之產也。吾奉先帝宮室，常恐羞之，何以臺為！」身衣戈綈，所幸慎夫人衣不曳地，帷帳無文繡，以示敦朴，為天下先。治霸陵，皆瓦器，不得以金銀銅錫為飾，因其山，不起墳。

〔註16〕《漢書·東方朔傳贊》注。

〔註17〕章學誠，《文史通義》（台北：里仁出版，民國73年9月），下冊，卷六，頁675。

〔註18〕清浦起龍，《史通通釋》（台北：里仁出版，1993年6月年），卷四，頁82。

這些細微小事正足以見文帝勤樸儉省生活之實，但若將其插入〈紀〉中之正文，則似過於煩瑣不當，然班固又不願放棄這些有關文帝生活的軼事，便將其寫入論贊當中，以證文帝之恭儉，同時具有寓意褒揚的作用。又〈元帝紀贊〉曰：

> 臣外祖兄弟為元帝侍中，語臣曰元帝多材藝，善史書。鼓琴瑟，吹洞簫，自度曲，被歌聲，分刌節度，窮極幼眇。少而好儒，及即位，徵用儒生，委之以政，貢、薛、韋、匡迭為宰相。

由此論贊之記述則可知元帝是個喜愛音樂且多才多藝的好儒之人，為政則以儒術為主。〈成帝紀贊〉則曰：

> 臣之姑充後宮為婕妤，父子昆弟俟帷幄，數為臣言成帝善修容儀，升車正立，不內顧，不疾言，不親指，臨朝淵嘿，尊嚴弱神，可謂穆穆天子之容者矣！

此贊除了使人對成帝儀容有深刻的印象外，亦由此知班氏家族與皇室的關係，以及此贊所述由來之不妄。另外在〈張陳王周傳贊〉中，除了分別對張良、陳平、王陵、周勃四人各有一段褒貶的議論外，亦附一段高祖、呂后之間的對話，贊云：

> 始呂后問宰相，高祖曰：「陳平智有餘，王陵少戇，可以佐之；安劉氏者必勃也」。又問其次，云：「過此以後，非乃所及」，終皆如言，聖矣夫！

此段記述表現出高祖對每一位臣子的了解皆是敏銳深刻的，後來歷史的發展亦如他的判斷與分析，從另一方面而言，班固則是借高祖之口，對傳中人物作間接的褒貶評價。

其他一般人物之論贊，亦有補記本傳所無之事例者，如〈傅常鄭甘陳段傳贊〉云：

> 廉褒以恩信稱，郭舜以廉平著，孫建用威重顯，其餘無稱焉。

自張騫通西域以後，任西域都護雖有多人，但班固僅為有功者立傳，而廉褒、郭舜、孫建等人事少無傳，故附於論贊中作為補充之論述。又如〈眭兩夏侯京翼李傳贊〉為補敘漢代推論陰陽災異的學者：

> 漢興推陰陽言災異者，孝武時有董仲舒、夏侯始昌，昭、宣則眭孟、夏侯勝，元、成則京房、翼奉、劉向、谷永，哀、平則李尋、田終術。

此處對西漢一代的陰陽學者作了一總結性的完整記述。而〈儒林傳贊〉則是暢言漢代經學昌盛的原由：

> 自武帝立五經博士，開弟子員，設科射策，勸以官祿，訖於元始，百有餘年，傳業者寖盛，支葉蕃滋，一經說至百餘萬言，大師眾至千餘人，

　　蓋祿利之路然也。

班固不諱言，武帝以後經學之所以昌盛，博士人數之所以眾多，實由於此乃通往富貴利祿的方便之道。

　　又如〈霍光金日磾傳贊〉、〈高五王傳贊〉、〈酷吏傳贊〉等，則是以補述正文中人物、事件的原由為主。〈霍光金日磾傳贊〉曰：

　　　　金日磾夷狄亡國，羈虜漢庭，………本以休屠作金人為祭天主，故因賜姓金氏云。

此補述金日磾姓氏之由來。〈高五王傳贊〉曰：

　　　　悼惠之王齊，最為大國。以海內初定，子弟少，激秦孤立亡藩輔，故大封同姓，以囲天下。

此則說明漢初大封同姓諸侯的原因，乃是因為「海內初定」、「激秦孤立亡藩輔」。〈酷吏傳贊〉則說明張湯、杜周分別立傳，而不列入〈酷吏傳〉的原因：

　　　　自郅都以下，皆以酷烈為聲，………湯、周子孫貴盛，故別傳。

另外如〈公孫劉田王楊蔡陳鄭傳贊〉則是詳敍述鹽鐵之議，此論乃自正文中〈車千秋傳〉接來，班固先在傳中開其端云「訖昭帝世，國家少事，百姓稍益充實。始元六年，詔郡國舉賢良文學士，問以民所疾苦，於是鹽鐵之議起焉」，然傳文就此結束，不再對鹽鐵之議的內容作論述，一方面此議與車千秋本人事蹟無關，一方面若於此處詳論鹽鐵之議，亦有煩瑣之疑，因此才在論贊中作完整的補充說明。贊曰：

　　　　所謂鹽鐵議者，起始元中，徵文學賢良問以治亂，皆對願罷郡國鹽鐵酒榷均輸，務本抑末，毋與天下爭利，然後教化可興。御史大夫弘羊以為此乃所以安邊竟，制四夷，國家大業，不可廢也。當時相詰難，頗有其議文。至宣帝時，汝南桓寬次公治《公羊春秋》，舉為郎，至廬江太守丞，博通善屬文，推衍鹽鐵之議，增廣條目，極其論難，著數萬言，亦欲以究治亂，成一家之法焉。

贊中詳述鹽鐵之議至桓寬論著《鹽鐵論》的經過，後文並備舉桓寬議論之要點。

　　當傳文中有略而不足之處，贊文則補充其所略，此為贊、傳互見之法。如〈惠帝紀贊〉中便補記了傳中所沒有的惠帝言行，贊曰：

　　　　孝惠內修親親，外禮宰相，優寵齊悼、趙隱，恩敬篤矣。聞叔孫通之諫則懼然，納曹相國之對而心說，可謂寬仁之主。

所謂「優寵齊悼、趙隱」，「聞叔孫通之諫則懼然，納曹相國之對而心說」之事，並不見於〈惠帝紀〉正文，但於〈外戚傳〉中便曾載優寵齊悼、趙隱之事，於〈叔孫通傳〉中則可見叔孫通之諫，於〈曹參傳〉中則可見曹參之對，故此贊之內容實可

補正文中之不足，尤其惠帝同是外禮宰相，但面對叔孫通和曹參時的心情卻有如此差異，則見叔孫通與曹參二人行事作風之異。

又如〈劉向傳〉傳文所敘多在表其爲人之忠良，並錄其多篇奏疏、諫言，而論贊則借補述其學術著作之大要，以評價劉向一生的成就。贊曰：

> 劉氏《洪範論》發明《大傳》，著天人之應；《七略》剖判藝文，總百家之緒；《三統曆譜》考步日月五星之度。有意其推本之也。嗚摩！向言山陵之戒，於今察之，哀哉！指明梓柱以推廢興，昭矣！豈非直諒多聞，古之益友與！

此贊所提及的劉向著作，在其他篇章中多有詳述，例如在〈五行志〉中可見《洪範論》的要旨，在〈藝文志〉中可見《七略》之內容與分類的方法，在〈律曆志〉中則見《三統曆譜》的議論，此皆是在贊中提示，而互見於傳文的記述。

此外，若有事實眞相不便於傳文中多作說明者，亦常於贊中增補揭示，以明情實。如〈馮唐傳贊〉曰：

> 曷爲不能用頗、牧？彼將有激云爾。

這裡的「頗」指廉頗，「牧」指李牧，雖然表面上馮唐是對文帝即使有廉頗、李牧之臣亦不能用，但實際上卻是借此言激文帝處理魏尚之事的不公平，所以贊文特別說「彼將有激云爾」，是用以說明眞相〔註 19〕。又〈薛宣朱博傳〉敘述朱博爲了奉承傅太后的旨意，上奏免除傅喜的侯爵，結果反遭左將軍彭宣等人劾奏，認爲他枉義附從，欺蒙君主，故以此坐罪自殺，贊曰：

> 博馳騁進取，不思道德，已亡可言，又見孝成之世委任大臣，假借用權。

此論大臣假借權力陷人於罪，自己反爲陰謀所害，故於贊文中揭發隱情，以作爲人臣之戒鑒。以上所舉之論贊，內容多含有傳文中所無之資料，皆有增補傳文之作用。

二、抒情寄慨

遇有忠臣志士不得善報，懷才不遇而死之人，或爲小人所讒而致死者，班固多表現出惋惜、悲憫之嘆。不過班固爲文較爲拘謹，雖爲感慨之作，亦不似司馬遷的縱情恣意。如〈王章傳贊〉云：

> 王章剛直守節，不量輕重，以陷刑戮，妻子流遷，哀哉！

王章爲人敢言正直，因不附王鳳而反被陷害，故班固爲之悲哀。又〈眭兩夏侯京翼

〔註 19〕馮唐認爲雲中守魏尚坐上首功虜差六級之事，文帝卻下之吏，削其爵，罰作之，實是賞輕而罰重，馮唐爲魏尚之事抱不平故有此言，故班固於贊文中指出馮唐是有意激文帝處理魏尚之事的不公平。

李傳贊〉曰：

> 京房區區，不量淺深，危言剌譏，構怨彊臣，罪辜不旋踵，亦不密以
> 失身。悲夫！

京房亦為剛直敢言之士，曾上言議論當朝的權貴之非，勸諫皇上選任忠良賢士，卻因此與權臣構怨而陷於刑戮之中。又如〈翟方進傳贊〉云：

> 當莽之起，蓋乘天威，雖有賁育，奚益於敵，義不量力，懷忠憤發，
> 以隕其宗。悲夫！

翟方進於王莽時對漢仍是忠義奮勇，且欲謀殺王莽，可惜失敗身亡，班固亦以「悲夫」嘆之。以上三人，班固於論贊中皆表感慨之嘆，然基本上班固認為正直忠良之士亦應懂得明哲保身，才不會因「不密以失身」。

此外如韓安國為人忠厚、好推廉士而多大略，但卻一直懷才不遇，班固亦為其感傷，所以〈韓安國傳贊〉云：

> 以韓安國之見器，臨其摰而顛墜，陵夷以憂死，遇合有命，悲夫！

又如〈馮奉世傳贊〉、〈蕭望之傳贊〉則是感嘆馮、蕭二人為小人所讒害的不幸，〈馮奉世傳贊〉云：

> 宜鄉侯參，鞠躬履方，擇地而行，可謂淑人君子，然卒死於非罪，不
> 能自免，哀哉！讒邪交亂，貞良被害，自古而然。

〈蕭望之傳贊〉云：

> 蕭望之歷位將相，籍師傅之恩，可謂親昵亡間。及至謀泄隙開，讒邪
> 構之，卒為便嬖宦豎所圖，哀哉！

此外如晁錯的際遇，班固亦覺得令人歎惋，〈晁錯傳贊〉曰：

> 晁錯銳於為國遠慮，而不見身害。其父睹之，經於溝瀆，亡益救敗，
> 不如趙母指括，以全其宗。悲夫！錯雖不終，世哀其忠。

班固對於晁錯的認識與遭遇，顯見是較為同情且惋惜的，尤其是晁錯在政治改革方面的歷史作用，班固給予相當正面的評價，但對於其不能明哲保身以全其宗的結局，仍為他感到悲哀。在〈蒯伍息夫傳贊〉中則以嚴厲的態度批評說：

> 仲尼「惡利口之覆邦家」，蒯通一說而喪三俊，其得不享者，幸也。
> 伍被安於危國，身為謀主，忠不終而詐讎，誅夷不亦宜乎！《書》放四罪，
> 《詩》歌〈青蠅〉，春秋以來，禍敗多矣。……江充造蠱，太子殺；息夫
> 作姦，東平誅；皆自小覆大，緣疏陷親，可不懼哉！可不懼哉！

蒯通、伍被、江充、息夫躬等皆是自小覆大、利口覆邦家的小人，班固除了在論贊中加以貶斥之外，更以重複兩次「可不懼哉！可不懼哉！」的感慨之言，表達其戒

愼恐懼之心。

　　本章分別論析班固《漢書》論贊之後，可知《漢書》論贊周密嚴整，恰當而具戒鑑之旨，不僅能繼承《春秋》、《史記》對史事人物的論斷精神，更展現了史家忠實謹嚴的褒貶態度，且能傳贊互見，明言去取，抒情寄慨，內容實爲豐富博贍。

第七章 《漢書》贊曰的評議

第一節 論《漢書》贊曰的史學特色

班固《漢書》承史家褒善貶惡，賢賢賤不肖的春秋之義，爲西漢一代的興亡得失論斷評議，不僅展現了個人的史德、史識與史才，更具有其承先啓後的史學特色，以下即對《漢書》「贊曰」所表現的史學特色，略分爲三點析論之：

一、具戒鑑古今表彰節義的精神

歷史的珍貴在足以爲後人之龜鑑，不論是人物的成敗得失或是朝代的興盛衰亡，皆足以垂法昭戒，啓迪後世。《漢書》備載西漢一代的歷史，不論是國家大事、典章制度、忠良姦邪之臣或是藝術文章，皆包舉於其中，而其總括議論的「贊曰」，則能彰善癉惡，表彰節義，具戒鑑之旨。其中有些可爲人君、人臣之戒者，如〈杜周傳贊〉即爲闡明人君對女色之戒，贊曰：

> 及欽浮沉當世，好謀而成，以建始之初深陳女戒，終如其言，庶幾乎〈關雎〉之見微，非夫浮華博習之徒所能規也。

元帝以好色聞名，杜周每每上疏勸諫元帝戒之在色，結果元帝仍然因此而短年，禍亦由此而起，故班固特於論贊中提示。又如〈武五子傳贊〉云：

> 其春戾太子生。自是之後，師行三十年，兵所誅屠夷滅死者不可勝數。及巫蠱事起，京師流血，僵尸數萬，太子子父皆敗。故太子生長於兵，與之終始，何獨一嬖臣哉！秦始皇即位三十九年，內平六國，外攘四夷，死人如亂麻，暴骨長城之下，頭盧相屬於道，不一日而無兵。由是山東之難興，四方潰而逆秦。秦將吏外畔，賊臣內發，亂作蕭牆，禍成二世。故曰

—115—

「兵猶火也，弗戢必自焚」，信矣。

此贊亦在提示人君爲政之道，應以體恤民命爲重，若是好殺爭戰，不顧民生，最後必遭內外反叛，故君主對兵戰亦應戒之。清丁晏《漢書餘論》論此贊時曰：

> 贊以秦始皇相提並論，爲好兵者戒也。蘇子瞻謂秦皇、漢武皆果於殺，故其子如扶蘇之仁，則死，如戾太子之悍則反。以法毒天下，反中其身，與此贊垂戒意同。

此爲對人君之戒。

至於爲人臣者，則應以輔國治民爲重，侍君需有所戒慎，待民則以推恩，反之，一有不慎往往遭遇不測，因此班固在論贊中對爲人臣者亦有所戒，〈霍光傳贊〉曰：

> 然光不學亡術，闇於大理，陰妻邪謀，立女爲后，湛溺盈溢之欲，以增顛覆之禍，死財三年，宗族誅夷，哀哉！

〈敍傳下〉亦云：

> 灌夫矜勇，武安驕盈，凶德相挺，禍敗用成。

以此戒爲人臣者毋驕盈自滿，應以謹慎謙退爲要。又如〈朱博傳贊〉則云人臣應以「德」爲進取之資，贊曰：

> 博馳騁進取，不思道德，已亡可言。

因此人臣若以不道德的方式求得個人利益，往往只是徒勞無功，最終甚至遭罪誅滅，〈佞幸傳贊〉便云：

> 而董賢之寵尤盛，父子並爲公卿，可謂貴重人臣無二矣。然進不繇道，位過其任，莫能有終，所謂愛之適足以害之者也。

因此爲人臣者應以德爲重，在其位不可逾其任，無功亦不可貪圖富貴，正如〈外戚傳贊〉所云：

> 夫女寵之興，繇至微而體至尊，窮富貴而不以功，此固道家所畏，禍福之宗也。

所以班固對於謙良賢德之臣，忠烈節義之士，亦多於論贊中予以表彰讚揚，如〈蘇武傳贊〉曰：

> 孔子稱「志士仁人，有殺身以成仁，無求生以害仁」，「使於四方，不辱君命」，蘇武有之矣。

蘇武堅貞不移的忠義精神爲漢第一，故特引孔子言加以褒揚。於〈吳芮傳贊〉中則稱讚吳芮爲不失正道的忠臣，贊曰：

> 唯吳芮之起，不失正道，故能傳號五世，以無嗣絕，慶流支庶。有以矣夫，著于甲令而稱忠也！

又如〈谷永傳贊〉稱永「陳三七之戒，斯爲忠焉」，〈王章傳贊〉稱王章爲「剛直守

節」，〈龔勝傳贊〉稱龔勝是「守死善道」，皆是為褒揚正直忠義守節之士。

故《漢書》「贊日」垂法昭戒、彰善癉惡的精神，不僅為其本身的史學特色，更成為後世論贊的典範。王夫之論史曰：「所貴乎史者，述往以為來者師也」〔註1〕，這正是《漢書》「贊日」戒鑑古今表彰節義的精神意義。

二、謹慎不苟持平公允的論史態度

史家撰史必須能忠於史實，公正客觀，對於史料的取捨則必須謹慎不苟，精確詳實，方能取信世人，為後世戒，此亦為史家之美德。班固著《漢書》無論敘事人物或論贊褒貶，皆表現出謹慎公允的著史態度，正如范曄論班固敘事能「詳而有體」〔註2〕、「慎覈其事」〔註3〕。例如在體例與篇目的安排方面，《漢書》不僅詳整有體，且名稱一貫，前後一致，而在史料的取捨方面，則是能博採前史並審慎考辨，對於不足以徵信者，則是不敢定論而存疑備考。班固在「贊日」中亦同樣以謹慎不苟、持平公允的態度來評議人事，若非有事實徵驗，亦不輕易褒貶揚抑，所論多有所根據，而不臆測妄言，正所謂「孔子成春秋，而亂臣賊子懼」〔註4〕，史家唯有謹慎公允的論史，才能達到春秋褒貶之功。

例如於昭帝、宣帝時期，有人推霍光為文王子霍叔之後裔，班固以為不足以考信，便於〈霍光傳贊〉曰：「昔霍叔封於晉，晉即河東，光豈其苗裔乎」？這是對傳言保持存疑的態度，亦是借論贊表達微戒之旨的用心〔註5〕。又如〈睦兩夏侯京翼李傳贊〉曰：

> 察其所言，仿佛一端。假經設誼，依託象類，或不免乎「億則屢中」。

自漢興以來推陰陽災異之說非常盛行，但其中假經設誼，依託象類的憶測成份卻也很多，班固雖以尊經崇儒的思想為主，但卻亦能指陳出陰陽災異之說不一定完全可信的事實。這些都是班固撰史謹慎，不輕言斷語，卻又隱微其詞意於論贊的例子。

此外亦常於評議人物時別引他人或前人之論，作為褒貶的根據，例如論揚雄時便同時引桓譚之褒與諸儒之斥以為議，〈揚雄傳贊〉曰：

> 譚曰：「……今揚子之書文義至深，而論不詭於聖人，若使遭遇時君，

〔註1〕王夫之，《讀通鑑論》（台北：世界書局，民國62年3月），卷六。
〔註2〕《後漢書・班固傳》。
〔註3〕《後漢書・班彪傳》。
〔註4〕《孟子・公孫丑》。
〔註5〕王先謙，《漢書補注・霍光傳》（台北：新文豐出版，民國64年3月），頁1308，引何焯曰：「昭宣之際，有推霍光為霍叔後者，其語殊謬，足累光之誠節。詳見《史記・三代世表》後褚少孫所記。班氏特略舉於贊中以傳疑，亦兼以為微戒云」。

更聞賢知，爲所稱善，則必度越諸子矣」。諸儒或譏以爲雄非聖人而作經，猶春秋吳楚之君僭號稱王，蓋誅絕之罪也。自雄之沒至今四十餘年，其《法言》大行，而《玄》終不顯，然篇籍具存。

異說並存於一贊，可見情事之兩端，班固雖不明示褒貶，但此贊不僅頗有依據，且揚雄一生的是非功過已於引言中自見，楊樹達便認爲「孟堅之言信而有徵矣」〔註6〕。又如〈東方朔傳贊〉亦引劉向及揚雄之語以爲論，贊曰：

> 劉向言少時數問長老賢人通於事朔時者，皆曰朔口諧倡辯，不能持論，喜爲庸人誦説，故令後世多傳聞者，而揚雄亦以爲朔言不純師，行不純德，其流風遺書蔑如也。然朔名過實者，以其詼達多端，不名一行，應諧似優，不窮似智，正諫似直，穢德似隱〔註7〕。……而後世好事者因取奇言怪語附著之朔，故詳錄焉。

此處除了以劉向與揚雄之論以評東方朔的爲人行事外，亦借此說明過多奇言怪語附會於東方朔身上的原因，因此班固對於史料取捨的嚴謹不苟與客觀公允的論斷態度，在此贊中實表露無疑。

又如〈董仲舒傳贊〉引劉向、劉歆父子之言以評董仲舒的才德云：

> 劉向稱「董仲舒有王佐之材，雖伊呂亡以加，管晏之屬，伯者之佐，殆不及也」。至向子歆以爲「伊呂乃聖人之耦，王者不得則不興。故顏淵死，孔子曰：『噫！天喪余』。唯此一人爲能當之，自宰我、子贛、子游、子夏不與焉。仲舒遭漢承秦滅學之後，《六經》離析，下帷發憤，潛心大業，令後學者有所統壹，爲群儒首，然考其師友淵源所漸，猶未及乎游夏，而曰管晏弗及，伊呂不加，過矣」。至向曾孫龔，篤論君子也，以歆之言爲然。

劉向對董仲舒推崇備至，劉歆則以爲董氏雖爲群儒首，但其學淵源未及子游、子夏，故認爲父親所論太過，父子二人對董氏的評價實有殊異，班固將兩種看法同時並錄於「贊曰」中，一方面表現出《漢書》並存異說的謹慎不苟，一方面則於論贊中見其褒貶，故班固於最後又引劉龔之言爲定論「以歆之言爲然」。故知班固論斷人事，多能褒貶互見、客觀公允，不因權勢利益、個人好惡而有所偏執，亦能不具成心而據事直書，此亦爲《漢書》論贊的史學特色之一。

〔註 6〕楊樹達，《漢書窺管》（台北：世界書局，民國 63 年 10 月），卷九，頁 535。
〔註 7〕自「揚雄亦以爲朔言不純師，行不……」起，引自《法言·淵騫篇》。

三、重視政經學術之史料

　　相對於《史記》對經術之文、幹濟之策的咸少收錄，班固在《漢書》中則是大量的增載，包括了皇帝的詔令與群臣的奏疏，凡與國家民生大計相關，切於實用的策論文，皆被班固所網羅。除此之外，班固亦重視文學家、學者的學術文章，故亦常將作品收錄於傳文之中，例如在〈賈誼傳〉、〈晁錯傳〉、〈枚乘傳〉、〈董仲舒傳〉、〈公孫弘傳〉、〈司馬相如傳〉、〈司馬遷傳〉等等，皆載錄了他們的重要作品。近人郭預衡便論云：

> 《漢書》的文章比《史記》更具歷史文獻的特徵，文章的學術性質更突出了。特徵之一是《漢書》從文獻、學術的角度增設了一些傳記。特徵之二是《漢書》從文獻的角度於《史記》原有的傳記中增加了一些關於學術的事跡，且增載了一些經世之文。特徵之三是《漢書》更著力於為學者立傳，文章更多學術氣息〔註8〕。

在「贊曰」中，班固確實抱持同樣的見解，於論斷時不忘對傳主的政經學術之文作評價，尤其功在學術者，或歸納其要旨，或說明其源流，或作褒貶評議，皆是重視經術史料的表現。例如在〈董仲疏傳贊〉中引劉向父子之論，以見後人對董仲舒學術成就的不同評價；在〈司馬遷傳贊〉中引班彪之論，對司馬遷的思想、著作做了一篇相當重要且褒貶互見的議論文。在〈揚雄傳〉中，班固先在傳中引錄揚雄的作品，突顯他在文學與學術方面的成就，在「贊曰」中則反而敘其一生之大節，最後再引桓譚語對揚雄作論斷。

　　另外如〈司馬相如傳贊〉，班固則是引司馬遷與揚雄之論，間接的表達自己對辭人辭賦的看法，贊曰：

> 司馬遷稱「《春秋》推見至隱，《易》本隱以之顯，《大雅》言王公大人，而德逮黎庶，《小雅》譏小己之得失，其流及上。所言雖殊，其德合一也。相如雖多虛辭濫說，然要其歸引之於節儉，此亦《詩》之風諫何異」？
>
> 揚雄以為靡麗之賦，勸百而風一，猶騁鄭衛之聲，曲終而奏雅，不已戲乎！

這篇論贊可以說是一篇綜合各家意見的文學批評，司馬遷對相如的辭賦褒貶互見，認為他雖「多虛辭濫說」、「靡麗多誇」，但卻也能有諷諫的一面。揚雄則是對相如賦頗有感歎〔註9〕，他認為雖然作品結尾有一點諷諫之意，但卻往往因為文章極其靡麗，反而產生欲諷反勸的結果。而班固在〈敘傳〉中為此傳作結論時，對相如賦的

〔註 8〕郭預衡，《中國古代文學簡史》（北京首都師範大學出版，1994 年），頁 99。
〔註 9〕王先謙，《漢書補注・司馬相如傳》曰：「謂揚雄之論過輕相如也」。

優點則是頗為肯定，並給予其辭賦發展上的歷史地位〔註10〕。

　　至於〈楚元王傳〉雖是以傳述劉向、劉歆父子為主，但卻借論贊評議孔子之後的文士，並論及劉氏父子二人著作之要旨：

　　　　仲尼稱「材難不其然與」！自孔子後，綴文之士眾矣，唯孟軻、孫況、
　　　　董仲舒、司馬遷、劉向、揚雄。此數公者，皆博物洽聞，通達古今，其言
　　　　有補於世。傳曰「聖人不出，其間必有命世者焉」，豈近是乎？劉氏《洪
　　　　範論》發明《大傳》，著天人之應；《七略》剖判藝文，總百家之緒；《三
　　　　統曆譜》考步日月五星之度。有意其推本之也。

孔子之後的文士雖眾，但班固認為僅孟子等六人之言有補於世，此論至今仍有其獨到的見地，這是班固對學術文章的過人見識。又如〈儒林傳贊〉則是對漢代所立的學官與五經傳承作了簡要而詳細的記述：

　　　　自武帝立五經博士，開弟子員，設科射策，勸以官祿，訖於元始，百
　　　　年有餘，傳業者寖盛，支葉蕃滋，一經說至百餘萬言，大師眾至千餘人，
　　　　蓋祿利之路然也。初，《書》唯有歐陽，《禮》后，《易》楊，《春秋》公羊
　　　　而已。至孝宣世，復立《大小夏侯尚書》，《大小戴禮》，《施》、《孟》、《梁
　　　　丘易》、《穀梁春秋》。至元帝世，復立《京氏易》。平帝時，又立《左氏春
　　　　秋》、《毛詩》、逸《禮》、古文《尚書》，所以罔羅遺失，兼而存之，是在
　　　　其中矣。

由此論不僅得知漢代經學盛行的原因，亦可知西漢一代所立經學的概況，是為後世經學史的基本線索。以上所舉，皆是班固重視政經學術史料的例子，他利用論贊便於總括前文的優點，為重要的學者與作品作論斷評價，更重要的是，班固往往能將他們的成就放在整個學術發展史中去論述，提供了後人對漢代政經學術最基礎而清晰的了解。

　　具戒鑑古今之旨與表彰節義的論贊，表現出班固承襲史家春秋之義的精神，而謹慎不苟與持平公允的論史態度則是班固史德的具體展現，對於政經學術史料的重視，則是其卓越過人的史識。班固《漢書》「贊曰」之論既能返忠於史，不苟於文，又能備該學術，兼論褒貶，以垂戒後世，實良史也。

〔註10〕〈敘傳〉曰：「文豔用寡，子虛烏有。寓言淫麗，託風終始。多識博物，有可觀采。
　　　　蔚為辭宗，賦頌之首」。

第二節 論《漢書》贊曰的文章風格

班固在思想上雖受到其所處時代與政治壓力上的限制，但整部《漢書》的文章風格卻有其典雅、瞻密、詳整而精鍊的文字之美，兼具了漢代史家與賦家的特殊風格，這除了與班固個人的文學觀有關以外，亦與兩漢辭賦鋪采摛文的文風關係密切。清孫梅《四六叢話後序》便謂：

> 總兩京文賦諸家，莫不洞究經史，鑽研六書，耀采騰文，駢音侈字〔註11〕。

班固身爲漢賦大家，在漢代侈麗閎衍與鋪敘鍊字的文風影響下，又結合儒家「曉合經義」的敦厚諷諭史觀，形成了《漢書》論贊有別於《史記》「太史公曰」的史論風格。劉勰《文心雕龍·史傳篇》謂班固的論贊云：

> 其十志該富，贊序弘麗，儒雅彬彬，信有遺味〔註12〕。

劉知幾《史通·論贊》則稱讚班固的文風說：

> 孟堅辭惟溫雅，理多愜當，其尤美者，有典誥之風。翩翩奕奕，良可
> 詠也〔註13〕。

漢賦對六朝、唐初時期的文學思潮影響甚深，班固能受到他們的讚賞，可見其作品所受到的重視與肯定。以下將《漢書》論贊的風格特色，析分爲六點說明：

一、多引孔子之語，並熔鑄經文於贊語之中以爲總結

班固尊經崇儒的正統思想與當時引經、擬經的文風，常反映於《漢書》的論贊之中。班固常利用引經以立義的方式，對傳中人物加以褒貶，其中尤以引孔子之語爲多，用以增加評論的效果與說服力。如〈景帝紀贊〉：

> 孔子稱「斯民，三代之所以直道而行也」，信哉！周秦之敝，罔密文
> 峻，而奸軌不勝。漢興，掃除煩苛，與民休息。至于孝文，加之以恭儉，
> 孝景遵業，五六十載之間，至於移風易俗，黎民醇厚，周云成康，漢言文
> 景，美矣！

這是借《論語》中孔子之語對文、景二帝加以讚揚，說明爲政者所追求的目標，當以正道德治爲本，並認爲漢初施政得宜，而文景之治是三代以來最好的政局，可媲美周代的成康之治。又如〈李廣蘇建傳贊〉曰：

> 孔子稱「志士仁人，有殺身以成仁，無求生以害仁」，「使於四方，不

〔註11〕清孫梅，《四六叢話後序》（台北：商務印書館，民國57年9月），卷二十，頁353。
〔註12〕劉勰，《文心雕龍·史傳篇》（台北：維明書局，民國72年9月），頁284。
〔註13〕浦起龍，《史通通釋》（台北：里仁書局，民國82年6月），卷四，頁82。

辱君命」，蘇武有之矣。

蘇武堅貞不屈的民族氣節，展現了儒家捨生取義的道德人格，更是東漢尊君崇儒思想的最佳典範，因此班固在傳文與論贊中都給予蘇武崇高的評價，並用「志士仁人」來讚揚蘇武的精神。再如〈楊胡朱梅雲云傳贊〉云：

> 昔仲尼稱不得中行，則思狂狷。觀楊王孫之志，賢於秦始皇遠矣。世稱朱雲多過其實，「蓋有不知而作之者，我亡是也。」胡建臨敵敢斷，武昭於外。斬伐姦隙，軍旅不隊，梅福之辭，合於〈大雅〉雖無老成，尚有典刑；殷監不遠，夏后所聞。遂從所好，全性市門。云敞之義，著於吳章，爲仁由己，再入大府，清則濯纓，何遠之有？

贊文先引孔子之言加以評論〔註14〕，說明楊王孫等五人合傳的原因，接下來雖引「蓋有不知而作之者，我亡是也」和「爲仁由己」兩句《論語》中孔子之言〔註15〕，和《詩經·大雅·蕩》之詩句——「雖無老成，尚有典刑；殷鑑不遠，夏后所聞」，但卻都不明言引文之出處，而是將經典中的文句加以改造，巧妙的熔鑄在贊語之中，這樣的修飾除了能使贊語言簡意豐外，還能使文風趨於典雅。又如〈公孫弘卜式兒寬傳贊〉也有同樣的筆法，贊曰：

> 公孫弘、卜式、兒寬皆以鴻漸之翼困於燕爵，遠跡羊豕之間，非遇其時，焉能致此位乎？

其中「鴻漸之翼」引自《易經》，顏師古注曰：

> 《易·漸卦》上九爻辭曰：「鴻漸于陸，其羽可以爲儀。」鴻：大鳥。漸，進也。高平曰陸。言鴻進於陸，以其羽翼爲威儀也。喻弘等皆有鴻之羽儀，未進之時，燕爵所輕也。

雖僅是「鴻漸之翼」四字，卻融入了如此豐富的經學意義，若非顏師古之注，後人恐怕對此贊語是不知所云了。因此多引孔子之語，並熔鑄改造儒家經典中文句，使贊文含意廣博豐富，便成爲《漢書》論贊的一大特色。

二、典雅古奧，多用古文奇字

漢初流行隸書，文字多以俗體流行，到了東漢，儒生之間開始有辨正文字的風氣，如《漢書·藝文志》云：

> 至元始中，徵天下通小學者以百數，各令記字於庭中。揚雄取其有用

〔註14〕《論語·子路》孔子曰：「不得中行而與之，必也狂狷乎！狂者進取，狷者有所不爲也」。

〔註15〕分別出自《論語》〈子張〉、〈顏淵〉。

者以作《訓纂篇》，順續《蒼頡》，又易《蒼頡》中重復之字，凡八十九章。臣復續揚雄作十三章，凡一百二章，無復字，六藝群書所載略備矣。《蒼頡》多古字，俗師失其讀，宣帝時徵齊人能正讀者，張敞從受之，傳至外孫之子杜林，爲作訓故，并列焉〔註16〕。

《漢書·杜鄴傳》也記載云：

> 鄴從張吉學，吉子竦又幼孤，從鄴學，亦著於世，尤長小學。鄴子林，清靜好古，………其正文字過於鄴、竦，故世言小學者由杜公。

由此可知漢末時期的小學之風頗爲興盛，而漢代的辭賦家亦往往俱通小學。班固除了繼揚雄作《續訓纂篇》之外，又曾於章帝建初四年（西元七十九年）參與白虎觀講論五經異同，撰集其事，紀錄成《白虎通義》略定群經文字，且其平時好古文經學與辭賦，因此班固在文字小學方面是曾下過勤勉之功的。故《漢書·敘傳》云：

> 函雅故，通古今，正文字，爲學林。

可知班固撰《漢書》，亦是以正文字、別俗體爲己任。另《後漢書·班彪傳》亦云班彪因覺褚少孫等經學博士所續補之《史記》多「鄙俗」，所以自作《後傳》，由此可見班氏父子於寫作時對文字錘鍊的重視。因此班固編寫《漢書》時往往汰除俗字，運用古文奇字，以追求典雅雍容的文章風格，而好書古體，多存古字，便成爲《漢書》的另一項特色。如〈張耳陳餘傳贊〉曰：

> 何鄉者慕用之誠，後相背之盭也。

顏師古注曰：

> 鄉讀曰嚮。嚮謂曩昔也。盭，古戾字。戾，違也。

又如〈季布欒布傳贊〉：

> 困砢奴僇。

顏師古注曰：

> 僇，古戮字。

又如〈趙尹韓張兩王傳贊〉：

> 然被輕惰之名。

顏師古注曰：

> 惰，古惰字。

類此運用古文奇字的情形不勝枚舉，這種力求古學古風的文字句法，加上好引經文爲評的作風，雖能使文章有典雅雍容之風，卻亦往往造成文辭艱深難懂的古奧之弊。

〔註16〕《漢書·藝文志·六藝略·小學家敘》。

因此《後漢書・列女傳・曹世叔妻》云：

> 固死時，有〈八表〉及〈天文志〉未成，和帝詔其妹昭，就東觀閣
> 續成之。………時《漢書》始出，多未能通者，同郡馬融伏於閣下，從
> 昭受讀。

故知《漢書》的古奧對於東漢時人同樣為艱深而難以通曉之文，更別說後人讀《漢書》的困難了。故觀《漢書・敘傳》中的序目一文，顏師古所注之處便有七十條之多，可知今人讀《漢書》的確需精心考校其文字才能通曉。

三、多用整文偶句，文章謹嚴有法

班固上承典謨訓誥之風，又受辭賦鋪采摛文的影響，所以好為整文偶句，在句式、語氣上用筆整密，表現出謹嚴醇正的風格。《漢書評林》便引王維楨之言曰：

> 古今之文章家擅奇響者六家，………孟堅之文，以整而奇〔註17〕。

《史記評林》引凌約言曰：

> 孟堅之文整，方之武事，其遊奇布列，不爽尺寸，而部勒雍容可觀，
> 殆有儒將之風焉〔註18〕。

曾國藩也言班固「毗於用偶」〔註19〕，顯見《漢書》文風實以謹嚴整齊著稱。如〈西域傳贊〉云：

> 西域諸國，各有君長，兵眾分弱，無所統一，雖屬匈奴，不相親附。
> 匈奴能得其馬畜旃罽，而不能統率與之進退。與漢隔絕，道里又遠，得之
> 不為益，棄之不為損。盛德在我，無取於彼。

此贊前後多四字之偶句，即使中間插入兩句九字句與兩句五字句，不論在文意與句式上亦皆能對稱整偶。又如〈匈奴傳贊〉曰：

> 自漢興以至於今，曠世歷年，多於春秋，其與匈奴，有修文而和親之
> 矣，有用武而克伐之矣，有卑下而承事之矣，有威服而臣畜之矣，詘伸異
> 變，強弱相反，是故其詳可得而言也。

此贊前後多為四字句，中間加入四句句式相同的八字句，皆為「有……而……之矣」，句式、筆法一致，卻仍能表現出漢代與匈奴之間多變詭譎的政治情勢，實屬不易。再如〈魏相丙吉傳贊〉更是對稱均整的四字句：

〔註17〕凌稚隆，《漢書評林》（明萬曆九年，吳興凌氏刊本，國家圖書館藏），卷三一。
〔註18〕凌稚隆，《史記評林》（天津：古籍出版，1998年3月），冊三，頁683。
〔註19〕參曾國藩，《曾文正公全集》（台北：世界書局，民國62年8月），卷一〈送周荇農南歸序〉。

> 古之制名，必象繇類，遠取諸物，近取諸身。故經謂君爲元首，臣爲
> 股肱，明其一體，相待而成也。

由於班固慣用對仗工整之偶句，筆法謹嚴，因此《漢書》論贊於評論人事時，內容不僅能明確而有條理，文章更能嚴整清晰而絲毫不苟，此皆展現出班固在文字方面的遣鍊之功。

四、聲韻鏗鏘，音節和雅流暢

音韻之抑揚頓挫爲詩文的重要條件，既可助於誦讀，又可增加文學情境的感染力，漢代辭賦已開始重視文章的聲韻之美，講求音韻的明朗流暢與自然有致，所以《漢書》除了諸表與〈地理志〉、〈藝文志〉等篇無音韻之色外，即使是〈食貨志〉、〈郊祀志〉亦同樣重視聲韻的流暢，更何況是各篇論贊，大多是聲韻鏗鏘，雅暢和諧的可成誦之文。如〈蒯伍江息夫傳贊〉云：

> 書放四罪，詩歌青蠅，春秋以來，禍敗多矣。

〈佞幸傳贊〉云：

> 哀、平之際，國多釁矣。主疾無嗣，弄臣爲輔，鼎足不彊，棟幹微撓。

〈張湯傳贊〉云

> 湯雖酷烈，及身蒙咎，其推賢揚善，固宜有後。安世履道，滿而不溢。
> 賀之陰德，亦有助云。

這些段落不僅用字均整，句式一致，讀誦起來聲韻更是鏗鏘有力，抑揚頓挫，故劉師培稱讚班固云：

> 《漢書》之〈食貨志〉、〈郊祀志〉亦並音節通流，毫不塞礙。其紀傳
> 後贊與〈兩都賦〉後之明堂詩、靈台詩，尤爲雅暢和諧，爲孟堅文中音節
> 之最佳者〔註20〕。

班固以辭賦家力求音節之美的筆法寫史，使得《漢書》論贊別具有聲韻和諧的特色，這對後世駢文好求聲律音節之協調，實有深遠的影響。

五、善於刪蕪去冗，詞句精鍊而得當

《史記》之文質樸簡要，但凡經《漢書》襲用之篇章，多經過班固的刪削精省，正如班彪批評司馬遷時，仍認爲《史記》文重思煩而刊落不盡〔註21〕，所以凡《史

〔註20〕劉師培，《漢魏六朝專家文研究》（台北：中華書局，民國 62 年 3 月），〈論文章之音節〉，頁 21。
〔註21〕《後漢書·班彪傳》。

記》中可刪去之虛字、複詞、冗字，班固在引入《漢書》時幾乎皆加以裁去，故《漢書》全書峻潔精鍊，無蕪蔓繁重之冗詞，在史學著作的敘述章法上可謂恰到好處。如〈竇田灌韓傳贊〉曰：

> 竇嬰、田蚡皆以外戚重，灌夫用一時決策，而各名顯，並位卿相，大業定矣。然嬰不知時變，夫亡術而不遜，蚡負貴而驕溢。凶德參會，待時而發，藉福區區其間，惡能救斯敗哉！

本篇贊文乃襲用《史記・魏其武安侯列傳贊》而來，兩篇贊語比較起來，在內容方面班固與司馬遷的意見大致相同，但司馬遷的贊文原語含譏諷且筆帶情感，不惜用感嘆句反覆雜沓的詠嘆，《魏其武安侯列傳贊》曰：

> 魏其、武安皆以外戚重，灌夫用一時決筴而名顯。魏其之舉以吳楚，武安之貴在日月之際。然魏其誠不知時變，灌夫無術而不遜，兩人相翼，乃成禍亂。武安負貴而好權，杯酒責望，陷彼兩賢。嗚乎哀哉！遷怒及人，命亦不延。眾庶不載，竟被惡言。嗚呼哀哉！禍所從來矣！

以此贊與班贊相較，班固雖僅在文字方面作了一些修改，卻使得全篇論斷顯得明確而嚴整，義旨明達且簡潔精鍊，一改《史記》反復疊現，充滿譏諷、歎息的情感筆觸，相似的贊語，在班固的刪改之後，兩人所呈現出來的文風卻截然不同，故《漢書評林》引程頤之語云：

> 子長著作，微情妙旨，寄之文字蹊徑之外。孟堅之文，情旨盡露文字蹊徑之中〔註22〕。

史文重簡潔嚴謹，而忌繁重浮冗，班固善於剪裁銜接與熔鑄經文，使得《史記》「太史公曰」中凡是情感深重，文句雜沓之處，一經班固刪削襲用之後，則表現出言簡意賅，文省而事備的簡潔風格。

六、辭采華贍弘麗，溫雅蘊藉

漢代賦體以侈麗閎衍為勝，班固與同時代的文學家同為講究文辭藻飾，多以華贍靡麗的文風為主，《漢書》雖為歷史著作，卻仍然具有弘麗的辭采之風。范曄便認為「固文贍而事詳」〔註23〕，劉勰也謂班固的論贊：

> 其十志該富，讚序弘麗，儒雅彬彬，信有遺味〔註24〕。

劉知幾《史通・論贊》亦稱班固之文「辭惟溫雅，理多愜當」。觀班固一生，為人寬

〔註22〕同註17，卷二十。
〔註23〕《後漢書・班固傳贊》。
〔註24〕同註12。

和容眾〔註25〕，出生顯達，境遇順適，又值明、章平治之期，頗受朝廷恩寵優渥，加上他博學多聞和尊經崇儒的思想，著作多熔鑄經文，故文章往往具有溫雅蘊藉的風格，劉師培便謂其文章曰：

純係儒家風格，其氣厚而濃密，淵茂而含蘊，字裡行間頗有餘味〔註26〕。

此與司馬遷遭遇極刑而憤世抑鬱的人生經歷與文章風格自是不同。如《佞幸列傳贊》曰：

柔曼之傾意，非獨女德，蓋亦有男色焉。觀籍、閎、鄧、韓之徒非一，而董賢之寵尤盛，父子並為公卿，可謂貴重人臣無二矣。然進不繇道，位過其任，莫能有終，所謂愛之適足以害之者也。漢世衰於元、成，壞於哀、平。哀、平之際，國多釁矣。主疾無嗣，弄臣為輔，鼎足不彊，棟幹微撓。一朝帝崩，姦臣擅命，董賢縊死，丁、傅流放，辜及母后，奪位幽廢，咎在親便嬖，所任非仁賢。故仲尼著「損者三友」，王者不私人以官，殆為此也。

班固敘述詳密精鍊，辭采華麗而多雕琢藻飾，顯然與《史記》質樸的風格大為不同。又如《武帝紀贊》曰：

孝武初立，卓然罷黜百家，表彰六經。遂疇咨海內，舉其俊茂，與之立功。興太學，修郊祀，改正朔，定曆數，協音律，作詩樂，建封襢，禮百神，紹周後，號令文章，煥焉可述。後嗣得遵洪業，而有三代之風。如武帝之雄才大略，不改文景之恭儉以濟斯民，雖《詩》《書》所稱何有加焉！

全贊語氣溫和，含蓄蘊藉，且能褒貶互見，絕無感情用事的筆觸於其中，一方面他對武帝的文治武功大加讚賞，一方面除了肯定武帝的雄才大略之外，卻亦委婉的以微辭批評武帝在功績以外的缺點，正因為武帝的好戰與不恤民力，故不能有文、景時代的恭儉之風。所以何焯《義門讀書記》卷十五評曰：

但美其德而不及武功，末始不改恭儉一語見意，可謂微而章矣，自蔚宗以下未能然也〔註27〕。

又如〈霍光傳贊〉也是一則高雅莊重，議論醇和，且能兼具褒貶的重要論贊，他一方面認為霍光廢掉荒淫無道的昌邑王是「匡國家，安社稷」的行為，因此讚許他「臨大節而不可奪」的精神與道德，即使是「周公、阿衡何以加此」。但另一方面對其「不

〔註25〕《後漢書・班固傳》。
〔註26〕同註20，〈論各家文章與經子之關係〉，頁33～36。
〔註27〕何焯，《義門讀書記》（上海古籍出版，1992年3月），頁209。

學亡術，闇於大理，陰妻邪謀」，以致於遭宗族誅滅的原因和結果，也作了相當深刻的分析，然其言語典雅醇正，不激不阿，溫和蘊藉，頗具儒家道德人格的彬彬氣質。所以范曄《後漢書·班固傳》論云：

> 固之敘事，不激詭，不抑抗，瞻而不穢，詳而有體。

此實為剴切之論。

　　整體而言，《漢書》論贊廣博豐富，條貫而有系統，辭采弘麗而典雅古奧，與其正文是相得益彰，雖然為史學著作，但在文學上卻富有賦頌的特殊風格，所以《漢書評林》引盧舜治言曰：

> 使百代而下，史官不能易其法，學者不能捨其書〔註28〕。

故知班固《漢書》的文章風格不僅在史學上影響深遠，對六朝文風亦影響甚深。

第三節　論《漢書》贊曰的思想

　　自武帝從董仲舒之議，立五經博士、罷黜百家、獨尊儒術，創立以天人感應與陰陽五行結合的「春秋學」以後，漢代的儒家思想便在中國學術史上，位居正統的地位。到了西漢末劉向、劉歆作《洪範五行傳》，亦以天人感應與符瑞災異之說為中心，將儒學帶入神學的理論之中，因此所謂德屬、災異、讖緯之學的觀念，便漸漸在東漢時代被大部份的學者所接受，最後甚至成為東漢人固定又程式化的思想模式。因此，對於生於東漢中期又與皇室關係密切的班固來說，漢代儒學的正統思想亦是其史學思想的基礎。以下便以《漢書》論贊為中心，將班固的史學思想析分為三點說明：

一、以「五德終始」為次序的正統觀

　　在司馬遷的時代並沒有某朝是某一「德屬」的固定觀念，《史記》十二本紀的編寫乃是根據歷史發展的實際形勢而立。而班固《漢書》以西漢一朝的興衰為終始，改通史為斷代史，這種改變一方面可省略與《史記》重覆的先秦時代，而另一個更重要的目的，則是為了突出漢代在整個歷史上的地位，以漢為中心，為漢代寫一部專門史，因此他曾用這樣的立法去批評司馬遷將漢「編於百王之末，廁秦、項之列」的作法〔註29〕。

〔註28〕同註17，卷一。
〔註29〕《漢書·敘傳》。

　　所謂的「五德終始」說是戰國末期鄒衍（約西元前三〇五至二四〇年）在歷史觀中對「五行」說的應用，「五行」是指水、火、木、金、土等五種物質元素，而「五德」就是這五元素的德，鄒衍認為每一個德都有其盛衰變化和相互間的循環，而每一個朝代都可以歸屬於五行中特定的一德，而且會受到此德的支配或支持，朝代的興替就是按照這五行的前後順序，不斷的循環反復，所以當某一德盛時，就會支持一個朝代，當其衰時，又會使這個朝代滅亡。因此在這五德循環的次第中，歷史的變化是受「五德終始」所支配的，是變動不居的。

　　但是鄒衍的思想在先秦時期並非顯學，到了西漢武帝時，董仲舒為了政治的需要，開始以五行說建立起君權神授的理論依據，以及天人感應的神學思想，而五行變化的關係，便成為漢代解釋興衰、災異的主要因素。其後劉向、劉歆父子在《洪範五行傳》中更是大力的提倡，利用這樣的觀念為「擁漢安劉」作服務。因此對於經歷王莽篡漢的東漢初年來說，皇室為了鞏固政權，更是以這種「德屬」的觀念作為統治權的依據，讓大多數的人接受這種觀念的影響，認為君權必須依照五德循環的次序來發展，更須受到天意神授。

　　因此班固承襲「五德終始」說的思想，依據五行推論，將劉邦的世系從唐、虞、夏、商、周到秦漢之際，依序排列起來，並提出劉邦「以應當天之正統，受克讓之歸運」而得天下的理論〔註30〕，所以〈高帝紀贊〉曰：

　　　　漢承堯運，德祚已盛，斷蛇著符，旗幟上赤，協于火德，自然之應，
　　得天統矣。

班固在這裡說漢是堯的後代，又與周代同屬火德，因此漢朝的建立是君權神授，是天命的決定。他在〈郊祀志贊〉中又說：

　　　　劉向父子以為帝出於〈震〉，故包義氏始受木德，其後以母傳子，終
　　而復始，自神農、黃帝下歷唐虞三代而漢得火焉。故高祖始起，神母夜號，
　　著赤帝之符，旗章遂赤，自得天統矣。

班固在《漢書》論贊裡不斷強調「五德終始」的觀念，其實不過是為了證明劉邦受天命統治天下的合理性，用正統與天意來神化漢朝和劉邦的形象，塑造一個絕對尊崇的君權政治，這種正統思想在東漢時代被奉為思想上的準則。

　　至於在《史記》中被列於〈本紀〉的項羽，則排不上「德屬」，因為他非正統之屬，因此必須改列於〈傳〉。此外，《漢書》雖用編年紀事的方法為王莽立傳，體例與〈紀〉相同，但事實上卻又不肯承認王莽為帝，因為王莽是盜位，亦不歸於德屬，

〔註30〕《文選・典引》（台北：華正書局，民國75年7月），卷四八，頁683。

無德卻居高位，實非受天之命，故不能得到正位而終遭滅亡，班固便以其政權只是「遭漢中微」的過渡期來解釋〔註31〕，並認爲秦與王莽的滅亡是殊途同歸，皆是：

> 炕龍絕氣，非命之運，紫色鼃聲，餘分潤位，聖王之驅除云爾〔註32〕！

班固依正統思想的觀念來觀察歷史，認爲政權必須順應「五德終始」的自然次序而發展，若非帝之苗裔，就無法歸於五德的次序，亦無法受天命爲正統。

東漢爲了鞏固皇權，以正統思想爲工具，即使如班固這樣重要的學者，一樣擺脫不了正統思想的箝制，而無法用歷史發展的進程，正確的解釋歷史現象，反而用如此無稽又不科學的方法，強硬的將所謂的「德屬」附和在朝代的更替上，實在是史學思想的退步，但在當時，班固與其同時代的人，卻多不以爲然。

二、以天人感應、陰陽災異爲主的天命論

董仲舒集合了先秦儒家的「天命論」和鄒衍的「陰陽五行」說，建立了一套「天人感應」的理論，其主要的意旨是認爲：天和人是可以相類相通的，天能干預人事，人的行爲也能夠感應上天，因此人可以從陰陽災異的變化中，探求天的意志，知道人的行爲活動是否正確。在《漢書》中班固亦盛言陰陽災異，常用陰陽災異的學說來解釋政治與歷史的規律，如自〈惠帝紀〉起，對災異之事無不加以補錄，〈五行志〉中複雜的內容，皆是此種思想最直接的表現，而〈天文志〉的序言更明白指出天人感應的理論，文云：

> 其伏見早晚，邪正存亡，虛實闊狹，及五星所行，合散犯守，陵歷鬥食，彗孛飛流，日月薄食，暈適背穴，抱珥虹蜺，迅雷風袄，怪雲變氣：此皆陰陽之精，其本在地，而上發于天者也。政失於此，則變見於彼，猶景之象形，鄉之應聲。是以明君睹之而寤，飭身正事，思其咎謝，則禍除而福至，自然之符也。

班固認爲天象、災異的任何變化都與人事、政治有關，所以明君應該見天象而知反省，才能順應自然，除禍造福。因此他不僅在〈天文志〉中詳細記載秦楚以來天變現象對人事的應驗事蹟，更以此來證明自然界的陰陽災異與政治福禍之間的密切關係。

此外，班固還常引述董仲舒、夏侯始昌、眭孟、夏侯勝、京房、劉向、劉歆、谷永等學者，用陰陽災異勸說君主、論述時政的言論，他同時借此肯定他們在這方

〔註31〕《漢書・王莽傳贊》。
〔註32〕同註31。

面的學術主張。如〈楚元王傳〉便載錄劉向的疏諫，直言陰陽災異與天人感應之說，
並在〈楚元王傳贊〉中說：

> 劉氏《洪範論》發明《大傳》，著天人之應；《七略》剖判藝文，總百
> 家之緒；《三統曆譜》考步日月五星之度。有意其推本之也。嗚虖！向言
> 山陵之戒，于今察之，哀哉！指明梓柱以推興廢，昭矣！

班固不僅稱讚劉向的五行災異論，更認為災異論是事物的根本和社會法則。另外他
還在〈董仲舒傳〉中載錄董仲舒的《天人三策》，在〈谷永傳〉中記錄谷永與成帝的
災異問對，《漢書》中的這些記敘，處處都表現了班固對陰陽災異與天人感應思想的
認同。

當人的行為必須以自然的變化為標準時，人便處於以天命決定個人命運的被動
狀態，因此許多人力無法改變、難以推理或不可解釋者，便往往只好歸之於天，用
天命來說明一切禍福成敗的結果。班固在《漢書》論贊中評論人物的時候，便常常
用這種天人感應的天命論或因果論，來解釋傳中人物的福禍成敗，如〈宣元六王傳
贊〉云：

> 孝元之後，遍有天下，然而世絕於孫，豈非天哉！

〈王莽傳贊〉亦云：

> 推是言之，亦天時，非人力之致矣。

又如〈韓安國傳贊〉云：

> 以韓安國之見器，臨其摯而顛墜，陵夷以憂死，遇合有命，悲夫！若
> 王恢為兵首而受其咎，豈命也虖？

這些都是將人力不可及的部份，用歸之於天命來解釋。從《漢書》中的這些論述可
知，班固在面對人事的禍福成敗時，對於以人力推動歷史的改變與人是歷史發展的
主體這一點，仍然處於較為模糊的觀念。

不過很特別的是，班固在〈眭兩夏侯京翼李傳贊〉中卻又有一段懷疑陰陽災異
的批評，他說：

> 幽贊神明，通合天人之道者，莫著乎《易》、《春秋》。然子贛猶云「夫
> 子之文章可得而聞，夫子之言性與天道不可得而聞」已矣。漢興推陰陽言
> 災異者，孝武時有董仲舒、夏侯始昌，昭、宣則眭孟、夏侯勝，元、成則
> 京房、翼奉、劉向、谷永，哀、平則李尋、田終術。此其納說時君著明者
> 也。察其所言，仿佛一端。假經設誼，依託象類，或不免乎「億則屢中」。

班固在這裡認為，自漢興以來推陰陽災異之說非常盛行，但其中假經設誼，依託象
類的憶測成分卻也很多，所以陰陽災異之說不一定是可以完全相信的。對於班固在

這篇論贊中的理智判斷，又顯然他並非完全的迷信。不過由於時代思潮的主流是陰陽災異說，因此不可否認的，班固的思考模式與政治立場是受到其所處時代一定程度上的限制，但基於史學家對歷史記實的態度，他在某些地方又很誠實的把他所見到的問題提出，將當時陰陽災異「億則屢中」的事實，用懷疑的語氣加以批評，這是班固在其時代與現實環境的限制中，所表現出來的客觀記實與理智判斷。

三、尊經崇儒的學術思想

　　東漢是一個絕對推崇儒家的時代，章帝建初四年（西元七十九年），朝廷會集諸儒在白虎觀講論五經異同，班固不僅參加了百虎觀會議，並且奉命編寫《白虎通德論》集結會議中重要的儒家思想，由此可知班固的思想和立場應與朝廷一致，才有可能在當時的眾多諸儒之中脫穎而出。班固在編寫《漢書》的二十五年中，很可能受到許多政治上的壓力〔註33〕，也因此《漢書》中充滿了宣漢和尊經崇儒的思想。

　　我們在《漢書》裡的許多篇章，可以看到班固以儒家經典為準則的論點。他自己在《漢書‧敘傳》中說明撰寫漢史的宗旨時即言：

> 固以唐、虞、三代，《詩》、《書》所及，世有典籍，故雖堯舜之盛，必有典謨之篇，然後揚名於後世，冠德於百王。………綜其行事，旁貫《五經》，上下洽通。

顏師古也說：

> 固所撰諸表序及志，經典之義在於是也〔註34〕。

班固不僅依儒家經典的觀點撰寫史書，也用儒家的標準去評價人事，例如在論贊中常引用五經之言來評論人物，〈馮奉世傳贊〉云：

> 《詩》稱「抑抑威儀，惟德之隅」。………〈小弁〉之詩作，〈離騷〉之辭興。經曰：「心之憂矣，涕既隕之」。馮參姊弟，亦云悲矣〔註35〕！

〈伍被傳贊〉云：

> 《書》放四罪〔註36〕，《詩》歌〈青蠅〉，春秋以來，禍敗多矣。

〈武五子傳贊〉云：

> 故曰：「兵猶火也，弗戢必自焚」〔註37〕。

〔註33〕如班固〈典引〉中所敘之雲門事件，參《文選‧典引》，同註30。
〔註34〕《漢書‧敘傳》序言顏師古注。
〔註35〕「抑抑威儀」一句見《詩經‧大雅‧抑》第一章；「心之憂矣」一句見《詩經‧小雅‧小弁》。
〔註36〕指《尚書‧虞書》：「流共工，放驩兜，竄三苗，殛鯀」之事。
〔註37〕為《左傳》隱公四年文。

因此以聖人的是非爲是非，便是班固論贊的史評標準，班固也因此對司馬遷有「是非頗繆於聖人」的批評。此外，在〈古今人表〉的序言中除了引述孔子之言以外，在表中則將古今人物分爲九品，用儒家上智與下愚的標準和思想去品評人物。

而在《漢書‧儒林傳》中，則是詳載了整個西漢儒術的發展，並將儒家列於最優，置於各家諸子之上，以爲諸子皆爲「六經之支與流裔」。

並爲董仲舒立專傳，視董仲舒爲漢代經學的泰斗，〈董仲舒傳贊〉引劉歆語云：

> 仲舒遭漢承秦滅學之後，六經離析，下帷發憤，潛心大業，令後學者
> 有所統壹，爲群儒首。

並對多位以通儒學而居相位的公孫弘、蔡義、韋賢、韋誠、匡衡、翟方進等人加以讚賞。〈匡張孔馬傳贊〉云：

> 自孝武興學，公孫弘以儒相，其後蔡義、韋賢、玄成、匡衡、張禹、
> 翟方進、孔光、平當、馬宮及當子晏咸以儒宗居宰相位，服儒衣冠，傳先
> 王語，其蘊藉可也。

不過班固雖對這些好學明經、衣冠整齊，以儒宗而居相位的人有正面的稱讚，但卻也不諱言的指出這些人的缺點：

> 然皆持祿保位，被阿諛之譏。彼以古人之跡見繩，烏能勝其任乎〔註38〕！

班固自己雖出身於儒學世家，以尊經崇儒的思想爲基礎，卻亦能對這些爲了保持祿位、多無建樹，阿順君主、畏懼權貴的宰相提出批評，可見班固評論人事仍具有其卓越而不偏頗的史德與史識。

綜合上述《漢書》論贊的史學思想可知，由於東漢皇室所強調的正統觀、陰陽災異說與尊經崇儒的思想，在當時具有非常強勢的主導作用，不僅壓制了其他思想的發展，更成爲當時社會的普遍觀念，班固在時代思潮的影響與政治壓力下，其史學思想亦是以主流思潮爲基礎，不僅很難突破限制，甚至爲了保存性命亦不得已。但可貴的是，班固在忠君愛國，忠於儒家經典，與宣漢尊漢的同時，仍然能秉持史學的良心與記實的態度，在維護皇室的尊嚴與利益之外，亦作了一些技術性的處理，微言批評陰陽災異與漢代儒者的虛僞面，這是班固《漢書》值得稱許的地方。

〔註38〕《漢書‧匡張孔馬傳贊》。

第八章 《史》《漢》論贊重疊篇章的比較

　　《漢書》在敘寫武帝以前的時代，有許多與《史記》相互重疊的部份，不僅在內容方面有襲用《史記》的情況，有時連「贊曰」亦直接錄自「太史公曰」，故後人有「盡竊遷書」的批評〔註1〕。但事實上，司馬遷與班固不僅在政治與史學思想上有基本立場上的不同，更由於時代與個人的因素，在文學方面，亦有文體和文字風格上的差異，因此《漢書》在襲用《史記》的同時，常常對《史記》的文字加以修改，以符合班固自己對文學的要求與史學的觀念。

　　在百卷《漢書》之中，附有「贊曰」的篇章共八十二篇〔註2〕，且每一篇都置於篇末，這是《漢書》「贊曰」與《史記》「太史公曰」所置位置最明顯的不同。在此八十二篇「贊曰」中，計襲用「太史公曰」的篇章共有二十三篇，另外有四篇置於篇首的序論，雖不題稱「贊曰」，但其內容亦明顯引用自「太史公曰」。本章即針對《漢書》此二十七篇與《史記》「太史公曰」的文字互相比較析論，並依《漢書》襲用的程度與內容略分為三類，以見班固「贊曰」襲用與改易《史記》「太史公曰」的原因與狀況。

第一節　《漢書》贊曰襲用大部份太史公曰者

　　《漢書》「贊曰」襲用《史記》「太史公曰」的篇幅佔一半以上者，共計有十二篇，即〈高后紀贊〉、〈陳勝項籍傳贊〉、〈張耳陳餘傳贊〉、〈荊燕吳傳贊〉、〈季布欒布田叔傳贊〉、〈張周趙任申屠傳贊〉、〈淮南衡山濟北王傳贊〉、〈萬石衛直周張傳贊〉、〈文三王傳贊〉、〈衛青霍去病傳贊〉、〈司馬相如傳贊〉、〈張騫李廣利傳贊〉，以下依

〔註1〕鄭樵，《通志・總序》（台北：新興書局，民國54年），頁5。
〔註2〕詳目參第五章第三節。

次說明二者之異同：

一、《漢書・高后紀贊》

全取《史記・呂太后本紀贊》文，僅略改其中的文字用語，改「黎民」為「海內」，改「垂拱」為「拱己」，改「稱制」為「制政」，改「房戶」為「房闥」。刪「皇帝」、「休息乎」、「罪人是希」等字。文字雖略有刪改，但並不影響全文文意，故知班固與司馬遷對呂后的論斷並無不同，亦即肯定其安定天下，休養生息，使百姓脫離戰國之苦的政績。但班固對呂后的微言譏刺則可於〈惠帝紀贊〉中得知，贊曰：「可謂寬仁之主，遭呂太后虧損至德，悲夫」！在篇章與內容的設置安排方面，班固則作了較多的改變，班固將篇名〈呂太后本紀〉改為〈高后紀〉，此題稱較《史記》合於體統。另外班固於〈高后紀〉前設〈惠帝紀〉，並將《史記・呂太后本紀》中敘及呂后陰狠侵權之內容分別移易至〈惠帝紀〉、〈外戚傳〉、〈齊悼惠王傳〉、〈趙共王傳〉、〈王陵傳〉、〈周勃傳〉等篇中，故《漢書・高后紀》之內容多為重作，此應是在〈紀〉中為呂后諱，以保持帝統與尊漢的用心，但在其它篇中則詳述其惡德陰行，此為《漢書》篇章之間的互見法。

案原文〔註3〕：

《史記・呂太后本紀贊》：

孝惠皇帝、高后之時，**黎民**得離戰國之苦，君臣俱欲**休息乎**無為，故惠帝**垂拱**，高后女主**稱制**，政不出**房戶**，天下晏然。刑罰罕用，**罪人是希**。民務稼穡，衣食滋殖。

《漢書・高后紀贊》：

孝惠、高后之時，**海內**得離戰國之苦，君臣俱欲無為，故惠帝**拱己**，高后女主**制政**，不出**房闥**，而天下晏然，刑罰罕用，民務稼穡，衣食滋殖。

二、《漢書・陳勝項籍傳贊》

班固依其史學思想，認為陳涉與項羽非承天命之正統，雖兩人在秦楚之際亦具重要的歷史作用，但仍應置於「傳」，故將兩人合作一傳，篇名亦依兩人時代前後並置，且直稱其名為〈陳勝項籍傳〉。關於陳涉贊的部份，內容全取《史記・陳涉世家》「褚先生曰」〔註4〕之後的賈誼〈過秦論〉，與《史記》並無差異。項羽的部份則取

〔註3〕以下錄《史》《漢》原文以茲比較，兩書相異之處以不同字體標示。
〔註4〕一作「太史公曰」。

〈項羽本紀贊〉，僅略改其中的用詞與文句，例如刪「又聞」、「自立」，改「吾聞之周生曰」為「周生亦有言」，另改「而封王侯，政由羽出，號為霸王」為「而威海內，封立王侯，政繇羽出，號為伯王」，「由」、「繇」二字意同，「霸」、「伯」二字為同音假借，故文意皆同。又改「謂霸王之業」為「始霸王之國」，改「而不自責，過矣」為「不自責過失」，此處由於幾個字的改易，贊語文氣因此而變得直遂，語意亦成為直斥項羽之失，與《史記》的跌宕文風有所不同。

案原文：

《史記‧項羽本紀贊》：

吾聞之周生曰「舜目蓋重瞳子」，又聞項羽亦重瞳子。羽豈其苗裔邪？何興之暴也！夫秦失其政，陳涉首難，豪傑蜂起，相與並爭，不可勝數。然羽非有尺寸乘執，起隴畝之中，三年，遂將五諸侯滅秦，分裂天下，**而封王侯，政由羽出**，號為「霸王」，位雖不終，近古以來未嘗有也。及羽背關懷楚，放逐義帝**而自立**，怨王侯叛己，難矣。自矜功伐，奮其私智而不師古，**謂霸王之業**，欲以力征經營天下，五年卒亡其國，身死東城，尚不覺寤而**不自責，過矣**。乃引「天亡我，非用兵之罪**也**」，豈不謬哉！

《漢書‧陳勝項籍傳贊》：

周生亦有言，「舜目蓋重瞳子」，項羽又重瞳子，豈其苗裔邪？何其興之暴也！夫秦失其政，陳涉首難，豪傑蜂起，相與並爭，不可勝數。然羽非有尺寸，乘勢拔起隴畝之中，三年，遂將五諸侯兵滅秦，分裂天下**而威海內，封立王侯，政繇羽出**，號為「伯王」，位雖不終，近古以來未嘗有也。及羽背關懷楚，放逐義帝，而怨王侯叛己，難矣。自矜功伐，奮其私智而不師古，**始霸王之國**，欲以力征經營天下，五年卒亡其國，身死東城，尚不覺寤，**不自責過失**，乃引「天亡我，非用兵之罪」，豈不謬哉！

三、《漢書‧張耳陳餘傳贊》

全文取自《史記‧張耳陳餘列傳贊》，僅修改幾字，改「後相倍之戾」為「後相背之盭」，「倍」與「背」為假借字，「戾」為今字，「盭」為古字〔註5〕。省複詞「莫非」為單詞「皆」，將疑問句「豈非以勢利交哉」改為肯定句，另外刪「傳」字，以及「者」、「以」等虛字。最後將「名譽雖高，賓客……」一段全刪，改為「古人羞之，蓋謂是矣」。班固贊在文句的修辭方面顯然較為簡潔直遂，且對張耳、陳餘最

〔註5〕顏師古注曰：「盭古戾字，戾違也」。

後因爭權背信而皆亡的結果，以肯定句直接貶抑的筆法論之，在文意的表達方面與《史記》的跌宕風格明顯不同。

案原文：

《史記‧張耳陳餘列傳贊》：

張耳、陳餘，世傳所稱賢者；其賓客廝役，莫非天下俊桀，所居國無不取卿相者。然張耳、陳餘始居約時，相然信以死，豈顧問哉！及據國爭權，卒相滅亡，何鄉者相慕用之誠，後相倍之戾也！豈非以勢利交哉？**名譽雖高，賓客雖盛，所由殆與太伯、延陵季子異矣。**

《漢書‧張耳陳餘傳贊》：

張耳、陳餘，世所稱賢，其賓客廝役皆天下俊桀，所居國無不取卿相者。然耳、餘始居約時，相然信死，豈顧問哉！及據國爭權，卒相滅亡，何鄉者慕用之誠，後相背之蠡也！勢利之交，**古人羞之**，蓋謂是矣。

四、《漢書‧荊燕吳傳贊》

合《史記》〈荊燕世家〉和〈吳王濞列傳〉之「太史公曰」為一贊，刪「劉賈」、「然」、「劉澤」、以及「爭技發難，卒亡其本，親越謀宗，竟以夷隕」、「毋親夷狄，以疏其屬，蓋謂吳邪」二小段，並刪除論袁盎的部份。文字方面則改「塡」為「鎮」，此二字為雙聲通假，改「劉澤之王」為「劉澤發於田生」，另外將《史記‧荊燕世家贊》最後一句「豈不爲偉乎」改爲「豈不危哉」，司馬遷用「豈不爲偉乎」一句，表面盛讚劉澤實則暗譏他事發相重卻還能三世稱王，是個權術機變之人。而《漢書》改「偉」爲「危」，意則有不同，「危」與「詭」同聲通用〔註6〕，顏師古注曰：「言澤得王，本由田生行說，若其事發覺，則相隨入罪，事相累誤」，意指劉澤之行實乃詭變危險之事。此乃馬班兩人因一字之別，卻有不同筆法、不同文意之例。

案原文：

《史記‧荊燕世家贊》：

荊王王也，由漢初定，天下未集，故劉賈雖屬疏，然以策爲王，塡江淮之間。**劉澤之王，權激呂氏，然劉澤卒南面稱孤者三世。事發相重，豈不爲偉乎！**

《史記‧吳王濞列傳贊》：

〔註6〕參王先謙，《漢書補注‧荊燕吳傳》（台北：新文豐，民國64年3月），引王念孫曰：「危讀詭，詭者奇異之稱，猶言豈不偉哉」，王釋與顏師古略有不同，頁934。

吳王之王，由父省也。能薄賦斂，使其眾，以擅山海利。逆亂之萌，自其子興。爭技發難，卒亡其本，親越謀宗，竟以夷隕。晁錯為國遠慮，禍反近身。袁盎權說，初寵後辱。故古者諸侯地不過百里，山海不以封。「**毋親夷狄，以疏其屬**」，蓋謂吳邪？「**毋為權首，反受其咎**」，豈盎、錯邪？

《漢書‧荊燕吳傳贊》：

荊王王也，由漢初定，天下未集，故雖屬疏，以策為王，鎮江淮之間。劉澤發於田生，權激呂氏，然卒南面稱孤者三世。事發相重，豈不為危哉！吳王擅山海之利，能薄賦斂以使其眾，逆亂之萌，自其子興。古者諸侯不過百里，山海不以封，**蓋防此矣**。朝錯為國遠慮，禍反近身。「**毋為權首，將受其咎**」，豈謂錯哉？

五、《漢書‧季布欒布田叔傳贊》

　　取自《史記‧季布欒布列傳贊》，略刪改其中字句，如刪「必」、「故」、「而」、「往」、「不自重其死」。另改《史記》「然至被刑戮，為人奴而不死，何其下也」為「及至困戹奴僇，苟活而不變，何也」，《史記》為肯定的感歎句，意在讚嘆季布之忍辱不死，班固改為疑問句，則意略有不同。另外班固改「其計劃無復之耳」為「其畫無俚之至耳」，兩句意同，但《漢書》「其畫無俚」顯然較不易了解〔註7〕。又改「趣湯如歸者」為「田叔隨張敖，赴死如歸」，《漢書》本篇加入〈田叔傳〉，故以此句贊田叔之義。

案原文：

《史記‧季布欒布列傳贊》：

以項羽之氣，而季布以勇顯於楚，身履軍搴旗者數矣，可謂壯士。**然至被刑戮，為人奴而不死，何其下也**！彼必自負其材，故受辱而不羞，欲有所用其未足也，故終為漢名將。賢者誠重其死。夫婢妾賤人感慨而自殺者，非能勇也，其計畫無復之耳。欒布哭彭越，**趣湯如歸者**，彼誠知所處，不自重其死。雖往古烈士，何以加哉！

《漢書‧季布欒布田叔傳贊》：

以項羽之氣，而季布以勇顯名楚，身履軍搴旗者數矣，可謂壯士。**及至困戹奴僇，苟活而不變，何也**？彼自負其材，受辱不羞，欲有所用其未足也，故終為漢名將。賢者誠重其死。夫婢妾賤人，感慨而自殺者，非能勇也，

〔註7〕顏師古注：「俚，聊也、賴也。此為其計畫無所聊賴，至於自殺耳」。

其畫無俚之至耳。欒布哭彭越，田叔隨張敖，赴死如歸，彼誠知所處，雖
古烈士，何以加哉！

六、《漢書‧張周趙任申屠傳贊》

本篇全取自《史記‧張丞相列傳贊》，僅改「文學」爲「文好」，改「明用」爲
「而專遵用」，省虛字「矣」。另外，班固刪《史記》「而絀賈生、公孫臣等言正朔服
色事而不遵」一句，班固似刻意省去張蒼反對賈誼與公孫弘言論的事實，這應該是
爲了保持漢儒完美形象的作法。

案原文：

《史記‧張丞相列傳贊》：

張蒼文學律曆，爲漢名相，**而絀賈生、公孫臣等言正朔服色事而不遵**，明
用秦之《顓頊曆》，何哉？周昌，本彊人也，任敖以舊德用。申屠嘉可謂
剛毅守節**矣**，然無術學，怠與蕭、曹、陳平異矣。

《漢書‧張周趙任申屠傳贊》：

張蒼文好律曆，爲漢名相，**而專遵用**秦之《顓頊曆》，何哉？周昌，本強
人也。任敖以舊德用。申屠嘉可謂剛毅守節，然無術學，怠與蕭、曹、陳
平異矣。

七、《漢書‧淮南衡山濟北王傳贊》

全取自《史記‧淮南衡山列傳贊》，僅改數字，如改複詞「之所謂」爲單字「云」，
改「爲」爲「在」，改「專挾」爲「剚懷」一詞，改「僄勇輕悍」爲「剽輕」，皆是
意同而文古奧，另刪「爲天下笑」、「過」、「也」等字，文較省約，意無不同。

案原文：

《史記‧淮南衡山列傳贊》：

《詩》之所謂「戎狄是膺，荊舒是懲」，信哉是言也。淮南、衡山親爲骨
肉，疆土千里，列爲諸侯，不務遵蕃臣職以承輔天子，而**專挾**邪僻之計，
謀爲畔逆，仍父子再亡國，各不終其身，**爲天下笑**。此非獨王**過**也，亦其
俗薄，臣下漸靡使然**也**。夫荊楚**僄勇輕悍**，好作亂，乃自古記之矣。

《漢書‧淮南衡山濟北王傳贊》：

《詩》**云**「戎狄是膺，荊舒是懲」，信哉是言也。淮南、衡山親爲骨肉，
疆土千里，列**在**諸侯，不務遵蕃臣職，以承輔天子，而**剚懷**邪僻之計，謀

為畔逆，仍父子再亡國，各不終其身。此非獨王也，亦其俗薄，臣下漸靡使然。夫荊楚剽輕，好作亂，乃自古記之矣。

八、《漢書・萬石衛直周張傳贊》

論及萬石、張叔等人的前半段「贊曰」，全錄自《史記・萬石張叔列傳贊》，僅省「曰」字，改「邪」為「與」，增「塞侯」而已。後半段則刪「塞侯微巧，而周文處讇」及「為其近於佞也，然斯可謂篤行君子矣」一段，另增「至石建之澣衣，周仁為垢汙」一句。司馬遷此篇實以反語曲筆的筆法，暗諷萬石君等七人皆為巧佞奉承之臣，《漢書》贊文前半段僅取「太史公曰」論萬石、塞侯等人為恭謹勤敏之人的句子，論塞侯、周文近於佞的句子則被刪改，兩書雖僅有幾字之差，班固之意卻因此而與司馬遷相差甚遠，《漢書》贊雖增「至石建之澣衣，周仁為垢汙，君子譏之」一句，但贊文顯然對萬石、建陵侯、塞侯、張叔等四人的論斷變為褒讚之意，對石建、周仁則是以貶抑之，故此贊明顯表現出馬班二人思想之不同。司馬遷對萬石等人處處以恭謹巧妙方式奉承主上的行為，皆視為諂媚巧佞之臣，只不過在「太史公曰」中以明褒暗貶的曲筆反諷，班固則認為他們的行事是為了明哲保身，除了石建為父親澣衣，周仁衣弊不潔，為非大臣之體，故君子譏之之外〔註8〕，他並不以巧佞來論萬石等人的言行。故此篇贊文兩書雖文字略同，文意卻差異頗大。

案原文：

《史記・萬石張叔列傳贊》：

仲尼有言曰「君子欲訥於言而敏於行」，其萬石、建陵、張叔之謂邪？是以其教不肅而成，不嚴而治。**塞侯微巧，而周文處讇**，君子譏之，為其近於佞也。**然斯可謂篤行君子矣！**

《漢書・萬石衛直周張傳贊》：

仲尼有言「君子欲訥於言而敏於行」，其萬石君、建陵侯、塞侯、張叔之謂與？是以其教不肅而成，不嚴而治。**至石建之澣衣，周仁為垢汙**，君子譏之。

九、《漢書・文三王傳贊》

贊文前半段全錄《史記・梁孝王世家贊》，僅刪「之」、「擬於天子」幾字，另增一「其」字，句子變成「廣其宮室車服」，故《漢書》文較簡約，意較保守，亦有為

〔註8〕參王先謙，《漢書補注・萬石衛直周張傳》。

漢室保留體面的用心。最後增述「怙親亡厭，牛禍告罰，卒用憂死」幾字，除了有抒發感嘆之意以外，亦是爲教誡人臣不可僭越本份的警語。

案原文：

《史記・梁孝王世家贊》：

梁孝王雖以親愛之故，王膏腴之地，然會漢家隆盛，百姓殷富，故能植其財貨，廣宮室，車服擬於天子。然亦僭矣。

《漢書・文三王傳贊》：

梁孝王雖以親愛故王膏腴之地，然會漢家隆盛，百姓殷富，故能殖其貨財，廣其宮室車服。然亦僭矣。怙親亡厭，牛禍告罰，卒用憂死，悲夫！

十、《漢書・衛青霍去病傳贊》

《史記・衛將軍驃騎列傳贊》的內容爲司馬遷記蘇建之語，《漢書》贊亦全取，但改變記述的方式爲「嘗說」，以別於「蘇建語余曰」，另略改「毋」爲「無」，改「附」爲「待」，改「驃」爲「票」，皆同意通假字，文意相同。

案原文：

《史記・衛將軍驃騎列傳贊》：

蘇建語余曰：「吾嘗責大將軍至尊重，而天下之賢大夫毋稱焉，願將軍觀古名將所招選賢者，勉之哉。大將軍謝曰：『自魏其、武安之厚賓客，天子常切齒。彼親附士大夫，招賢絀不肖者，人主之柄也。人臣奉法遵職而已，何與招士！』」驃騎亦放此意，其爲將如此。

《漢書・衛青霍去病傳贊》：

蘇建嘗說責「大將軍至尊重，而天下之賢大夫無稱焉，願將軍觀古名將所招選賢者，勉之哉」！青謝曰：「自魏其、武安之厚賓客，天子常切齒。彼親待士大夫，招賢黜不肖者，人主之柄也。人臣奉法遵職而已，何與招士！」票騎亦方此意，爲將如此。

十一、《漢書・司馬相如傳贊》

《漢書》贊直接稱引司馬遷所論述之文，與《史記・司馬相如列傳贊》完全相同，僅改省「所以言雖外殊」一句爲「所言雖殊」。但贊文後半爲揚雄論司馬相如之言，則應非《史記》原文，而是後人誤將《漢書》語竄入《史記》所致〔註9〕。

〔註9〕揚雄生於西漢末年（西元前五十三年～西元十八年），晚司馬遷多年，故司馬遷不可

案原文：

《史記・司馬相如列傳贊》：

> 《春秋》推見至隱，《易》本隱之以顯，《大雅》言王公大人而德逮黎庶，《小雅》譏小己之得失，其流及上。所以言雖外殊，其德合一也。相如雖多虛辭濫說，然其要歸引之節儉，此與《詩》之風諫何異。揚雄以爲靡麗之賦，勸百風一，猶騁鄭衛之聲，曲終而奏雅，不已虧乎？**余采其語可論者著于篇。**

《漢書・司馬相如傳贊》：

> **司馬遷稱**「《春秋》推見至隱，《易》本隱以之顯，《大雅》言王公大人，而德逮黎庶，《小雅》譏小己之得失，其流及上。所言雖殊，其德合一也。相如雖多虛辭濫說，然要其歸引之於節儉，此亦《詩》之風諫何異」？揚雄以爲靡麗之賦，勸百而風一，猶騁鄭衛之聲，曲終而奏雅，不已戲乎！

十二、《漢書・張騫李廣利傳贊》

在《史記・大宛列傳贊》中，司馬遷曾懷疑《禹本紀》和《山海經》內容的眞實性，班固在論贊中亦取司馬遷之語，但事實上《漢書》此傳不僅標題爲〈張騫李廣利傳〉，傳文內容亦以兩人出使的事蹟爲主，贊文卻錄《史記・大宛列傳贊》中司馬遷個人對地理方面的見解，而不對張、李二人直接評論，頗爲可惜。不過王先謙以爲，班固於此引〈大宛列傳贊〉乃有其寓諷之意，王氏曰：「不敢斥言武帝志窮荒遠之失，舉昆侖之非實以寓諷也」〔註10〕。文句僅刪「其上有醴泉、瑤池」、「本紀」、「怪物，余不敢言之也」數字，另增「放哉」一句，表示《禹本紀》與《山海經》爲放蕩迂闊而不可信之言。

案原文：

《史記・大宛列傳贊》：

> 《禹本紀》言「河出崑崙。崑崙其高二千五百餘里，日月所相避隱爲光明也。**其上有醴泉、瑤池**」。今自張騫使大夏之後也，窮河源，惡睹本紀所謂崑崙者乎？故言九州山川，《尚書》近之矣。至《禹本紀》、《山海經》所有怪物，余不敢言之也。

《漢書・張騫李廣利傳贊》：

能引述揚雄的評論。參王鳴盛，《十七史商榷》（台北：樂天書局，民國66年4月），卷六，〈司馬相如傳贊後人所亂〉。

〔註10〕同註6，頁1218。

《禹本紀》言河出昆侖。昆侖高二千五百餘里，日月所相避隱爲光明也。

自張騫使大夏之後，窮河源，惡睹所謂昆侖者乎？故言九州山川，《尚書》

近之矣。至《禹本紀》、《山經》所有，放哉！

以上所分析的十二篇《史》《漢》論贊的重疊篇章，班固有許多篇是依「太史公曰」原意作文句或辭藻上的修改，雖然有時僅改動或省略幾個字，然其所呈現出來的文風卻有截然不同的面貌。例如班固所省略改易的，有很大比例是連接詞、虛詞或複詞，省略虛詞與連接詞，或改疑問句爲肯定句，如此可使文章的辭氣凝聚。改複詞爲單詞，則使文章內容較爲簡要，文句亦因此而嚴整直遂，此與《史記》情感豐富的跌宕變化風格明顯不同。此外，由於東漢時期重視文字辭藻，且多習用古字難字，班固爲漢賦辭家，爲求文章的簡潔華美，亦在修飾文字的同時，將文句變得艱深古奧，使《漢書》的閱讀較《史記》難懂許多，故在東漢時已有請班昭爲臣子解釋《漢書》意義的記錄〔註11〕。

至於因文句修改而意義不同，且對人物有不同評價的，如〈荊燕吳傳贊〉、〈萬石衛直周張傳贊〉等，代表班固對這些人物自有其論斷，與司馬遷的看法有所不同。因此班固雖有多篇「贊曰」承襲「太史公曰」而來，然從修改的情形來看，班固乃是有意義的改易，並非一味的抄襲。當他贊成司馬遷的論斷時，對贊文的修改便以文氣、文句爲主，以符合自己與東漢時代的文學風格。當他有部份自己的看法時，則在改動與增益的字句中表達己意，至於全部刪除不用的，則表示班固並不同意司馬遷的論斷。

另外，對於司馬遷在「太史公曰」中引述自己親見親聞所得之論贊時，班固多能小心的將其中的用語加以改易，明白的指出這些人與事並非自己的所見所聞。例如《史記》〈項羽本紀贊〉中的「吾聞之」、〈留侯世家贊〉中的「余以爲」、〈衛將軍驃騎列傳贊〉中的「語余曰」、〈大宛列傳贊〉中的「余不敢言之」等等，班固皆於引用時將其刪去。由此可知，班固雖襲用司馬遷贊語，但在引用時只是把它們視爲史料運用於《漢書》之中，並沒有說是自己的所見所聞，後世學者批評班固對這些贊語的抄襲不當〔註12〕，實是未對《漢書》襲用的文字用語作仔細的比對與了解，這是對班固的誤會。因此，班固對《史記》「太史公曰」的襲用程度，即使是大部份皆襲用者，仍是依其文學觀、史學觀作有意爲之的改易，絕對不是「盡竊遷書」。

〔註11〕《後漢書・列女傳・曹世叔妻傳》。
〔註12〕如韓兆琦，《史記博議》（台北：文津出版，民國84年11月），〈史記與漢書〉文曰：「這些都是司馬遷個人的感想，而班固也將其移入《漢書》中，難道班固剛好也有與司馬遷相同的思想過程？」，頁286。

第二節 《漢書》贊曰僅襲用一部份太史公曰者

　　《漢書》「贊曰」僅引用一部份或幾句《史記》「太史公曰」者，計有十一篇，即〈高五王傳贊〉、〈蕭何曹參傳贊〉、〈張陳王周傳贊〉、〈樊酈滕灌傅靳周傳贊〉、〈酈陸朱劉叔孫傳贊〉、〈爰盎晁錯傳贊〉、〈張馮汲鄭傳贊〉、〈竇田灌韓傳贊〉、〈李廣蘇建傳贊〉、〈酷吏傳贊〉、〈西南夷兩粵朝鮮傳贊〉，以下分別析論之。

一、《漢書・高五王傳贊》

　　本贊取自《史記・齊悼惠王世家贊》，但班固對《史記》文句略作修改，如改「諸侯大國無過齊悼惠王」為「悼惠之王齊，最為大國」，改「激秦之無尺土封」為「激秦孤立亡藩輔」，改「萬民之心」為「天下」，文意並無太大差異，只是《漢書》文言簡約，《史記》則是較容易理解。最後班固刪「及後分裂，固其理也」一句，增述一段文字，說明吳楚誅滅以後，諸侯權勢與生活轉變的情況。

案原文：

《史記・齊悼惠王世家贊》：

　　諸侯大國無過齊悼惠王。以海內初定，子弟少，激秦之無尺土封，故大封同姓，以填萬民之心。及後分裂，固其理也。

《漢書・高五王傳贊》：

　　悼惠之王齊，最為大國。以海內初定，子弟少，激秦孤立亡藩輔，故大封同姓，以填天下。時諸侯得自除御史大夫群卿以下眾官，如漢朝，漢獨為置丞相。自吳楚誅後，稍奪諸侯權，左官附益阿黨之法設。其諸侯唯得衣食租稅，貧者或乘牛車。

二、《漢書・蕭何曹參傳贊》

　　《漢書》贊語大部份取自《史記・蕭相國世家贊》，改「蕭相國何於秦時為刀筆吏」為「何、曹參皆起秦刀筆吏」，改「皆以誅滅」為「已滅」，刪「而何之勳爛焉」一句，增「參與韓信俱征伐，天下既定」、「唯何、參擅功名」二句。贊文同時評論蕭何及曹參，且將二人功績並舉不分，不分別論斷，對於《史記・曹相國世家贊》的內容則完全不取，可知班固對蕭、曹二人的評價並無太大的分別，正所謂「蕭規曹隨」，這與《史記》「太史公曰」對蕭、曹二人各作不同的贊語顯然不同。且班固刪去《史記》將蕭何比之閎夭、散宜生一句，改為「為一代之宗臣，慶流苗裔，盛矣哉」，可說完全以褒讚之筆法論蕭、曹二人，此與司馬遷反語曲筆的譏刺相比較，

顯然班固對蕭、曹二人有較高的評價。

案原文：

《史記‧蕭相國世家贊》：

蕭相國何於秦時爲刀筆吏，錄錄未有奇節。及漢興，依日月之末光，何謹守管籥，因民之疾〔秦〕法，順流與之更始。淮陰、黥布等皆以誅滅，而何之勳爛焉。位冠群臣，聲施後世，與閎夭、散宜生等爭烈矣。

《漢書‧蕭何曹參傳贊蕭》：

何、曹參皆起秦刀筆吏，當時錄錄未有奇節。漢興，依日月之末光，何以信謹守管籥，參與韓信俱征伐。天下既定，因民之疾秦法，順流與之更始，二人同心，遂安海內。淮陰、黥布等已滅，唯何、參擅功名，位冠群臣，聲施後世，爲一代之宗臣，慶流苗裔，盛矣哉！

三、《漢書‧張陳王周傳贊》

本篇論贊分別汲取自《史記》〈留侯世家贊〉、〈陳丞相世家贊〉與〈絳侯周勃世家贊〉，各篇皆有所襲用，其中引〈留侯世家贊〉的部份較多，引〈陳丞相世家贊〉與〈絳侯周勃世家贊〉僅數句，論周亞夫一段則全部刪除。文句用語方面則多有改易，如「矣」、「而」、「焉」等虛字多刪去，但文意並無太大差異。《漢書》贊文除了增論王陵之外，又補述呂后與高祖之間的對話，用以見陳平、王陵、周勃三人性格、功業之異。《漢書》贊文較爲簡約，對傳中四人的評價以褒讚之筆法爲主，這與司馬遷對張良、陳平的褒貶互見，以及對周勃的讚歎有加，略有評價上的高低差異。

案原文：

《史記‧留侯世家贊》：

學者多言無鬼神，然言有物。至如留侯所見老父予書，亦可怪矣。高祖離困者數矣，而留侯常有功力焉，豈可謂非天乎？上曰：「夫運籌筴帷帳之中，決勝千里外，吾不如子房」。余以爲其人計魁梧奇偉，至見其圖，狀貌如婦人好女。蓋孔子曰：「以貌取人，失之子羽」。留侯亦云。

《史記‧陳丞相世家贊》：

陳丞相平少時，本好黃帝、老子之術。方其割肉俎上之時，其意固已遠矣。傾側擾攘楚魏之間，卒歸高帝。常出奇計，救紛糾之難，振國家之患。及呂后時，事多故矣，然平竟自脫，定宗廟，以榮名終，稱賢相，豈不善始善終哉！非知謀孰能當此者乎？

《史記‧絳侯周勃世家贊》：

　　絳侯周勃始爲布衣時，鄙樸人也，才能不過凡庸。及從高祖定天下，在將
　　相位，諸呂欲作亂，勃匡國家難，復之乎正，雖伊尹、周公，何以加哉！
　　亞夫之用兵，持威重，執堅刃，穰苴何有加焉！足己而不學，守節不遜，
　　終以窮困。悲夫！

《漢書‧張陳王周傳贊》：

　　聞張良之智勇，以爲其貌魁梧奇偉，反若婦人女子。故孔子稱：「以貌取
　　人，失之子羽」。學者多疑於鬼神，如良受書老父，亦異矣。高祖數離困
　　阨，良常有力，豈可謂非天乎？陳平之志，見於社下，傾側擾攘楚魏之間，
　　卒歸於漢，而爲謀臣。及呂后時，事多故矣，平竟自免，以智終。王陵廷
　　爭，杜門自絕，亦各其志也。周勃爲布衣時，鄙樸庸人，至登輔佐，匡國
　　家難，誅諸呂，立孝文，爲漢伊周，何其盛也！始呂后問宰相，高祖曰：
　　「陳平智有餘，王陵少戇，可以佐之；安劉氏者必勃也」。又問其次，云：
　　「過此以後，非乃所及」，終皆如言，聖矣夫！

四、《漢書‧樊酈滕灌傅靳周傳贊》

　　　　本贊僅引《史記‧樊酈滕灌列傳贊》中「方其鼓刀屠狗賣繒之時，豈自知附驥
之尾，垂名漢廷，德流子孫哉」的一小段，略改爲「方其鼓刀僕御販繒之時，豈自
知附驥之尾，（勃）功帝籍，慶流子孫哉」，其它則重寫。司馬遷「太史公曰」以記
述自己親訪豐沛遺老所得寫成，故班固僅引述部份評論，且《漢書》傳文將傅寬、
靳歙、周緤亦併入本篇論述，故《史記》贊文的內容並不完全適用於《漢書》。

案原文：

《史記‧樊酈滕灌列傳贊》：

　　吾適豐沛，問其遺老，觀故蕭、曹、樊噲、滕公之家，及其素，異哉所聞！
　　方其鼓刀屠賣繒之時，豈自知附驥之尾，垂名漢廷，德流子孫哉？余與他
　　廣通，爲言高祖功臣之興時若此云。

《漢書‧樊酈滕灌傅靳周傳贊》：

　　仲尼稱「犂牛之子騂且角，雖欲勿用，山川其舍諸？」言士不繫於世類也。
　　語曰「雖有茲基，不如逢時」，信矣！樊噲、夏侯嬰、灌嬰之徒，方其鼓
　　刀僕御販繒之時，豈自知附驥之尾，（勃）功帝籍，慶流子孫哉？當孝文
　　時，天下以酈寄爲賣友。夫賣友者，謂見利而忘義也。若寄父爲功臣而又

執劫，雖摧呂祿，以安社稷，誼存君親，可也。

五、《漢書・酈陸朱劉叔孫傳贊》

　　本篇贊文僅引用《史記・劉敬叔孫通列傳贊》的語意，文字幾乎皆作修改，例如《史記》云「臺榭之榱，非一木之枝也；三代之際，非一士之智也」，《漢書》則曰「廊廟之材非一木之枝，帝王之功非一士之略」，又如《史記》云「劉敬脫輓輅一說，建萬世之安」，《漢書》則曰「劉敬脫輓輅而建金城之安」，雖兩句文字略異，其意義實同。一方面因《漢書》為酈生、朱建、陸賈、劉敬與叔孫通等多人的合傳，《史記》則僅傳劉敬與叔孫通兩人，故《漢書》贊語有許多增易的部份。另一方面司馬遷對叔孫通建設邦國之功雖亦有肯定之語，但對於其洞察時變的處世之道卻多有所嘲諷，相對的，班固的論斷便含蓄保守許多，僅以「遇其時也」來評價叔孫通，這也反應了馬、班兩人對立身處世之道不同的想法。

案原文：

《史記・劉敬叔孫通列傳贊》：

> 《史記・劉敬叔孫通列傳贊》：語曰：「千金之裘，非一狐之腋也；臺榭之榱，非一木之枝也；三代之際，非一士之智也」。信哉！夫高祖起微細，定海內，謀計用兵，可謂盡之矣。然而劉敬脫輓輅一說，建萬世之安，智豈可專邪！叔孫通希世度務，制禮進退，與時變化，卒為漢家儒宗。「大直若詘，道固委蛇」，蓋謂是乎？

《漢書・酈陸朱劉叔孫傳贊》：

> 高祖以征伐定天下，而縉紳之徒騁其知辯，並成大業。語曰「廊廟之材非一木之枝，帝王之功非一士之略」，信哉！劉敬脫輓輅而建金城之安，叔孫通舍枹鼓而立一王之儀，遇其時也。酈生自匿監門，待主然後出，猶不免鼎鑊。朱建始名廉直，既距辟陽，不終其節，亦以喪身。陸賈位止大夫，致仕諸呂，不受憂責，從容平、勃之間，附會將相以彊社稷，身名俱榮，其最優乎！

六、《漢書・爰盎晁錯傳贊》

　　本篇論袁盎的部份以取《史記・袁盎列傳贊》為主，僅將《史記》「及吳楚一說，說雖行哉，然復不遂，好聲矜賢，竟以名敗」，刪改為「及吳壹說，果於用辯，身亦不遂」，班固對袁盎雖亦有所批評，但語氣與用詞較司馬遷平緩許多。至於論晁錯的

部份，司馬遷對於法家嚴酷者，向來懷著憤懣厭惡之感，因此在《史記·晁錯傳》中，司馬遷不僅對晁錯軍政方面的功績與政論性的文章完全不提，在「太史公曰」中更對晁錯有嚴厲的批評，引俗語「變古亂常，不死則亡」一句，認爲晁錯是死有餘辜。相反的，班固在《漢書》中不僅補充了《史記》傳文的遺缺，更對晁錯的冤死與遭遇抱著同情的惋惜之嘆，除了引《史記·吳王濞列傳贊》中「晁錯爲國遠慮，禍反近身」一句，略改爲「晁錯銳於爲國遠慮，而不見身害」外，其餘則多重寫，班固對晁錯的評價顯見是較爲客觀而公允的，尤其是「銳於爲國遠慮」與末句「錯雖不終，世哀其忠」，可說對晁錯在政治改革方面的歷史作用，給予相當正面的肯定，因此他最後特別交代「故論其施行之語著于篇」，以明其編寫及論斷與司馬遷不同的立場。這是班固與司馬遷兩人在《史》《漢》論贊中，見解差異頗大的一篇作品。

案原文：

《史記·袁盎晁錯列傳贊》：

> 袁盎雖不好學，亦善傅會，仁心爲質，引義慷慨。遭孝文初立，資適逢世。時以變易，及吳楚一說，說雖行哉，然復不遂。好生矜賢，竟以名敗。晁錯爲家令時，數言事不用；後擅權，多所變更。諸侯發難，不急匡救，欲報私讎，反以亡軀。語曰「變古亂常，不死則亡」，豈錯等謂邪！

《漢書·爰盎晁錯傳贊》：

> 袁盎雖不好學，亦善傅會，仁心爲質，引義慷慨。遭孝文初立，資適逢世。時已變易，及吳壹說，果於用辯，身亦不遂。晁錯銳於爲國遠慮，而不見身害。其父睹之，經於溝瀆，亡益救敗，不如趙母指括，以全其宗。悲夫！錯雖不終，世哀其忠。故論其施行之語著于篇。

七、《漢書·張馮汲鄭傳贊》

　　班固在傳文末，論贊之前，先引《史記·汲鄭列傳贊》的後半段文字，即翟公所署「一死一生，乃知交情。一貧一富，乃之交態。一貴一賤，交情乃見」一段作爲《漢書·張馮汲鄭傳》的結語〔註13〕。贊文的前半則改《史記·張釋之馮唐列傳贊》「張季之言長者，守法不阿意；馮公之論將率」爲「張釋之之守法，馮唐之論將」，文句簡約許多，後半段論及汲黯與鄭當時的部份則重寫，並增述馮唐欲理魏尚，而以言激文帝一事。

〔註13〕《漢書》傳文僅改「闐」爲「塡」、改「爵」爲「爵」、改「翟公復爲」爲「後復爲」，文皆同意。

案原文：

《史記・汲鄭列傳贊》：

夫以汲、鄭之賢，有勢則賓客十倍，無勢則否，況眾人乎！下邽翟公有言，始翟公為廷尉，賓客闐門；及廢，門外可設雀羅。翟公復為廷尉，賓客欲往，翟公乃大署其門曰：『一死一生，乃知交情。一貧一富，乃之交態。一貴一賤，交情乃見』。

《史記・張釋之馮唐列傳贊》：

張季之言長者，守法不阿意；馮公之論將率，有味哉！有味哉！語曰「不知其人，視其友」。二君之所稱誦，可著廊廟。《書》曰「不偏不黨，王道蕩蕩；不黨不偏，王道便便」。張季、馮公近之矣。

《漢書・張馮汲鄭傳贊》：

張釋之之守法，馮唐之論將，汲黯之正直，鄭當時之推士，不如是，亦何以成名哉！揚子以為孝文親詘帝尊以信亞夫之軍，曷為不能用頗、牧？彼將有激云爾。

八、《漢書・竇田灌韓傳贊》

　　本贊引《史記・魏其武安侯列傳贊》第一句「魏其、武安皆以外戚重，灌夫用一時決筴而名顯」，改為「竇嬰、田蚡皆以外戚重，灌夫用一時決策」，另略改「然魏其誠不知時變，灌夫無術而不遜，兩人相翼，而成禍亂。武安負貴而好權……」為「然嬰不知時變，夫亡術而不遜，蚡負貴而驕溢」，文句簡潔省約許多。後文則全部重寫，班固對竇嬰、田蚡、灌夫等人頗多批評，雖僅引用《史記》一部份的文句，但對於倚重外戚勢力而得貴的驕縱權臣，與司馬遷同皆以貶抑之筆論之。

案原文：

《史記・魏其武安侯列傳贊》：

魏其、武安皆以外戚重，灌夫用一時決筴而名顯。魏其之舉以吳楚，武安之貴在日月之際。然魏其誠不知時變，灌夫無術而不遜，兩人相翼，而成禍亂。武安負貴而好權，杯酒責望，陷彼兩賢。嗚呼哀哉！遷怒及人，命亦不延。眾庶不載，竟被惡言。嗚呼哀哉！禍所從來矣！

《漢書・竇田灌韓傳贊》：

竇嬰、田蚡皆以外戚重，灌夫用一時決策，而各名顯，並位卿相，大業定矣。然嬰不知時變，夫亡術而不遜，蚡負貴而驕溢。凶德參會，待時而發，

藉福區區其間，惡能救斯敗哉！以韓安國之見器，臨其摯而顛墜，陵夷以憂死，遇合有命，悲夫！若王恢爲兵首而受其咎，豈命也虖？

九、《漢書・李廣蘇建傳贊》

在李廣贊的部份，《漢書》錄《史記・李將軍列傳贊》的後半段文：「李將軍悛悛如鄙人，口不能道辭。及死之日，天下知與不知，皆爲盡哀。彼其忠實心誠信於士大夫也？諺曰：『桃李不言，下自成蹊』。此言雖小，可以諭大也」，所取的部份少有修改，僅在文字上略有修飾，文意並無不同。但班固在贊文最後加上「然三代之將，道家所忌，自廣至陵，遂亡其宗，哀哉」一段，此文實脫胎自《史記・白起王翦列傳》中之文句，司馬遷在論述王翦孫王離時，曾借客語論王離與秦必敗的原因說：「夫爲將三世者必敗，必敗者何也？必其所殺伐多矣，其後受其不詳。今王離已三世將矣」。班固雖亦對李廣、李敢、李陵祖孫三代的不幸遭遇深表哀悼，但卻將司馬遷論及秦政與秦將殺伐之罪的意義，轉用於李氏三代身上，實爲不妥，不過此亦表現出班固反對戰爭以及重視保身遠害、避禍趨吉之道的思想。此贊後半段以論蘇武爲主，蘇建則無論斷。

案原文：

《史記・李將軍列傳贊》：

《傳》曰「其身正，不令而行；其身不正，雖令不從」。其李將軍之謂也？余睹李將軍悛悛如鄙人，口不能道辭。及死之日，天下知與不知，皆爲盡哀。彼其忠實心誠信於士大夫也？諺曰：「桃李不言，下自成蹊」。此言雖小，可以諭大也。

《漢書・李廣蘇建傳贊》：

李將軍恂恂如鄙人，口不能出辭。及死之日，天下知與不知，皆爲流涕。彼其忠心誠信於士大夫也。諺曰：「桃李不言，下自成蹊」。此言雖小，可以喻大。然三代之將，道家所忌，自廣至陵，遂亡其宗，哀哉！孔子稱「志士仁人，有殺身以成仁，無求生以害仁」，「使於四方，不辱君命」，蘇武有之矣。

十、《漢書・酷吏傳贊》

贊文前半段意多取自《史記・酷吏列傳贊》，但文句多作修改，後半段則加上對哀、平時期酷吏的看法，並交代張湯、杜周因兩人子孫貴盛，不便置於〈酷吏傳〉

而另外立傳的編寫原因。王鳴盛對司馬遷與班固兩人不同的編寫方法，在《十七史商榷》卷六中云：

> 張湯、杜周皆三公也，乃入〈酷吏傳〉，子長惡此三人特甚，故其位置如此。………至於張、杜兩人，在子長輕薄之則可，豈料其子孫名臣相繼，富貴烜赫，自不便復入〈酷吏〉，故班氏不得已而升入列傳〔註14〕。

《史記》於〈酷吏傳〉中對張湯等人幾乎是深惡痛絕，但在贊語中卻能夠節取酷吏的長處，一一論述，是一篇褒貶互見的論斷〔註15〕。班固因時代較晚，見及張、杜兩人子孫貴盛，故不得已為兩人另作傳。《漢書》贊文的句子較為簡省，但語意與《史記》並無太大差異。

案原文：

《史記·酷吏列傳贊》：

> 自郅都、杜周十人者，此皆以酷烈為聲。然郅都伉直，引是非，爭天下大體。張湯以知陰陽，人主與俱上下，時數辯當否，國家賴其便。趙禹時據法守正。杜周從諛，以少言為重。自張湯死後，網密，多詆嚴，官事寖以耗廢。九卿碌碌奉其官，救過不贍，何暇論繩墨之外乎！然此十人中，其廉者足以為儀表，其污者足以為戒，方略教導，禁姦止邪，一切亦皆彬彬質有其文武焉。雖慘酷，斯稱其位矣。至若蜀守馮當暴挫，廣漢李貞擅磔人，東郡彌僕鋸項，天水駱璧推咸，河東褚廣妄殺，京兆無忌、馮翊殷周蝮鷙，水衡閻奉朴擊賣請，何足數哉！何足數哉！

《漢書·酷吏傳贊》：

> 自郅都以下皆以酷烈為聲。然都伉直，引是非，爭大體。張湯以知阿邑人主，與俱上下，時辯當否，國家賴其便。趙禹據法守正。杜周從諛，以少言為重。張湯死後，罔密事叢，以寖耗廢。九卿奉職，救過不給，何暇論繩墨之外乎！自是以至哀、平，酷吏眾多，然莫足數，此其知名見紀者也。其廉者足以為儀表，其汙者方略教道，壹切禁姦，亦質有文武焉。雖酷，稱其位矣。湯、周子孫貴盛，故別傳。

十一、《漢書·西南夷兩粵朝鮮傳贊》

引用且略改《史記·西南夷列傳贊》中論楚與西南夷的一小段「及周之衰，地

〔註14〕楊燕起編，《歷代名家評史記》（北京師範大學出版，1986年3月），頁272～273。
〔註15〕參同註14，頁709。李景星，《史記評議》卷四云：「贊語與傳，意義各別，傳言酷吏之短，贊取酷吏之長，褒貶互見，最為公允」。

稱五千里。秦滅諸侯，唯楚苗裔尚有滇王。漢誅西南夷，國多滅矣，唯滇復爲寵王」，改爲「及周之衰，楚地方五千里，而句踐亦以粵伯。秦滅諸侯，唯楚尚有滇王。漢誅西南夷，獨滇復寵」，文句雖略有省異，但文意並無不同。其餘相關之人事則重寫。

案原文：

《史記·西南夷列傳贊》：

> 楚之先豈有天祿哉？在周爲文王師，封楚。及周之衰，地稱五千里。秦滅諸侯，唯楚苗裔尚有滇王。漢誅西南夷，國多滅矣，唯滇復爲寵王。然南夷之端，見枸醬番禺，大夏杖邛竹。西夷後剪，剽分二方，卒爲七郡。

《漢書·西南夷兩粵朝鮮傳贊》：

> 楚、粵之先歷世有土。及周之衰，楚地方五千里，而句踐亦以粵伯。秦滅諸侯，唯楚尚有滇王。漢誅西南夷，獨滇復寵。及東粵滅國遷衆，繇王居股等猶爲萬户侯。三方之開，皆自好事之臣。故西南夷發於唐蒙、司馬相如，兩粵起嚴助、朱買臣，朝鮮由涉何。遭世富盛，（動）能成功，然已勤矣。追觀太宗塡撫尉佗，豈古所謂「招攜以禮，懷遠以德」者哉！

班固由於時代較晚，能知道司馬遷以後的西漢史，故於《漢書》中增加了不少史料，例如見及蘇武歸漢，寫成精彩的〈蘇武傳〉，見及張湯等人子孫貴盛，故另立〈張湯傳〉以記其子張安世、孫張延壽，立〈杜周傳〉以記其子孫杜延年、杜緩、杜欽等，這些相關人物的贊語皆需重新論述。另外《漢書》的編寫方式與排列次第與《史記》亦有不同，各篇所記述的傳主不一定相同，因此《史記》「太史公曰」便不一定適用於《漢書》「贊曰」，例如〈樊酈滕灌傅靳周傳贊〉、〈酈陸朱劉叔孫傳贊〉、〈竇田灌韓傳贊〉等，傳主的人數便較《史記》爲多。加上班固對於歷史的認識或對某些人物的看法與司馬遷並不一致，故「贊曰」對「太史公曰」的引用便多有所保留，而必須加以刪改或另外重寫，如〈爰盎晁錯傳贊〉便是一篇明顯的例子。

第三節　《漢書》序論引用太史公曰者

《漢書》除了於「贊曰」中引用「太史公曰」以外，在序論中亦有引用《史記》「太史公曰」的情況，但班固在篇首並不作任何題稱，皆是直接敘寫，包括〈異姓諸侯王表〉、〈諸侯王表〉、〈王子侯表〉、〈高惠高后文功臣表〉等四篇〈表〉序，皆是引用《史記》篇前的「太史公曰」，以下分別說明之。

一、《漢書·異姓諸侯王表》

取《史記·秦楚之際月表》篇首序論的中段爲本表序的一部份，文句略作改易，至於「太史公曰」前段論秦楚之際陳涉發難以來急速變化的時代則刪除不用，後段論秦代政策與劉邦無尺土之封而得天下之難亦不取用，全部另外加以新寫。《漢書》所襲用的中段以論虞、夏以來積德累功與得天下之不易爲主要內容，可知班固對於論及陳涉、項羽與漢初時代的種種多是有所顧慮的，且《漢書》本表以列漢初〔註16〕異姓諸侯王爲主，以漢帝年號爲紀年，與《史記》記秦楚之際的大事，並以秦與義帝爲紀年，在表列的年代與記史的立場上是有所不同的，故本〈表〉序論僅取「太史公曰」的中段，其它則重新敘寫。司馬遷在序論中以爲：劉邦能於秦楚亂世之際終成帝業乃「豈非天哉」之所成，班固則以爲「鐫金石者難爲功，摧枯朽者易爲力，其勢然也」之所致，此爲兩人略見不同之處。

案原文〔註17〕：

《史記·秦楚之際月表序》：

> 昔虞、夏之興，積善累功數十年，德洽百姓，攝行政事，考之于天，然後在位。湯、武之王，乃由契、后稷修仁行義十餘世，不期而會孟津八百諸侯，猶以爲未可，其後乃放弒。秦起襄公，章於文、繆，獻、孝之後，稍以蠶食六國，百有餘載，至始皇乃能并冠帶之倫。以德若彼，用力如此，蓋一統若斯之難。

《漢書·異姓諸侯王表序》：

> 昔《詩》《書》述虞夏之際，舜禹受禪，積德累功，洽於百姓，攝位行政，考之于天，經數十年，然後在位。殷周之王，乃繇契稷，修仁行義，歷十餘世，至于湯武，然後放殺，秦起襄公，章文、繆，獻、孝、昭、嚴，稍蠶食六國，百有餘載，至始皇，乃并天下。以德若彼，用力如此其難也。

二、《漢書·諸侯王表》

《漢書》諸侯王分同姓、異姓兩類列表，本表乃析《史記·漢興以來諸侯王年表》中同姓諸侯王而來，序論亦取《史記》本表「太史公曰」中的一部份而成，但文句多有改省，又後半段另外取《史記》「齊分爲七，趙分爲六，梁分爲五，淮南分

〔註16〕從高祖即位前四年（西元前206年）至文帝後元七年（西元157年）異姓盡時。
〔註17〕僅錄《漢書》襲用《史記》的段落，以茲比較二者文字的差異，《漢書》刪除不用的段落則不錄。

「三」及「大國不過十餘城」兩句差入文中。班固以爲諸侯王的分封實有助於王室的強衛作用，尤其自己歷睹漢末哀、平兩帝與王莽篡漢之際的歷史，班固認爲此實爲「形勢使然」，這與司馬遷歸之於「形勢雖彊，要之以仁義爲本」的見解，亦略有不同。

案原文：

《史記・漢興以來諸侯王年表贊序》：

漢興，序二等。高祖末年，非劉氏而王者，若無功上所不置而侯者，天下共誅之。高祖子弟同姓爲王者九國，唯獨長沙異姓，而功臣侯者百有餘人。自雁門、太原以東至遼陽，爲燕、代國；常山以南，大行左轉，度河、濟，阿、甄以東薄海，爲齊、趙國；自陳以西，南至九疑，東帶江淮、穀、泗，薄會稽，爲梁、楚、淮南、長沙國，皆外接於胡、越。而內地北距山東盡諸侯地，大者或五六郡，連城數十，置百官宮觀，僭於天子。漢獨有三河、東郡、穎川、南陽，自江陵以西至蜀，北自雲中至隴西，與內史凡十五郡，而公主列侯頗食邑其中。

《漢書・諸侯王表序》：

漢興之初，海內新定，同姓寡少，懲戒亡秦孤立之敗，於是剖裂疆土，立二等之爵。功臣侯者百有餘邑，尊王子弟，大啓九國。自雁門以東，盡遼陽，爲燕、代。常山以南，太行左轉，度河、濟，漸于海，爲齊、趙。穀、泗以往，奄有龜、蒙，爲梁、楚。東帶江、湖，薄會稽，爲荊吳。北界淮瀕，略廬、衡，爲淮南。波漢之陽，互九疑，爲長沙。諸侯（比）境，周（匝）三垂，外接胡越。天子自有三河，東郡、穎川、南陽，自江陵以西至巴蜀，北自雲中至隴西，與京師內史凡十五郡，而公主、列侯頗邑其中。

三、《漢書・王子侯表》

取《史記・建元以來王子侯者年表序》篇首制詔御史一段爲序。兩〈表〉序皆非常簡單，但表列之內容《史記》僅記至太初，《漢書》則記至平帝時期，且改國經年體爲譜牒體，對《史記》多有所增益。

案原文：

《史記・建元以來王子侯者年表序》：

制詔御史：「諸侯王或欲推私恩分子弟邑者，令各條上，朕且臨定其號名」。

太史公曰：「盛哉，天子之德！一人有慶，天下賴之」。

《漢書·王子侯表序》：

> 大哉，聖祖之建業也！後嗣承序，以廣親親。至于孝武，以諸侯王疆土過
> 制，或替差失軌，而子弟爲匹夫，輕重不相準，於是制詔御史：「諸侯王
> 或欲推私恩分子弟邑者，令各條上，朕且臨定其號名」。自是支庶畢侯矣。
> 《詩》云「文王孫子，本支百世」，信矣哉！

四、《漢書·高惠高后文功臣表》

本篇僅取《史記·高祖功臣侯者年表》篇首「太史公曰」中的一小段爲序，且
文字多有所改易。司馬遷在序論末曾明白的說「謹其終始，表其文，頗有所不盡本
末；著其明，疑者闕之。後有君子，欲推而列之，得以覽焉」，因此班固此〈表〉增
益許多內容，序論後半段並以敘事之筆法敘及宣帝、成帝時侯籍的狀況，與一般論
敘兼備的〈表〉序略有不同。

案原文〔註18〕：

《史記·高祖功臣侯者年表序》：

> 漢興，功臣受封者百有餘人。天下初定，故大城名都散亡，戶口可得而數
> 者十二三，是以大侯不過數萬家，小者五六百戶。後世，民咸歸鄉里，戶
> 益息，蕭、曹、絳、灌之屬或至四萬，小侯自倍，富厚如之。子孫驕溢，
> 忘其先，淫嬖。至太初百年之間，見侯五，餘皆坐法隕命亡國，耗矣。罔
> 亦少密焉，然皆身無兢兢於當世之禁云。

《漢書·高惠高后文功臣表序》：

> 訖十二年，侯者百四十有三人。時大城名都民人散亡，戶口可得而數裁什
> 二三，是以大侯不過萬家，小者五六百戶。………故逮文、景四五世間，
> 流民既歸，戶口亦息，列侯大者至三四萬戶，小國自倍，富厚如之。子孫
> 驕逸，忘其先祖之艱難，多陷法禁，隕命亡國，〔或〕〔亡〕子孫。訖於
> 孝武後元之年，靡有孑遺，耗矣。罔亦少密焉。

在百三十卷的《史記》中，共有六十七篇被《漢書》所襲用〔註19〕，但由於《漢
書》體例和編排方法與《史記》不完全相同，以致於原有的《史記》「太史公曰」並
不一定適用於《漢書》「贊曰」。因此在《史記》被襲用的六十七篇當中，僅有三十

〔註18〕僅錄《史》《漢》重覆的段落，班固增益的部份則不錄。
〔註19〕參朴宰雨，《史記漢書比較研究》（北京中國文學出版，一九九四年8月），第二章第
　　　二節與第三節，頁71～161。

一篇「太史公曰」被《漢書》分別引用於二十三篇的「贊曰」與四篇序論當中〔註20〕。除了因編排不同而須要重新鋪寫論贊的因素之外，其實史學思想與政治立場的不同，也是班固不一定全部重錄「太史公曰」的原因之一。例如本章所比較的《漢書》〈荊燕吳傳贊〉、〈爰盎晁錯傳贊〉等，由於班固個人史學觀點和思想與司馬遷不同，故對這些人物的評價多加以重新處理，刪改了「太史公曰」裡的大部份的文字。當然因時代不同而對歷史發展結果所形成的不同看法，也是班固襲用《史記》資料多寡的因素之一，如〈酷吏傳贊〉、〈西南夷兩粵朝鮮傳贊〉便是明顯的例子。

〔註20〕此三十一篇「太史公曰」皆是被班固引用且置於《漢書》「贊曰」之中者，不包括被班固移置於《漢書》本文中的「太史公曰」，以及在「贊曰」中引用《史記》本文者。被班固移置於《漢書》本文中的「太史公曰」有《史記‧汲鄭列傳贊》（見第八章第二節所論），在「贊曰」中引用《史記》本文者爲《漢書‧文帝紀贊》，而《史記‧文帝本紀贊》則完全不用。朴宰雨在《史記漢書比較研究》（同註4，頁98）中以爲《史記‧天官書》「太史公曰」亦被《漢書‧天文志序》所襲用，然經文字比對之後並無襲用的情況。

第九章 《史》《漢》論贊史文特質的比較

第一節 《史》《漢》論贊史學思想的比較

　　《史記》的編寫是爲了繼承孔子的《春秋》義法，以發揚《春秋》「貶天子、退諸侯、討大夫」〔註1〕的精神，並在「述往事、思來者」〔註2〕中建立褒貶義法，達到「究天人之際，通古今之變，成一家之言」〔註3〕的歷史意義。而班固撰寫《漢書》的宗旨則是在「綜其行事，旁貫五經」，「故雖堯舜之盛，必有典謨之篇，然後揚名於世，冠德於百王」〔註4〕。班固雖然也提到了「通古今」〔註5〕、「究其終始強弱之變」〔註6〕，但與司馬遷之間仍有許多因個人身世與基本思想不同，而形成寫作意識上的不同。由於《史記》是通史，對於古今之變的記敍，我們可以從《史記》中得到較全面的觀察。而《漢書》是斷代史，而且班固寫《漢書》其意本在「尊漢」與「宣漢」，且在《漢書》所有體例中，亦只有〈志〉的部份，即典章制度方面的記述擴及古今，其他則幾乎全以漢爲主，因此我們在《漢書》中所見到的，多是以漢爲中心所觀察到的歷史。尤其《史》《漢》論贊更是司馬遷與班固表達個人史學思想的重要部份，因此我們試從《史》《漢》論贊來比較馬、班二人史學思想上的異同。以下分別自五個方面作《史》《漢》論贊史學思想的比較：

〔註1〕《史記·太史公自序》。
〔註2〕同註1。
〔註3〕同註1。
〔註4〕《漢書·敍傳》。
〔註5〕同註4。
〔註6〕《漢書·諸侯王表序》。

一、對天的觀念

　　司馬遷寫史「究天人之際」乃其目的之一，天與人之間的關係亦是他思考歷史演變的重要課題。例如在〈秦楚之際月表序〉中云：

　　　　豈非天哉！豈非天哉！非大聖孰能當此受命而帝者乎？

〈六國年表序〉也云：

　　　　論秦之德義不如魯衛之暴戾者，量秦之兵不如三晉之強也，然卒并天
　　　下，非必險固便形勢利也，蓋若天所助焉！

〈留侯世家贊〉云：

　　　　高祖離困者數矣，而留侯常有功力焉，豈可謂非天乎？

此外在〈傅靳蒯成列傳贊〉中，司馬遷對傅寬、靳歙等平庸之人，不僅在楚漢之爭中未嘗困辱，且後來還得以封侯，司馬遷認為是天授，亦是他們的好運。而像李廣、周亞夫等奇才卻遭困厄而死，則都是命運與天定。因此在這些「太史公曰」中，司馬遷一方面接受了中國古代傳統的天命思想，承認天有意志，也用這樣的論點解釋了一些歷史現象，或將某些人的成功歸因於天之助。但在〈項羽本紀贊〉、〈伯夷列傳贊〉以及〈蒙恬列傳贊〉中卻又透露出一個人的成敗，應該是事在人為，而不應該由天來決定。正如他認為所謂的「天亡我，非用兵之罪」是錯誤的想法〔註7〕，「天道無親，常與善人」是欺人之說〔註8〕，而「罪地脈」更是自欺欺人的荒謬之論〔註9〕。故司馬遷認為歷史的演變與個人的成敗因素，往往因人而異，其中若干是天意，但亦有若干是人為，並非一定。

　　司馬遷在「太史公曰」中對天的疑問與對「究天人之際」問題的提出，事實上已經是對當時的儒學權威董仲舒「天人之際」思想的質疑與批判，這是他認真面對歷史與人事，所產生的史學思想。但在班固的《漢書》論贊中，我們便不再見到類似司馬遷這樣勇敢的質疑與思考，班固的思想多是遵循漢代儒學天人感應與以五德終始為基礎的學說理論。因此，當他論述歷史變化時，往往多以強調天命與五行為主。如〈高祖紀贊〉云：

　　　　漢承堯運，德祚以盛，斷蛇著符，旗幟上赤，協於火德，自然之應，
　　　得天統矣。

〔註7〕《史記・項羽本紀贊》。
〔註8〕〈伯夷列傳贊〉：「天道無親，常與善人。若伯夷、叔齊可謂善人者非耶？積仁絜行如此而餓死！………余甚惑焉，儻所謂天道，是耶非耶？」
〔註9〕〈蒙恬列傳贊〉：「而恬為名將，不以此時強諫，振百姓之急，養老存孤，務修眾庶之和，而阿意興功，此其兄弟遇誅，不亦宜乎！何罪地脈哉！」

〈王莽傳贊〉云：

> 俱用滅亡，皆炕龍絕氣，非命之運，紫色䶂聲，餘分閏位，聖王之驅
> 除云爾！

此外如〈五行志〉、〈律曆志〉等，亦皆是將君權神授、五行災異與政治的得失、興
衰聯系起來，用對天的尊崇與天命的觀點，去解釋歷史的演變與成敗。由於馬、班
之間對「天」有不同的概念與思考，因此他們對整個歷史演變過程的解釋也不同。

二、通變的歷史觀與尊漢的正統觀

司馬遷特別注意到歷史的「漸」與「變」，他認為歷史應該是在不斷的進行中
漸漸演化而來的，而整個演變的過程即是所謂的終始，正如〈平準書〉「太史公曰」
所云：

> 是以物盛則衰，時極而轉。一質一文，終始之變也。

這就是他「通古今之變」與「原始察終」的歷史觀。《史記‧太史公自序》也云：

> 網羅天下放失舊聞，王跡所興，見盛觀衰，原始察終。………禮樂損
> 益，律曆改易，兵權山川鬼神，天人之際，承敝通變。

〈太史公自序〉又言：

> 臣弒君，子弒父，非一旦一夕之故也，其漸久矣。

又云：

> 維三代之禮，所損益各殊務，然要以近性情，通王道，故禮因人質為
> 之節文，略協古今之變。

司馬遷認為「漸」與「變」是歷史變革的原因，不論是經濟的或政治的各種變化，
每一件事情的發生，都絕非一朝一夕突變而來的，因此「通古今之變」便成為司馬
遷敘述歷史、解釋歷史的客觀原則，他也在這通變的歷史觀中，提出了許多進步而
深刻的見解。

班固對歷史的觀察與司馬遷不同，他以漢為基礎，亦以尊漢、宣漢的觀點來敘
寫漢史，關於這一點，他一方面受到整個東漢思潮的影響，一方面也因為朝廷所給
予臣子的政治壓力，而使他在對歷史的考察與司馬遷有很大的差異，因此他會對《史
記》將漢編於百王之末，廁於秦、項之列有所批評﹝註10﹞，也就不足為奇了。更由
於兩人對歷史觀察的出發點有所不同，因此《史》《漢》論贊中對人物的評價標準，
亦有基本上的不同，例如在〈高帝紀〉等帝紀中，班固便多以稱頌皇帝的功業為主，

﹝註10﹞同註4。

對於君主的缺失，則多以隱晦之筆帶過，或是於其它篇章略互見之，相對於司馬遷在《史記》中對高祖的狡黠與武帝迷信與好戰的直接描述，確實有相當大的差異。

三、對陳涉、項羽等人的歷史定位

由於馬、班二人對歷史演變有不同的觀點與立場，因此對於秦、陳涉與項羽等人的處理亦不相同。司馬遷將秦與陳涉、項羽等人放在整個歷史的演進中去考量，是故對秦與陳、項等人在歷史變局中的作用有所認識且加以肯定，因此，為了突出這些人在歷史中的角色與作用，便在《史記》中將項羽列於〈本紀〉，將陳涉列於〈世家〉，並立〈秦楚之際月表〉專記這一段變化迅速的歲月，在論贊中亦是褒貶兼具，認識到民心向背決定了歷史演進的方向。〈項羽本紀贊〉云：

> 及羽背關懷楚，放逐義帝而自立，怨王侯叛己，難矣。

〈太史公自序〉又云：「子羽暴虐，漢行功德」。由於司馬遷對人物和史事多是以通變與全面的演進來觀察，故有如此的安排與批評。

班固所考量的則不是這些，他處理時的立場亦不相同。班固是從漢的立場來看秦、陳涉與項羽，也從漢的角度來處理秦、陳、項等人，因為班固完全肯定漢的正統傳承，卻否定秦、陳、項的存在與歷史作用，因此他將陳勝、項籍合編為一傳，並在此篇章中為其所尊崇的漢美化，認為只有「漢紹堯運」才是正統，因為「以應當天之正統，受克讓之歸運」〔註11〕。正如班固在〈王莽傳贊〉中以為秦與王莽皆是「紫色鼃聲」，僅是「餘分閏位」而已。這些都說明班固因為他所秉持的尊漢正統觀，使他在處理那些曾經存在且具有相當歷史作用的史事與人物時，是較不具客觀立場的。王惲比較《史》《漢》〈項羽〉紀傳不同時說：

> 正以二史之體，不得不然爾。在遷，不得不紀；在固，不得不傳。設使固取遷而紀，是天有二日，民有二王也，其書將載之漢代之首乎？次於〈高紀〉之下乎？其為稱號，曰《楚史》乎？曰《漢史》乎？………子長之所以紀，筆削歷代之史也，其意蓋以歷年相承，不可中闕，猶存夫以月繫時之法也。孟堅之所以傳，先漢一代之史也〔註12〕。

這段評論很能夠說明馬、班二人在處理項羽等人之歷史定位時的立場。

〔註11〕《文選‧典引》（台北：華正書局，民國75年7月），卷四八，頁683。
〔註12〕楊燕起編，《歷代名家評史記》（北京師範大學出版，1986年3月），《秋澗先生大全文集》，卷四五，〈遷固紀傳不同說〉，頁261。

四、對儒術的態度

司馬遷特別尊崇孔子，並立孔子於〈世家〉，而考訂、取捨史料之時亦以六藝與孔子之言爲主，且又另立〈仲尼弟子列傳〉與〈儒林列傳〉記載儒者的事蹟。但是司馬遷對漢代的一些儒者，如叔孫通、公孫弘等人卻是多有批評的，他認爲這些人多是「大直若詘，道固委蛇」〔註13〕，已是變質或虛僞的漢代儒生，是不值得肯定的，這與他稱孔子爲「至聖」，對孔子「高山仰止，景行行止。雖不能至，然心嚮往之。余讀孔氏書，想見其爲人」〔註14〕的崇敬之心，顯然是有很大的不同。此外，司馬遷在《史記》中也同時採用了一些黃老的觀點，爲老、莊、申、韓立合傳，這應是受到父親司馬談的影響，因此司馬遷的學術觀點並非專以尊儒或尊道爲主，而是兼取各家之長，以應變化之需。

至於班固基本上則完全是獨尊儒術、罷黜百家的信仰者，只要是不合於孔子、六藝者，他都會加以批評，正如他批評司馬遷「是非頗繆於聖人，論大道則先黃老而後六經」〔註15〕。因此〈儒林傳序〉中云：

> 六藝者，王教之典籍，先聖所以明天道，正人倫，致至治之成法也。

班固除了在〈藝文志〉中不斷的表達對儒家的推崇之外，他在多篇論贊中亦多引孔子、《論語》之語爲論斷，又對董仲舒推崇備至，不僅爲他立專傳，又稱他爲「世之純儒」，這與司馬遷在〈儒林列傳〉中僅爲董仲舒略記幾筆的情況，是有相當大的分別的。這些都是班固獨尊儒術的思想表現。由於學術思想傾向的不同，亦使馬、班二人在評價歷史與人事時有不同的論斷。

由於身世、遭遇與政治環境的不同，司馬遷與班固在史學思想上顯然是有很大的差異的。若論二史皆可謂爲實錄之良史，正如《後漢書‧班固傳》云：「議者咸稱二子有良史之才」。但若論及史識，司馬遷由於思想上所受到的限制較少，在通變歷史觀的考察中，《史記》對史事與人物的處理，無疑是較客觀而全面的。可惜的是，司馬遷的感情常常過於豐沛，往往在敘事中夾雜或移入過多個人的情感，雖然增加了《史記》的文學性，卻使得史書中得浪漫性質多過於它的嚴謹客觀。班固所處的時代則給了他較多的限制，雖然在全面的史識與歷史觀方面不如司馬遷，但他的敘事客觀無私〔註16〕，加上《漢書》的體例完備，班固《漢書》所呈現的則是一部較

〔註13〕《史記‧劉敬叔孫通列傳贊》。
〔註14〕《史記‧孔子世家贊》。
〔註15〕《漢書‧司馬遷傳贊》。
〔註16〕參王明通，《漢書導論》（台北：五南圖書出版，民國82年5月），第二章，頁115～121。

爲嚴謹的史學著作。

第二節　《史》《漢》論贊文章風格的比較

　　由於個人身世、性格與時代、思想不同的因素，《史》《漢》論贊雖然同爲評價歷史人物與史事的總結，且有許多重疊的篇章，然二者所呈現出來的文章特質，卻有其完全不同的風格面貌。

　　首先是在幾個相同且慣用的評論方法上，《史》《漢》二書仍有略微的差異：

　　一、《史》《漢》論贊雖然都常引用經傳典籍之文，以作爲評論人事的依據，或亦借此加強論贊的氣勢與說服力，但司馬遷所引用的資料較爲廣泛，凡舉先秦各家典籍、儒家《詩》、《書》經文等，皆曾被司馬遷所引用，班固則以引用儒家經典爲主，且以孔子之語爲數最多，這樣的差別應與馬、班所處的時代，以及兩人學術思想傾向的不同有關。吳福助先生在評論《史》《漢》論贊時，認爲兩者雖有不同，但皆有其特色，文云：

　　　　《漢書》之論贊稱誦《詩》、《書》，溫潤雅正，較《史記》之曲折錯
　　　　落，意在言外，實亦不遜色也。故《史通論贊篇》云：「孟堅辭惟溫雅，
　　　　理多愜當，其尤美者，有典誥之風，翩翩奕奕，良可詠也」〔註17〕。

　　二、《史》《漢》論贊皆收錄不少歌謠和諺語，被《漢書》全書所收錄者，甚至較《史記》爲更多〔註18〕，但二書所採錄的謠諺性質卻仍有方向上的差異，施人豪先生便云：

　　　　《史記》諷刺類、勸戒類較《漢書》爲多，《漢書》的歌頌類、郊祀
　　　　類多於《史記》〔註19〕。

可見由於馬、班二人史學思想與寫作意識、方向的不同，他們在採錄歌謠、諺語的時候，亦針對自己的需要，在謠諺的內容與語言上作了相當程度的取捨。

　　三、兩人皆擅用贊語對傳文內容作補充，或是借論贊以加強全篇主題的呈現，這種筆法一般亦稱爲互見法，有篇與篇之間的互見，亦有本文與贊語之間的互見，例如《史記・廉頗藺相如列傳》及《漢書・高五王傳》，皆是本文與贊文對照互見的篇章，其贊文不僅補充了傳文的內容，亦有助於全篇主題的呈現。尤其是《漢書》與《史記》重疊的許多篇章，班固較司馬遷更能運用這種方法，他透過對「太史公

〔註17〕吳福助，《史漢關係》（台北文史哲出版，民國76年2月），頁92～93。
〔註18〕參施人豪，《史漢謠諺比較研究》（台北：星星出版，民國78年），頁313～314。
〔註19〕同註18。

曰」文句或內容的修改與省略，集中在《漢書》「贊曰」之中，重新表達自己對人物與史事的不同評價，〈晁錯傳贊〉與〈燕荊吳傳贊〉便是最好的例子。

其次是《史》《漢》論贊因使用文字的習慣與語言運用特性上的不同，所形成的兩種迥然不同的文章風格。在文字使用的習慣上，《史記》不避俗字口語，多用散文句式，因此文辭多淺顯易懂。相對的，《漢書》則受東漢辭賦流行的影響，好修飾辭藻，喜用古字奇字，且多用排偶句式，文章因此顯得較艱澀難懂〔註20〕。在語句的特性上，司馬遷喜用疊句，往往重覆使用相同的字句，以加強對傳中人物某種特殊意見的表達，或是用連續重覆的感嘆句，來增加文章的生動感和韻律感，這種散文寫作的特性，頗能展現司馬遷個人特殊的情感與好惡。例如〈匈奴列傳贊〉：

且欲興聖統，唯在擇任將相哉！唯在擇任將相哉！

〈酷吏列傳贊〉：

京兆無忌、馮翊殷周蝮鷙，水衡閻奉朴擊賣請，何足數哉！何足數哉！

《漢書》在襲用《史記》這類重覆疊沓句式的論贊時，多半是加以省略修改的，對於《史記》中常出現的語氣詞、虛詞亦多作省略，這樣的修改，使句子變得簡潔精鍊許多，同時也改變了整個文章的風格，使得《史記》豐富而沉重的情感，一轉為班固冷靜保守的性格。正如胡應麟在《少室山房筆叢》卷十三比較兩者風格時便云：

子長敘事喜馳騁，故其詞蕪蔓者多，謂繁於孟堅可也。然而勝孟堅者，以其馳騁也。孟堅敘事尚剪裁，故其詞蕪蔓者寡，謂簡於子長者可也，然而遜於子長者，以其剪裁也〔註21〕。

司馬遷疏蕩馳騁的氣質，與班固在文字取捨方面的謹慎，形成了互為長短的不同風格。因此徐復觀先生在比較《史》、《漢》之間的文字時也說：

史公的文體疏朗跌宕，富於變化。文句的組成較為圓滿。篇章的結構，線索分明，照應周密。所以在理解上亦較為容易。在敘述上，則較精確而能盡量地保存歷史的原貌。班氏大概要力存簡要，所以他的文體較為質重簡樸而缺少變化。結構的線索不甚分明，上下文間的關係，有的須讀者加以推想補充，使人感到較《史記》的文字為難懂，說好聽一點，似乎較《史

〔註20〕王鳴盛，《十七史商榷》（台北：樂天書局，民國66年4月），卷二十八「《史記》多俗字，《漢書》多古字」條下，曾舉例數則。又吳福助，〈史漢文學比較〉中，收於《史記解題》（台北：國家出版，民國84年1月，頁175～188），舉「《史記》淺顯，《漢書》艱深」之例時，亦曾指出三點原因：一、《史記》多用俗字，《漢書》好古字。二、《史記》譯釋古書，《漢書》直錄古書。三、《史記》質樸，《漢書》華贍。
〔註21〕楊燕起，《歷代名家評史記》（北京師範大學，1986年3月），頁262。

記》古奧〔註22〕。

范文芳先生亦有一段頗具見地的比較：

　　純就文字的比較，較為持平、客觀的看法，應該是《史》、《漢》各有
特色，風格不同。《漢書》喜用古字，崇尚藻飾，傾向於俳偶，文辭艱深；
《史記》的文辭較為淺俗而生動〔註23〕。

雖然在文字方面，究竟是馬優於班或是班優於馬，歷來即有許多學者加以討論，然
而徐氏與范氏的這些話，可謂是對《史》、《漢》文字一針見血的評論。

　　最後在評論人事的態度方面，則是呈現出兩人人格特質上的不同，在《史記》
「太史公曰」裏，我們從司馬遷的字裡行間，深刻的感受到他濃厚的情感作用，明
顯的表達出他自己對傳中人物的喜惡愛憎，尤其是與他同遭苦難悲劇的歷史人物，
他往往帶著如感同身受的主觀立場，給予傳中人物無限的讚嘆與同情，如〈屈原賈
生列傳贊〉、〈李將軍列傳贊〉等，相反的，若為司馬遷所憎惡之人，則給予嚴苛的
批評，如〈酷吏列傳贊〉、〈晁錯列傳贊〉。

　　相對於司馬遷過多感情而主觀式的贊語，班固則表現的冷靜許多，他大多能根
據史實與史料作判斷，用較客觀而周嚴的態度給予歷史人物褒貶，他除了不在贊語
中加入個人喜惡與情感式的語句外，也較能從政治與歷史的角度去評價一個人的歷
史地位，如〈賈誼傳贊〉、〈爰盎晁錯傳贊〉、〈董仲舒傳贊〉。清浦起龍在《釀蜜集》
卷二論班馬異同時曾云：

　　遷才高識超，不拘拘於繩墨；而固言必矩度，有阡陌可尋，其格力不
同。遷多憤時嫉俗，感慨寄託之辭，而固則但取中正無疵而已，其意致不
同〔註24〕。

可惜，由於時代思潮與政治立場的束縛，班固在歷史識見的洞察力上，仍然有其局
限性，尤其是在標榜尊君、愛國與道德的意識形態下，有些篇章的論贊內容，已經
不僅只是評價或褒貶歷史的作用而已，而是還具備了歌功頌德與宣漢尊漢的功能，
如〈高帝紀贊〉、〈景帝紀贊〉。以作為史學評論的論贊而言，《漢書》能以客觀的史
料為基礎，且不夾雜過多個人的因素而去作平實嚴謹的歷史褒貶，這對後世史書論
贊所作的示範與啟迪，無疑是較《史記》更為正面且正確的，但由於班固尊漢崇儒

〔註22〕徐復觀，《兩漢思想史》卷三（台北：台灣學生書局出版，民國 82 年 9 月），〈史漢
　　　　比較研究之一例〉，頁 543～544。
〔註23〕范文芳，《司馬遷的創作意識與寫作技巧》（台北：文史哲出版，民國 76 年 5 月），
　　　　頁 208。
〔註24〕同註21，頁 270。

的思想與立場,卻又使客觀冷靜的論贊,夾雜了一些屬於較官方立場的觀點,這又是《漢書》論贊的缺點。

雖然《史記》「太史公曰」有許多司馬遷個人的情感成份,但卻也因為這種濃厚的情感意識,加深了《史記》文章的感染力,使《史記》裡的人物活生生的展現在讀者的面前。不過,由於司馬遷非常重視語言的生動性與文學性,亦因此有不惜以文害史的情形出現,這從他在《史記》中所收錄的文章便可證明,例如同是〈賈誼傳〉,司馬遷在《史記》裡收錄賈誼的〈鵬鳥賦〉、〈弔屈原賦〉,而不收錄賈誼其它重要的奏文,其意是在感慨賈誼與屈原同遭離憂之情。而班固則看重賈誼政論性的文章,在《漢書》中收錄他的〈治安策〉、〈處置淮陽各國疏〉、〈諫封淮南屬王諸子疏〉等奏疏,這些策論性的文章,皆是切合時勢與朝政的重要作品,對當時漢文帝的政策方向都產生影響,《史記評林》便引何良俊言曰:

> 誼所上〈政事書〉,先儒稱其通達國體,以為終漢之世,其言皆見施用,其所論貯積與鑄錢諸事,皆大有關於政理,是何可以不傳?班固取入《漢書》傳中最是〔註25〕。

因此,相對於司馬遷對文學作品的愛好與寫歷史人物時愛恨分明式的情感表達,班固則較能客觀的處理史料,也更能認清政論與奏議性文章,對歷史發展與史學認識的重要性與助益性。因此馬、班兩人在史料與文獻上的取捨態度,應該也代表他們對自己所著史書定位的不同。

不過,相對於《史記》豐富的文學性與感染力,《漢書》在這方面的表現的確是遜色許多,然《漢書》在史學性質方面的提升,卻也是《史記》因過多情感表達而無法相及的部份。故吳福助先生論《史》《漢》論贊之別時云:

> 《史記》論贊,不專在斷制,其指意辭事,多取之本文之外,大抵以筆墨勝,淡淡數語,非煩上三毫,則晴中一畫,而轉折尤多,有尺幅千里之妙。《漢書》論贊則意在勸懲,綜刮本文事跡以為之,斷制極不苟,條貫有序,歷然可閱〔註26〕。

他認為《史記》論贊不專在斷制,且其意旨多取本文之外,而《漢書》論贊意在勸懲,以綜論本事為主,故二者不同的寫作方法,亦形成不同的文章風格,此言實為鞭辟入裏之論。

以上乃歸納《史》《漢》論贊在評論方法、文字使用特性與評論態度上之異同所作的比較。而前代之績學碩彥,亦有對《史》《漢》文章風格作許多傳神而精闢的批

〔註25〕凌稚隆,《史記評林》(天津:古籍出版,1998年3月),冊五,頁564。
〔註26〕同註20,吳書,頁191。

評者，只不過所比較者，多偏向於對《史》《漢》全書文風的論述，而非僅就論贊的部份討論。以下摘錄前人所論，亦作為比較《史》《漢》文章風格之參考。

范曄曾說：「遷文直而事核，固文贍而事詳」〔註 27〕，所謂的「文直」是指文章的直樸、不尚藻飾，而且能據事直書言。而「文贍」則是指《漢書》文章的華贍藻飾與序事詳密。在敘事的特色方面，朱熹則說：「太史公書疏爽，班固書密塞」〔註 28〕，這些都是馬、班二人因文字語言運用習慣不同，所形成的不同風格。此外，明茅坤《漢書評林》序則云：

> 太史公與班掾之才，固各天授，然《史記》以風神勝，而《漢書》以矩矱勝。惟其以風神勝，故其迢逸疏宕……。惟其以矩矱勝，故其藻畫布置……〔註 29〕。

明凌約又云：

> 子長之文豪，如老將用兵，縱騁不可羈，而自中于律；孟堅之文整，方之武事，其游奇布列不爽尺寸，而部勒雍容可觀，殆有儒將之風焉。雖諸家機軸變幻不同，然要皆文章之絕技也〔註 30〕。

《漢書評林》則引程伊川之言曰：

> 子長著作，微情妙旨，寄之文字蹊徑之外，孟堅之文，情旨盡露文字蹊徑之中。讀子長文，必越浮言者始得其志，超文字者乃解其宗，班氏文章亦稱博雅，但一覽無餘，情詞俱盡，此班馬之分也〔註 31〕。

《史記評林》與《漢書評林》所引論者，皆為妙喻卓見，概括而言，皆以為司馬遷的才華豪放不羈，而班固文風則以華贍有體與之相異。

〔註 27〕《後漢書・班固傳贊》。
〔註 28〕黎靖德，《朱子語類》（北京中華書局，1996 年 3 月），冊四，卷一三四。
〔註 29〕凌稚隆，《漢書評林》（明萬曆九年，吳興凌氏刊本，國家圖書館藏）。
〔註 30〕同註 25，冊一，〈讀史總評〉，頁 172～173。
〔註 31〕同註 29。

第十章 《史》《漢》論贊對
後世史學的影響

　　自《史記》與《漢書》之後，對重視歷史評論的中國史家而言，在史傳本文之外所開闢的《史記》「太史公曰」和《漢書》「贊曰」的論贊形式，已被視為發揮個人史才與史識的最佳途徑，也是史家評論史事人物的重要空間。因此，繼《史》《漢》之後，不論是二十五史或其它沒有被列入正史的編年體史書，幾乎每一部史書都有論贊一體〔註1〕，只不過各史書在名稱上皆略有所別。例如《漢紀》稱「荀悅曰」，《後漢書》稱「論曰」，《三國志》稱「評曰」，《晉書》、《宋書》、《隋書》等則因為史館同修而稱「史臣曰」等等。這些後繼史書所題列的「某某曰」，完全是受到《史記》與《漢書》論贊的影響，它們的功能和目的，與《史》《漢》論贊大致上是相同的，但由於時代的演進與史學觀念的發展，史書論贊的性質已從《史記》「太史公曰」較特殊的記經歷、補軼事、言去取和述褒貶等多種內容，漸漸的朝向更具史論與史評的性質發展，並且集中在對歷史人物的褒貶與史事的政治鑒戒作用兩方面。更由於「彰君子之志，勸美懲惡」〔註2〕的史學鑒戒精神與功能的發揮，史家在論贊中提供了後世更多為人處世之道與治國的良策。而我國史書論贊形式的發展，亦由此而漸趨確立和固定，形成中國史學中的一大特色。

　　本章依史書敘寫的年代，分別從紀傳與編年兩體史書中，選取較重要的《後漢書》、《三國志》、《漢紀》、《後漢紀》與《資治通鑑》等史書分別加以析論，其他史書之論贊雖亦為《史》《漢》論贊之餘裔，因多蹈前人論贊的形式與作用，於此不再贅言。

〔註1〕二十五史除《元史》之外，其餘皆有論贊。
〔註2〕李昉，《文苑英華》（北京中華書局，1984年3月），卷七四二。

第一節　對《後漢書》的影響

　　范曄生於東晉〔註3〕，距離東漢時代已有二百年的時間，他是在完全沒有政治壓力與限制之中，自由的撰述東漢一代的歷史。在他之前也有許多人撰寫東漢史〔註4〕，范曄參考群書，吸取前人著作之精華，以紀傳體的方式撰寫成《後漢書》百二十卷〔註5〕。

　　《後漢書》在體例與論贊的部份都有相當多的創新，范曄是一位能在前人優良的基礎上，再發揮、再創造的史家與文學家。在體例上，他亦按照《史》《漢》既有的體制去記述史事與人物，但另一方面他也就東漢時期特有的社會狀況與時代特色，增加新的篇目或設立新的類傳。例如〈宦者列傳〉、〈黨錮列傳〉、〈逸民列傳〉、〈獨行列傳〉、〈文苑列傳〉、〈列女傳〉、〈方術列傳〉與〈皇后紀〉等，都是由於他對東漢社會與歷史發展有深刻的認識，為因應時代需要所新設立的篇目，他的歷史編纂法與態度，也提供後世史家更寬廣的思考空間。

　　范曄治史有非常明確的著書目的，這是他與馬、班以外史家不同的地方。他編纂《後漢書》的目的是為了要「正一代得失」〔註6〕，他特別注意如何從歷史的發展中去總結經驗，並從歷史的教訓中規切時政，因此「因事就卷內發論」〔註7〕的史論便成為《後漢書》中非常重要的一項特點。此外，《後漢書》也是范曄自己的寄情之作，〈獄中與諸甥姪書〉中便曾云：

　　　　常謂情志所託，故當以意為主，以文傳意。

范曄著史未完成，便被人以謀反罪下獄處死，在鬱鬱不得志中，他透過書信，表達了他正義不屈的性情與對著史的熱情和堅持。因此，他在運用與採錄歷史材料和語言的同時，史論亦常蘊含著他個人愛憎寄託的絃外之音。

　　論贊是《後漢書》中最重要也最具特色的組成部份，不僅是范曄對史事人物的評論，也是他史學思想的集中反映，《後漢書》的論贊可說是繼《史》《漢》「太史公曰」與「贊曰」之後，將作為史論形式的論贊，做了最充分的運用與極至的發揮。根據《隋書‧經籍志》的記載，范曄有《後漢書贊論》四卷，因此《後漢書》的論贊是曾經被單獨集結成書出版的，可見在當時《後漢書》的論贊是極具有的特色的。

〔註3〕東晉安帝隆安二年（西元三九八年）至劉宋文帝元嘉二十二年（西元445年）。

〔註4〕如劉珍《東觀漢紀》，華嶠《後漢書》，荀悅《漢紀》，袁宏《後漢紀》等等。

〔註5〕「志」的部份為晉司馬彪所撰，范曄原託謝儼代收集資料，卻因范曄入獄處死而無結果。

〔註6〕《宋書‧范曄傳》中所收之〈獄中與諸甥姪書〉文。

〔註7〕同註6。

范曄自己對《後漢書》中的論贊亦非常的重視與自負，〈獄中與諸甥姪書〉中云：

> 吾雜傳論，皆有精意深旨，既有裁味，故約其詞句。至於〈循吏〉以
> 下，及〈六夷〉諸序論，筆勢縱放，實天下之奇作，其中合者，往往不減
> 於〈過秦篇〉，嘗共比方班氏所作，非但不愧之而已！

由此可知，范曄對自己作品是很自豪的。

《後漢書》的論贊分為三個部份，包括了「序」、「論曰」、「贊曰」共二百餘篇。「序」是置於篇前的總論，《史記》與《漢書》在〈表〉、〈志〉、類傳之前，亦多有立「序」的例子，它們多用來說明本篇著述的主旨，或作相關的總體性說明。范曄在《後漢書》裡很重視歷史人物的分類，他所新設立的多篇類傳，都是用以類相從的方式編排，甚至連〈東夷〉、〈西羌〉與〈西域〉等傳，也是依族群與政權的關係去分類編排的，因此為了說明各類傳的內容主旨，范曄亦效《史》《漢》在這些篇章的篇首立「序」，用以作為概括全篇的述評總論。包括〈皇后紀〉、〈孝子〉、〈處士〉、〈黨錮〉、〈循吏〉、〈酷吏〉、〈宦者〉、〈儒林〉、〈獨行〉、〈方術〉、〈逸民〉、〈列女〉、〈東夷〉、〈西羌〉、〈西域〉等傳，全書共有十五篇「序」，其中最長的為〈黨錮列傳序〉和〈西域列傳序〉，皆有一千餘字，較短者則約二百字左右，因此《後漢書》的「序」長短不一，文字不拘，完全是以說明作意與論述旨趣為主。

《後漢書》十五篇「序」的內容，大致包含了三個重點：

一為說明立類的標準。范曄在類傳的編纂與設立上有其創新的貢獻，不同於專傳、合傳的編排，類傳是以類相從的，必須有一個立類的準則，因此范曄在「序」中往往列出一些典型人物，然後加以說明何謂列女，何謂孝子、處士等等，例如〈黨錮列傳序〉云：

> 凡黨事始自甘陵、汝南，成於李膺、張儉，海內塗炭，二十餘年，諸
> 所蔓衍，皆天下善士。三君、八俊等三十五人，其名跡存者，並載乎篇。

這裡說明〈黨錮傳〉裡所要傳述的，正是那些在黨錮事件中表現特殊的優秀人才。而〈列女傳序〉中則特別說明〈列女傳〉所要記載的是「但搜次才行尤高秀者，不必傳在一操而已」的不凡女子，這些都是用以說明立類標準的「序」。

二為論述事物的淵源和演變。例如〈皇后紀序〉云：

> 夏、殷以上，后妃之制，其文略矣。周禮王者立后，三夫人，九嬪，
> 二十七世婦，八十一女御，以備內職焉。………頒官分務，各偶典司。………
> 及周室東遷，禮序凋缺。諸侯僭縱，軌制無章。齊桓有夫人者六人，晉獻
> 升戎女為元妃，終於五子作亂，冢嗣遘屯。爰逮戰國，風獻逾薄，適情任
> 欲，顛倒衣裳，以至破國亡身，不可勝數，斯固輕禮弛防，先色後德者也。

　　秦并天下，多自驕大，宮備七國，爵列八品。漢興，因循其號，而婦制莫
釐。………

這裡敘述了從夏代至東漢的后妃制度與發展，也指出后妃與外戚對歷代朝政的影
響，內容豐富，文字精鍊，可說是一篇非常成功的序作。又如〈黨錮列傳序〉云：

　　及漢祖杖劍，武夫勃興，………任俠之方，成其俗矣。自武帝以後，
崇尚儒學，………守文之徒，盛於時矣。至王莽專僞，終於篡國，忠義之
流，………甘足枯槁。雖中興在運，漢德重開，而保身懷方，彌相慕襲，
去就之節，重於時矣。待桓靈之間，主荒政繆，國命委於閹寺，士子羞與
爲伍，故匹夫抗憤，處士橫議，遂乃激揚名聲，互相題拂，品覈公卿，裁
量執政。………

這段序文也是將上下四百年間兩漢的士風演變，以及黨錮之獄形成的遠因近果，都
做了明確而精闢的說明。類此論述事跡源流的「序」，還有〈循吏列傳序〉、〈酷吏列
傳序〉、〈宦者列傳序〉、〈儒林列傳序〉、〈逸民列傳序〉等，這些都是能備述東漢一
代典章制度的演變與興衰關鍵所在的重要文章。

　　三爲說明序論與評價人物的依據和撰述的意旨。范曄的評價理論以儒家經典爲
依據，他往往在序裡引用孔子語、《易經》中語〔註8〕，以做爲發論的理論根據，這
同時也說明了他個人的史學思想傾向。例如〈處士傳序〉引《易》語云：

　　君之道，或出或處，或默或語，孔子稱「蘧伯玉邦有道則仕，邦無道
則可卷而懷也」。

這是論處士的依據。〈獨行列傳序〉則云：

　　孔子曰：「與其不得中庸，必也狂狷乎！」又云：「狂者進取，狷者有
所不爲也。」此蓋失於周全之道，而取諸偏至之端者也。

除了「序」之外，在《後漢書》中最能表現范曄史論思想的部份，即是「論曰」。《後
漢書》中共有「論曰」一百一十一篇，其中九十卷的〈紀〉〈傳〉中，只有〈孝子〉、
〈循吏〉、〈文苑〉、〈獨行〉、〈列女〉五傳沒有「論曰」，而〈皇后紀〉、〈鄧寇傳〉和
〈桓丁傳〉等各有三篇「論曰」，又自〈隗囂公孫述傳〉以下的二十卷，每篇皆有兩
篇「論曰」，其餘六十二卷則全部皆僅有一篇「論曰」。因此范曄立論並不固定，長
短不同，自由發揮，所置位置不一，置篇末者居多，亦有置篇中者，變化靈活且內
容豐富，隨傳而立又不勉強發論，完全視各篇具體需要而立論。

　　「論曰」的內容有的是作群體或類別性的總論，有的是合數人一起作合論，但

〔註8〕范曄好引四書五經或諸子史籍語，且數量頗多，參林麗娥，《范曄之文學及其史論》
　　　（政治大學中文研究所碩士論文，民國70年），頁74之列表。

亦有就個人而作專論。如〈酷吏列傳〉「論曰」：

> 漢世所謂酷能者，蓋有聞也。………然朱邑不以辱加物，袁安未嘗鞫
> 人臧罪，而猜惡自禁，人不欺犯。何者？以爲威辟既用，而苟免之行興；
> 仁信道孚，故感被之情著。苟免者威隙則姦起，感被者人亡而思存。

這是論述酷吏之治與循吏之治的差別。又〈吳延史盧趙列傳〉的「論曰」則是讚許
吳祐仁義剛烈的爲人：

> 吳季英視人畏傷，發言丞丞，似夫儒者；而懷憤激揚，折讓權枉，又
> 何壯也！仁以矜物，義以退身，君子哉！

因此，范曄在「論曰」中所要展現的精意深旨，多是希望透過歷史的記述，對古今
政治的利弊得失與歷史人物的處世褒貶，做最深刻的戒鑑之旨。

最後「贊曰」則是放在每篇〈紀〉〈傳〉最末的四字句韻語，但「贊曰」並不是
頌詞或詩句，而是用以評議史事人物和補充正文的申論或結語。《史通‧論贊》中說：

> 馬遷自序傳後，歷寫諸篇，各敍其意。既而班固變爲詩體，號之曰述。
> 范曄改彼述名，呼之以贊。

劉知幾以爲《後漢書》中「贊曰」的來源，與《史記》的〈太史公自序〉和《漢書》
的〈敍傳〉有關，事實上兩者之間是有些不相同的性質的，因爲〈太史公自序〉與
班固〈敍傳〉主要在記述作者個人的生平、家世、述作本意以及全書的宗旨，可謂
爲《史》《漢》全書之總序，而《後漢書》由於未全部完成而范曄死，故未能有總序，
而〈紀〉〈傳〉每卷之後的四字句「贊曰」，應該是自成一種體例，與《史》《漢》的
〈自序〉和〈敍傳〉有別。

《後漢書》共有九十篇「贊曰」，內容重點概可分爲幾類：一是寓語褒貶。如〈光
武帝紀〉「贊曰」：

> 炎正中微，大盜移國，九縣飆回，三精霧塞，人厭淫詐，神思反德。
> 光武誕命，靈貺自甄，沉幾先物，深略緯文。

范曄一方面稱揚光武帝的德治是民心之歸向，一方面又諷諭王莽的篡位爲大盜。又
如〈孝明帝紀〉「贊曰」：

> 顯宗丕承，業兢兢，危心恭德，政察姦勝，備章朝物，省薄墳陵，
> 永懷廢典，下身遵道，登臺觀雲，臨雍拜老，懋惟帝績，增光文考。

范曄在這裡則是讚揚明帝是一位恭敬勤勞，治國嚴謹之君，可爲天下效法。

二是點明人物的生平特色。如〈卓魯魏劉列傳〉「贊曰」：

> 卓、魯款款，情悫德滿。仁感昆蟲，愛及胎卵。寬、霸臨政，亦稱優緩。

短短幾句便將卓茂、魯恭、魏霸和劉寬四人的事跡點明，不論是德性、才貌或治績

皆可得而知。

三是用以總結全文，補充或評價史事人物。如〈西羌列傳〉「贊曰」即簡約的將西羌的種族性、亂邊以及與中國之間的外交關係，總結於簡短的幾字「贊曰」之中，文云：

> 金行氣剛，播生西羌。氏豪分種，遂用殷疆。虔劉隴北，假僭涇陽。
> 朝勞內謀，兵德外壞。

范曄在〈獄中與甥姪書〉中曾曰：

> 贊，自是吾文之傑思，殆無一字空設，奇變不窮，同含異體，乃自不知所以稱之！此書行，故應有賞音者！

可知范曄對於《後漢書》中的「贊曰」是自視很高的部份，范曄的文章風格蓋受時代影響，尤其是「贊曰」全爲四字駢詞偶句，又多古辭典故，華贍藻飾〔註 9〕，可謂在史論之中盡文學之能事，與《史》《漢》論贊相較起來，馬、班實爲樸質無華。

雖然劉知幾曾批評范曄的論贊〔註 10〕，但從以上對《後漢書》論贊整體的歸納與分析中，應可知范曄寫作《後漢書》的論贊時，是相當用心而盡責的，每一篇皆有其史論的目的與作用，絕非是爲炫耀文采所作的繁瑣綺文。且《後漢書》中的「序」、「論曰」、「贊曰」三個部份，不僅展現了范曄史學思想與史學評論的精意深旨，更是史書在《史》《漢》論贊形式的繼承與發揚中，將史論性質與作用往前推進的大功臣。

因此《後漢書》無疑是受《史》《漢》論贊影響的史學傳統中，最富創意又最能充分展現史論精神的一部史書之一。王鳴盛評范曄史書及其爲人時曰：

> 今讀其書，貴德義，抑勢力，進處士，黜奸雄，論儒學則深美康成，褒黨錮則推重李杜，宰相多無述而特表逸民，公卿不見采而推尊獨行。立言若是，其人可知〔註 11〕。

王先謙也讚許《後漢書》曰：

> 褒尚學術，表章節義，不蹈前人所譏班馬之失。至於比類精審，屬詞麗密，極才人之能事。雖文體不免隨時，而學識幾於邁古矣〔註 12〕。

〔註 9〕參同註 8，第三章第三節「論贊文章特色之分析」，頁 66～97。

〔註 10〕《史通·論贊》（台北：里仁書局，民國 82 年 6 月）云：「蔚宗《後書》，實同班氏，乃各附本事，書於卷末，篇目相離，斷絕失次。而後生作者，不悟其非，如蕭、李，《南》、《北齊史》，大唐新修《晉史》，皆依范書誤本，篇終有贊。夫每卷立論，其煩已多，而嗣論以贊，爲黷彌甚」。頁 83。《史通·序例》又云：「爰泊范曄，始革其流，遺棄史才，矜衒文采」。頁八十七。此乃劉知幾一家之論，范曄著史雖受其時代文學思潮之影響，但其書與論贊卻未必如此。

〔註 11〕王鳴盛，《十七史商榷》（台北：樂天書局，民國 66 年），卷六一。

〔註 12〕《後漢書集解序》。

而《昭明文選》也收錄了五篇《後漢書》中的論贊，即《皇后紀論》、《二十八將論》、《宦者傳論》、《逸民傳論》與《光武紀贊》等，認爲它們「錯比文華，事出沉思」〔註13〕，是優秀的史傳論贊。可見范曄的論贊不論在史學或文學方面都是受到重視與肯定的。

第二節　對《漢紀》、《後漢紀》與《三國志》的影響

　　四史之外，敘寫時代與《漢書》、《後漢書》同時的史書中，還有兩部相當重要的編年史，也都包含了論贊一體，且都受到《史》《漢》論贊的影響，即《漢紀》與《後漢紀》兩本編年體史書。本節即分別對《漢紀》、《後漢紀》與屬於國別史的《三國志》等三部史書的論贊加以討論。

一、《漢紀》

　　東漢末年荀悅〔註14〕所著的《漢紀》，是第一部編年體之斷代史，不僅在編年史體的編纂上有相當創新的意義〔註15〕，其論贊部份，更是繼《左傳》「君子曰」之後，爲編年體史書的論贊建立了新風貌。

　　在《漢紀》裡有兩個論贊的部份，一爲「贊曰」，一爲「荀悅曰」。「贊曰」集中在十二帝紀之後，共有十二則，這個部份深受《漢書》「贊曰」的影響，且多是在《漢書》的基礎上編寫而成的，不過仍有許多荀悅自己新增、刪省或修改的部份，這些都是他自己對歷史發展的認識，內容大多能簡要得體而條理清晰。劉知幾便稱讚說：「荀悅《漢紀》，其才盡於十帝」〔註16〕。此外將近四十則的「荀悅曰」則是《漢紀》中最主要的論贊，約有一萬餘字，是全書所佔比例相當重的部份，基本上皆爲荀悅個人所論，而內容與荀悅另一部著作——《申鑒》的政論觀點和思想多是相互貫通的，因此頗能代表荀悅個人的史學觀點，他自己說明著論的目的時云：

　　　臣悅所論，粗表其大事，以參得失，以廣視聽也〔註17〕。

〔註13〕梁蕭統，《昭明文選序》（台北：華正書局，民國75年7月），頁2。
〔註14〕東漢桓帝建和二年（西元148年）至獻帝建安十四年（西元209年）。
〔註15〕浦起龍，《史通通釋・二體》（台北：里仁書局，民國82年6月）云：「班、荀二體，角力爭先，欲廢其一，固亦難矣。後來作者，不出二途」。頁29。梁啓超在《中國歷史研究法》（北京：東方出版社，1996年3月），〈補編分論三〉第四章云：「荀悅的地位同於班固，班固變通代的紀傳爲斷代的，荀悅也變通代的編年爲斷代的」頁324。
〔註16〕《史通通釋・敘事》，卷六，頁166。
〔註17〕《漢紀序》（台北：商務印書館《萬有文庫》，民國62年6月）。

因此《漢紀》的「荀悅曰」多以議論治國之道與爲政得失爲主要內容，如〈高帝紀〉便有一段有關「三術」的史論，「荀悅曰」：

> 立策決勝之術，其要有三：一曰形，二曰勢，三曰情。形者，言其大體得失之數也；勢者，言其臨時之宜也，進退之機也；情者，言其心志可否之意也。

他在這裡提出人應隨外在變化而有所機制，才能掌握歷史發展趨向的史觀。又如〈元帝紀〉裡的「荀悅曰」，也對國家的治理應該朝德刑並施的方向，提出了他獨到的見識：

> 凡世之論政治者，或稱教化，或稱刑法，或言先教而後刑，或言先刑而後教。……或曰刑法宜輕，或曰宜重。………夫德刑並行，天地常道也。或先教化，或先刑法，所遇然也。撥亂抑強則先刑法，扶弱綏新則先教化，安平之世，則刑教並用。

由此而知「荀悅曰」的內容多能從歷史的角度去觀察問題，並能對治道提出強力而精闢的見解。

至於「荀悅曰」的寫作方式則相當靈活，論述有長有短，字數並不固定，且非每一卷皆有論贊，有時亦有一卷數則者。而有所論述的地方，則多半是有感而發且因事而立論，所以劉知幾《史通·二體》評論說：

> 依《左氏》成書，剪截班史，篇才三十，歷代褒之，有逾本傳〔註18〕。

袁宏則認爲荀悅「才智經綸，足爲嘉史，所述當世，大得治功已矣」〔註19〕！而唐太宗更是對荀悅的論贊讚賞有加：

> 論議深博，極爲治之體，盡君臣之義〔註20〕。

至於《漢紀》論贊的缺點，劉知幾曾批評說：

> 仲豫之論，義理雖長，失在繁富〔註21〕。

由於荀悅立論時往往是因爲有感而發，致使「荀悅曰」的論述稍有過於冗長的缺點，故而劉知幾有如此的評論。

總括而言，「荀悅曰」與帝紀中的「贊曰」，合爲《漢紀》中的論贊體系，它們不僅是荀悅史識的精心展現，也是史書論贊體例的合併與發揚，尤其是在編年體的史書中，《漢紀》更具有承先啓後的重要地位。

〔註18〕同註15，劉書。

〔註19〕《後漢紀·序》（台北：商務印書館《萬有文庫》，民國62年6月）。

〔註20〕《舊唐書·李大亮傳》。

〔註21〕《史通通釋·論贊》，卷四，頁82。

二、《後漢紀》

　　繼《漢紀》之後，且受《漢紀》影響的是晉代史家袁宏〔註22〕的《後漢紀》，
王鳴盛便認爲袁宏的著述體例及論斷，皆仿自荀悅《漢紀》〔註23〕。《後漢紀》的
體例仿效《漢紀》的編年體，以時間年月爲經，以人物事件爲緯，並運用連類列舉，
通比其事的方法〔註24〕，對整個東漢的歷史發展作了相當清晰而總體的聯繫。

　　《後漢紀》的論贊亦是本書書中的一大特色，但並非每一卷都有，也不是全部
都置於卷末，而是與記史的正文夾雜在一起，隨事而發論，屬於夾敘夾議的形式，
而且大多是長篇大論〔註25〕，有時一卷亦有多至三、四則論贊者，全書共有五十五
則，每有發論則題「袁宏曰」。

　　由於袁宏特別強調史學的政治意義與鑑戒作用，認爲寫史的目的和功能是在「通
古今」、「篤名教」〔註26〕，而《後漢紀》的論贊內容，亦多反映出他這種正宗儒學
的名教觀，以及受到玄學與佛學影響的思想。如卷二十六論名教時曰：

　　　　名教之作，何爲者也？蓋準天地之性，求之自然之理，擬議以制其名，
　　因循以弘其教，辯物成器，以通天下之務者也。

又如卷十三和帝紀永元三年論禮治時曰：

　　　　夫禮也，治心軌物，用之人道也者。其本所由，在於愛敬，自然發於
　　心誠，而揚於事業者。聖人因其自然而輔其性情，爲之節文而宣於禮物，
　　於是有尊卑親疏之序焉。

這些論述多表現了袁宏「天人合一」的史學思想，因此劉知幾《史通‧論贊》便批
評袁宏的論贊「務歸玄言」、「玉卮無當」〔註27〕，雖然有些嚴厲，但由此可知，袁
宏在盡情的借論贊自由發揮、闡述辯答自己的思想時，卻因爲論贊的過長無當與名
教觀念的限制，造成他論贊的缺點。

　　不過《後漢紀》的論贊仍然有其可取之處，例如在卷十二中論學術發展與卷二
十二中論風俗變遷與利弊時，便能筆勢遒勁，揮灑自如，清楚反映了整個歷史發展
的脈絡。文云：

　　　　夫排憂患，釋疑慮，論形勢，測虛實，則游說之風有益於時矣。然猶

〔註22〕晉成帝咸和三年（西元 328 年）至晉孝武帝太元元年（西元 378 年）。
〔註23〕王鳴盛，《十七史商榷》（台北：樂天書局，民國 66 年 4 月），卷三八，〈後漢紀〉。
〔註24〕同註 19。
〔註25〕字數多在三百字左右，但最長亦有一千餘字者，全書論贊共約一萬七千餘字。參《中
　　　　國史學家評傳》（中州古籍出版，1985 年 3 月），上冊，頁 155。
〔註26〕《後漢紀‧序》云：「史傳之興，所以通古今而篤名教也」。
〔註27〕同註 21。

尚譎詐，明去就，間臣君，疏骨肉，使天下之人，專俟利害，弊亦大矣。
輕貨財，重信義，憂人之急，濟人之險，則任俠之風有益於時矣。然醫私
惠，要名譽，感意氣，仇睚眦，使天下之人，輕犯敘之權，弊亦大矣。執
誠說，修規矩，責名實，殊等分，則守文之風有益於時矣。

稍晚於袁宏的范曄，在編寫《後漢書》時，便深受《後漢紀》的影響，如《後漢書·
黨錮列傳》之序文中有關漢代風俗部份的論述，便是在《後漢紀》這篇論贊的基礎
上完成的。而范曄亦幾乎完全吸收了《後漢紀》中的精華，然後將其編年體的東漢
史再改為紀傳體。如今可得見有關東漢歷史的史書，可說亦以此二書為最重要。因
此劉知幾稱讚說：

世言漢中興史者，唯袁、范二家而已〔註28〕。

三、《三國志》

陳壽生於蜀漢後主建興十一年（西元二三三年），卒於晉惠帝元康七年（西元二
九七年）。在陳壽撰寫《三國志》之前，魏已有王沈所修的《魏書》四十卷，吳則有
韋昭所修之《吳書》五十五卷，魚豢則私撰《魏略》，依據這些既有的官、私著述和
他自己所搜集的蜀漢史料，陳壽編寫成《三國志》。就整體而言，此書的成就是高於
其他幾本三國史書的，劉勰《文心雕龍·史傳》篇便云：

及魏代三雄，記傳互出，《陽秋》、《魏略》之屬，《江表》、《吳錄》之
類，或激抗難徵，或疏闊寡要，唯陳壽《三志》，文質辯洽，荀、張比之
遷、固，非妄譽也。

《晉書·陳壽傳》也說當時的人見到此書，皆「稱其善敘事，有良史之才」，又記云：

陳壽作《三國志》，辭多勸誡，明乎得失，有益風化，雖文豔不若相
如，而質直過之。

宋人葉適則說：

陳壽筆高處逼司馬遷，方之班固，但少文義緣飾爾，要終勝固也〔註29〕。

這些都是對陳壽《三國志》很高的評價，故《三國志》能繼《史》《漢》之後被列入
正史。

《三國志》雖然繼承了《史記》以來以紀傳體為正史的體例，但由於三國時代
三強鼎立的特殊性，陳壽在編纂時亦做了較多不同的處理。例如為了能清楚的分別

〔註28〕《史通通釋·古今正史》，卷十二，頁 343。
〔註29〕葉適，《習學記言序目》（北京中華書局，1977 年 5 月），卷二八。

敘述三國的史事，他將全書分為〈魏〉、〈蜀〉、〈吳〉三書，選取史料時謹慎小心，三書之間少有重覆、矛盾的錯誤，對於史事的編排也常用詳略互見的方法，裴松之便稱《三國志》「銓敘可觀，事多審正」〔註30〕，趙翼也說：

　　其剪裁斟酌處，亦自有下筆不苟者，參訂他書，而後知其矜慎也〔註31〕。

在文筆方面，陳壽則是以簡潔爽朗而不繁雜冗蕪的風格見稱，不過也因此而在生動性與感染力上，略遜於《史》《漢》。李慈銘便曾評論曰：

　　　　承祚固稱良史，然其意務簡潔，故裁制有餘，文采不足；當時人物，

　　不減秦漢之際，乃子長作《史記》聲色百倍，承祚此書，闇然無華，范蔚

　　宗《後漢書》較為勝矣〔註32〕。

除此之外，全書的體例僅有〈紀〉、〈傳〉二體，而無〈表〉、〈志〉的部份，也應該是《三國志》的遺缺之憾，劉知幾《史通・古今正史》曾引江淹語云：「史之所難，無出於志」，這大概可以說明陳壽因史料與時間的不足，以致於《三國志》缺少典章制度的專論部份。但陳壽所作之傳，所牽涉的層面相當廣，包含了各方面的特殊人物，並都能為他們作具體而詳實的傳文。

　　《三國志》在繼續前人寫史的體例下，亦保留了論贊這一寶貴的史論空間，但陳壽的題稱又與前人不同，他直接用「評曰」，評者論斷是非，評價褒貶，這其中亦還受到晉代上人相互品評風氣盛行的影響，他透過「評曰」表達個人對傳中人物的品評，以及對歷史發展情勢的觀察與分析。

　　《三國志》並非每一篇皆有「評曰」，亦是視其需要而論，若有「評曰」則一定置於篇末，這是因為「評曰」多是以直接評論人物為主，陳壽是在傳敘某人物之後，才會對此人加以論斷的。而他品評人物大多從品德、才能、器識、功業等各方面著眼，多能作公允恰當的評語，並能同時顯示出人物性格上的優缺點，文字流暢得體且言簡意賅，頗能凸顯傳中人物的特點，而幾篇重要的「評曰」，也都是相當精彩而切實的史論。

　　雖然陳壽因修史的態度與立場，曾受到後世一些學者的批評〔註33〕，但從《三

〔註30〕裴松之，《三國志注》（台北：開明書店，民國54年），〈上三國志注表〉。

〔註31〕趙翼，《二十二史箚記》（台北：世界書局，民國86年4月），卷六，〈三國志書事得實處〉，頁76。

〔註32〕李慈銘，《越縵堂日記》（台北：世界書局，民國64年6月），卷三〈咸豐己未二月初三日〉。

〔註33〕陳壽受爭議的批評略可分為三點：一、是向丁氏兄弟乞米與對諸葛亮的批評。二、是以魏為正統的記史方法。三、是曲筆迴護為西晉隱惡溢美的筆法。參饒宗頤，《中國史學上之正統論》（台北：宗青圖書出版，民國68年10月）所附錄之文章，此不贅述。歷來對陳壽之批評與辯正者皆有，而雷家驥，《中古史學觀念史》（台北：台灣

國志》的「評曰」卻能很清處的見到他直筆實錄與曲筆微言的良史精神，例如在〈魏書·文帝紀〉的「評曰」中他先稱讚文帝，然後在最後加了一段批評說：

> 若加之曠大之度，勵以公平之誠，邁志存道，克廣德心，則古之賢主何遠之有哉！

陳壽在隱晦之中，透露了文帝志道不存而無德心的人格特質。又如〈魏書·三少帝紀〉「評曰」：

> 古者以天下為公，唯賢是與。後代世位，立子以適；若適嗣不繼，則宜取旁親明德，若漢之文、宣者，斯不易之常準也。明帝既不能然，情繫私愛，撫養嬰孩，傳以大器，托付不專，必參枝族，終於曹爽誅夷，其王替位。

在這段「評曰」裡，陳壽一方面指出明帝的私心與托付不專，才造成曹氏「揖讓而禪」的結果，但另一方面也曲筆隱指出司馬氏有野心篡奪權位的歷史事實。

　　史家評論史事與人物是無法離開一定的歷史環境的，他很可能會受到所處時代的限制，但卻也不能單憑個人的私情和愛憎而隨意對歷史加以毀譽抑揚。陳壽從三國鼎立的時代，過渡至晉，外在環境與歷史的發展都是很特別的，陳壽能在如此的時代轉變中寫史、論史，實已是一位難得之良史了，故雷家驥先生說：

> 實錄、良史之稱，壽確非浪得之，六朝名史重修東漢兩晉正史者多矣，而無重撰三國者，夏侯氏至於焚其自著，裴氏博閱群書，亦竟能為之作注而未便重修，豈偶然哉〔註34〕！

這應該是對陳壽《三國志》一段很公允的評價。

　　此外，若提及《三國志》，亦不能不提及裴松之的《三國志注》，為了增補《三國志》中較簡略而不足之處，南宋文帝命裴松之為《三國志》作注。裴松之在《上三國志注表》中，很清楚的列舉出四個注書的方向，文云：

> 其壽所不載，事宜存錄者，則罔不畢取以補其闕。或同說一事而辭有乖雜，或出事本異，疑不能判，並皆抄內以備異聞。若乃紕繆顯然，言不附理，則隨違矯正以懲其妄。其時事當否及壽之小失，頗以愚意有所論辯。

簡言之就是補闕、備異、矯妄與論辯等四大內容。一般而言，作史注原是為了訓詁，以便於讀者讀通史書原文，裴松之作注不重在解釋音義、名物、制度等方面，卻意在補充、辨正史料，這是史注的變體與另一種發展。

學生書局，民國79年10月）中〈陳壽的觀念與《三國志》〉一文，頁298～321，則對陳壽的史觀與立場有相當詳實的論證。

〔註34〕同註33，雷書頁321。

　　而裴松之所提的四個注史方向中，最特別的應屬「頗以愚意有所論辯」這一點。史書中的論贊體例至晉一代，在所有官、私修的史書中幾乎已成為定式，然一般的注史者仍多僅是重視史書的釋義與訓詁等方面，唯有裴松之注史時，加上了個人的論辯，並且每每以自顯姓名「臣松之以為」的方式開始論斷，這實在是史書論贊體的最佳運用。他常在「臣松之以為」之後評論陳壽所記之得失，或是評論其所引述注文資料的得失，充分顯現裴松之是一位具有實事求是、認真不苟之精神的史家。例如〈蜀書‧蔣琬費禕姜維傳注〉論陳壽評蔣、費失當云：

> 臣松之以為蔣、費為相，克遵畫一，未嘗徇功妄動，有所夸表，外欲駱公之師，內保寧緝之實，沾小之守，居靜之理，何以過於此哉！今譏其「未盡」，而不著其事，故使覽者不知所謂也。

又如〈魏書‧王衛二劉傳傳注〉也評陳壽所論之失云：

> 臣松之以為傅嘏識量名輩，實當時名流，而此評但云「用才達顯」，既於題目為拙，又不足以見嘏美也。

這些都是裴松之在注史時所展現的個人史識與史評，除了有異於其他作史注者的方法外，由於其內容的精彩傑出，亦多為後人所引用〔註35〕。他一方面展開了史學批評的另一種方式，借「臣松之以為」的方式提出自己的史識、史評，使《三國志注》不論在史料保存與史學批評等各方面，同時都具有很高的價值，另一方面他也將《史》《漢》論贊在史論史評方面的影響力，推展到另一個新的層面，這些成就都使我們不能不佩服裴松之實在是一位優秀而認真的史家。

第三節　對《資治通鑑》的影響

　　《資治通鑑》是一部網羅豐富的編年體通史，上起戰國，下至五代，共一千三百六十二年，二百九十四卷，若再加上《目錄》三十卷、《考異》三十卷，則是一部合為三百五十四卷的巨作。司馬光自述其編寫的目的時說：

> 鑑前世之興衰，考當今之得失，嘉善矜惡，取是舍非，足以懋稽古之盛德，躋無前之至治，俾四海群生，咸蒙其福〔註36〕。

因此「關國家盛衰，系生民休戚，兼可為法，惡可為戒」〔註37〕的資治與鑑戒目的，即是《資治通鑑》編纂的重要宗旨。

〔註35〕如司馬光之《資治通鑑》即多次引用裴松之之論。
〔註36〕《溫公年譜》（台北：商務印書館，民國62年），卷七。
〔註37〕胡三省注，《資治通鑑》（台北：宏業書局，民國61年4月），卷三一一，〈進書表〉。

為了達到闡明治亂興衰之道，《資治通鑑》所重視的，除了詳實考辨的長編敘事之外，更重要的即是以立論議史為主，題稱為「臣光曰」的史論部份。稱「光」者，是司馬光自顯其名，稱臣者則除了有前代史書「史臣曰」的意義外，其實亦具有官修史書、私家著述的特質。這些史論分別散附在所敘述的各項史事之下，可分為兩類，一是司馬光自己所立之論，這類議論前面皆標明「臣光曰」，另一類則是引用綴集前人的議論，文前亦標明論者之名或題稱為「某某曰」，這些議論包括了孟子、荀子、賈誼、司馬遷、揚雄、班彪、班固、荀悅、仲長統、陳壽、袁宏、魚豢、華嶠、范曄、孫盛、虞喜、徐眾、沈約、裴子野、傅玄、袁崧、荀崧、崔鴻、蕭方、蕭子顯、顏之推、李延壽、陳岳、柳芳、權德輿、蘇冕、李德裕、歐陽修等三十餘位史家、學者的議論，這是結合前人論贊與司馬光個人史論的新型態。

《資治通鑑》的史論分部並不平均或固定，有時一卷之中有數論，亦有時幾卷之中才有一論。論曰較少的篇章，多半是因為在敘事的時候內容已十分清楚，或是意旨已非常明確，無需再多作說明，這與劉知幾所謂「論者所以辨疑惑，釋凝滯，若愚智共了，固無俟商榷」〔註38〕的理論是相當符合的。通常在一項史事之下大多僅有一篇論曰，這篇論曰或是前人之論亦或是「臣光曰」並不一定。另外亦有出現兩篇論曰的情形，而有兩篇論曰的篇章又可分為兩種，即有時一為前人的論曰，一為「臣光曰」，有時則是兩篇皆為前人之論。

被司馬光所引用的前人議論，多是內容、觀點與他自己相符者，且若論述的內容周詳，他在引用時多是以不改一字的尊重態度完全載錄。但若有不夠完備或全面者，他則是借「臣光曰」再加以闡述個人的意見，或是另引一則前人之論曰，以作為補充說明或是商榷討論，他所利用的立論方式，完全是為了使史論的論述內容更加完備。不論是「臣光曰」或是引錄前人的議論，《資治通鑑》的史論都是根據史事而立論的，多能有感而發，並皆有其寓戒褒貶之意。而從「臣光曰」與前人論曰同時存在與並列的結構來看，司馬光的確是一位能夠融合前人與個人論述的史家，他利用各種組合的方式，讓前人的思想精華與他個人的見解恰當的結合在一起，使《資治通鑑》的「臣光曰」，在繼承《史》《漢》論贊形式的體系中，增加了另一項成就。

關於《資治通鑑》史論的實際數目，早已有學者做過統計，但卻因為上述附論的多種情況，以致於有各種不同的計算結果。如清伍耀光在《司馬溫公通鑑論》中所統計的是一百八十一則，柴德賡在《資治通鑑介紹》中的統計則是一百八十六則，其中「臣光曰」一百〇二則，前人之論為八十四則〔註39〕。陳光崇在〈《資治通鑑》

〔註38〕浦起龍，《史通通釋‧論贊》（台北：里仁書局，民國82年6月），頁81。
〔註39〕參宋衍申，《司馬光傳》（北京出版社，1990年1月），頁382。

述論〉中的統計是二百一十三則，其中「臣光曰」一百一十六則，前人之論爲九十七則〔註40〕。宋衍申的統計則是二百一十八則，其中「臣光曰」一百一十九則，前人之論爲九十九則〔註41〕。雖然各學者之間的統計結果並不相同，但可以從以上的數字得知，「臣光曰」的部份仍然在全書中佔有較多的比例，亦即司馬光自己立論的部份在《資治通鑑》的史論中是較具有代表性的，這也是最能體現他史學與政治思想的部份。

至於「臣光曰」的中心思想，則是以「爲君之道」爲核心，《資治通鑑》主要是爲君王而編纂的，用以做爲君主爲政的參考與鑒戒，因此《資治通鑑》「臣光曰」的論述重點是從儒家思想出發，以闡明爲君、爲臣與爲子之道。司馬光認爲爲了維護君臣父子之間的倫理道德，最重要的即是禮，禮是規範行爲的準則，是維護秩序的要旨，即所謂「天子之職莫大於禮，禮莫大於分，分莫大於名」〔註42〕，他認爲：

> 夫民生有欲，無主則亂，是故聖王制禮以治之。自天子、諸侯至於卿、大夫、士、庶人，尊卑有分，大小有倫，若綱條之相維，臂指之相使，是以民服事其上，而下無覬覦〔註43〕。

因此《資治通鑑》中的「名分論」，可以說是全書思想的代表。而其思想內涵主要則包括了以下幾個重點：

一、爲君須重仁、明、武與賞罰：司馬光認爲仁、明、武是爲人君主的三德，仁者興教化、修政治、養百姓、利萬物，明者知道義、識安危、別賢愚、辨是非，武者惟道所在，斷之不疑，姦不能惑，佞不能移，三者皆備才能國治〔註44〕。而賞與罰則是人君求治的重要手段，因爲「政之大本，在於刑賞，刑賞不明，政何以成」〔註45〕，如果有功不賞、有罪不罰，即使是堯、舜也無法將國家治理好。這些都是司馬光提供給君主的治國安邦之道。

二、爲臣須重廉潔，守死不貳：司馬光以爲爲人臣下須忠直不二且無私，必須置個人利欲於度外，並應守死伏節以維護君臣之分，絕不可偷生苟免，亦即所謂「臣之事君，有死無貳，此人道之倫也。苟或廢之，亂莫大焉」〔註46〕。此外君子還須

〔註40〕陳光崇，〈《資治通鑑》述論〉，《歷史研究》（1978 年 9 月），十一期。

〔註41〕同註39。

〔註42〕《資治通鑑》，卷一。

〔註43〕《資治通鑑》，卷二二〇。

〔註44〕參伍耀光，《通鑑論》（台北：華聯出版，民國57年5月），〈論序〉，頁162。

〔註45〕《資治通鑑》，卷七九。

〔註46〕《資治通鑑》，卷二九一。

有「恥浮於人」的廉恥之心〔註47〕，要爲國家思慮，不可尸位素餐，貪圖利祿。這些都是「臣光曰」中在君臣名分之別中，相當重要的思想。

三、爲人須愼言行，並知明哲保身：《資治通鑑》卷五十六云：

> 天下有道，君持揚於王庭以正小人之罪，而莫敢不服；天下無道，君子囊括不言以避小人之禍，而猶或無免。

司馬光認爲君子須愼於言行、知過能改，並知深藏以避、明哲保身，而想要真正做到明哲保身，則需「等功名於物外，置榮利於不顧」〔註48〕，這樣處世才能相時而動。

除了論述名分綱紀之外，借史以論今之時政的史論也非常多，胡三省在《新注資治通鑑序》中便曾云：

> 治平、熙寧間，公與諸人議國事相是非之日也。蕭、曹畫一之辯不足以勝變法者之口，分司西京，不予國論，專以書局爲事。其忠憤感慨不能自已於言者，則智伯才德之論，樊英名實之説，唐太宗君臣之議樂，李德裕、牛僧孺爭維州事之類是也。至於黃幡綽、石野豬俳諧之語，猶書於局官，欲存之以示警，此其微意，後人不能盡知也。編年豈徒哉！………夫道無不在，散於事爲之間，因事之得失成敗，可以之道萬事亡弊，史可少歟〔註49〕！

這裡很明確的指出，司馬光編寫《資治通鑑》，就是爲了寓史事於其中，尤其是其史論，更不是毫無目的的空談，不論是論人、論事，或是評析政治，「臣光曰」在總結歷史事件的同時，往往夾論當時變法鬥爭的利害衝突於其中，隱微的表現出他對王安石新法的反對態度，這是他期望以評論歷史的方法來影響宋神宗政策方向的用心。例如《資治通鑑》卷二四四唐文宗太和六年（西元八三二年）「牛僧孺誣謂太平」中的「臣光曰」：

> 當文宗求治之時，僧孺任居承弼，進則偷安取容以竊位，退則欺君誣世以盜名，罪孰大焉〔註50〕！

司馬光以進退之道責牛僧孺，謂牛氏竊位盜名，實際上則是以牛氏比喻王安石。又如《資治通鑑》卷五十一漢順帝永建二年（西元一二七年）「樊英應召」中的「臣光曰」：

> 至於飾僞以邀譽，釣奇以驚俗，不食君祿而爭屠沽之利，不受小官而

〔註47〕 參《資治通鑑》，卷二二五。

〔註48〕 《資治通鑑》，卷十一。

〔註49〕 《資治通鑑》卷首。

〔註50〕 《通鑑論》，〈唐紀〉，頁124。

　　　　規卿相之位，名與實反，心與跡違，斯乃華士、少正卯之流，其得免於聖

　　　　王之誅幸矣，尚何召之有哉〔註51〕！

這段名實之論，也是在借東漢的樊英比喻王安石，認為王安石是個尚虛名且名實不
符的人。這些有關諷喻王安石變法的「臣光曰」，充分表現出司馬光「忠憤感慨不能
自已於言者」〔註52〕的情形，亦由此顯見史家利用評論歷史的同時，小心謹慎的以
史論政的做法。

　　雖然司馬光的許多思想在今日看來相當保守〔註53〕，但其中仍然有其可取之
處，例如卷二六三論唐代宦官之禍，卷二一一論唐玄宗晚年奢靡之害，卷二十三論
漢武帝知過能改，故能有亡秦之失卻能免亡秦之禍等等，都是相當深刻而精彩的論
述。而其以史為鑑的目的與作用，亦時時為後人所重視，正如曾國藩所云：

　　　　好敘名公巨卿所以興家敗家之故，使士大夫怵然知戒，實六經以外不

　　　　刊之典也〔註54〕。

「臣光曰」的內容與思想很切實的與書名「資治通鑑」相符合，而其古為今用、以
古為鏡的用心也貫穿於全書的「臣光曰」之中。所謂論由史出，即是借由所敘述的
歷史事實而作的論斷，代表了客觀敘事與主觀評價的兩方面，而《資治通鑑》除了
引錄前人之論以外，司馬光更借「臣光曰」的途徑，明確而集中的表達出個人的政
治立場與歷史觀點，這種以結合前人論贊與自己史論的特殊手法，突出了他以史資
治的強烈目的。因此，《資治通鑑》的「臣光曰」可說是歷代史書中，利用並延續史
書論贊形式與精神的最佳代表。

〔註51〕《通鑑論》，〈後漢〉，頁61。
〔註52〕胡三省，《資治通鑑序》。
〔註53〕例如正女不從二夫，忠臣不事二君，國亡則竭節致死等，凡事皆以儒學為指導的思想，
　　　　以及以古鑑今諷喻王安石的許多例子並不一定都是恰當的。
〔註54〕《曾文正公全集》（台北：世界書局，民國62年8月），卷八十三，〈與羅少村書〉。

第十一章　《史》《漢》論贊對
後世文學的影響

　　《史記》與《漢書》對後世文學的影響是多方面的，不論是傳記、散文、小說、戲曲等各類型文學，或是文學創作的寫實精神、敘事筆法、人物刻劃以及題材的提供等等，都顯示出《史》與《漢》對文學有多元而深遠的影響。例如《史記》與《漢書》中最具魅力而動人的多篇列傳，在敘事的筆法與人物性格的描寫上，都有相當突出的特色，這種敘寫人物的藝術成就，促成了後世傳記散文類作品的大量產生，如韓愈的〈毛穎傳〉、〈圬者王承福傳〉、〈張中丞傳後敘〉，柳宗元的〈梓人傳〉、〈種樹郭橐駝傳〉、〈童區寄傳〉，蘇軾的〈方山子傳〉、〈陳公弼傳〉、〈溫陶君傳〉，歸有光的〈先妣事略〉、侯方域的〈馬伶傳〉、方苞的〈左忠毅公逸事〉、邵長衡的〈閻典史傳〉等等，都是受到《史》《漢》列傳影響所創作的傳記散文。而唐宋古文八大家所師法與推崇的，也正是司馬遷的《史記》，章學誠便云：

　　　　是以韓柳諸工，力追《史》《漢》敘事，開闢蓁蕪；其事本爲變古，
　　而光昌博大，轉爲後世宗師〔註1〕。
可知韓、柳等人在散文方面的成就，正是在學習《史》《漢》敘事的基礎上創造而來的。

　　此外，唐傳奇中以傳記方式寫人的小說，如〈柳毅傳〉、〈李娃傳〉、〈東城老父傳〉、〈虯髯客傳〉等等，不論在命名、體裁、結構、筆法、語言與尚奇的傳奇性質各方面，也都延續與發揚了《史》《漢》寫人藝術的方法與精神。在戲曲方面，《史》《漢》更是提供各類劇種大量題材與創作資料的寶庫，例如《元曲選》中有紀君祥

─────────────

〔註 1〕章學誠，《文史通義・外篇二》（台北：里仁書局，民國 73 年 9 月），下冊，卷七，頁 760。

的〈趙氏孤兒〉、李壽卿的〈伍員吹簫〉、尚仲賢的〈氣英布〉、楊梓〈霍光鬼諫〉等，明雜劇中有朱權的〈卓文君私奔相如〉、葉憲祖的〈灌將軍使酒罵座記〉、陳與郊的〈淮陰侯〉、無名氏的〈牧羊記〉等等，由此而知《史》《漢》對文學的影響是相當多方面的。

由於本章主題以史書論贊為討論的範圍，《史》《漢》在文學其他方面的影響，在此暫且不論，僅就《史》《漢》論贊在形式與作用方面，對後世傳記散文及小說所產生的影響，分別舉例作詳細的討論。

第一節　對傳記散文的影響

《史記》紀傳體的編纂方式不僅開創了中國正史的體例傳統，而其中的列傳也成為中國傳記文學的先河。唐、宋以後傳記或傳狀類的散文作品，一直是古文運動作家創作中相當重要而引人注意的作品，例如韓愈的〈毛穎傳〉、〈張中丞傳後敘〉，柳宗元的〈梓人傳〉、〈種樹郭橐駝傳〉，劉禹錫的〈子劉子自傳〉等等，這些傳記作品除了在篇章結構和敘事筆法等藝術技巧上師法《史》《漢》列傳外，有些篇章在敘事人物之後，亦於篇中或篇末夾雜作者個人的議論或評價，這些議論的形式，非常明顯的是直接承襲《史》《漢》論贊的方式而來，他們往往在議論之前加上「某某曰」，且其內容亦與《史》《漢》論贊一樣，以議論人事、評價人物、抒發感慨以及補充異聞為主，且幾乎多置於篇末，只不過在題稱上各有不同，因此後世傳記散文中議論的部份，不論其形式、結構或筆法，可以說完全是《史》《漢》論贊直接的移植與發揮。

韓愈〔註2〕的〈毛穎傳〉是傳記散文承襲《史》《漢》論贊形式的一篇重要代表作，內容敘述毛穎的世系及其生平事蹟，敘事的筆法與結構皆模仿《史記》列傳而來〔註3〕，不僅幽默滑稽且能旁徵博引，然在嬉笑怒罵之中卻又有許多令人感慨之處。其中最特別的便是韓愈在傳文之後，於篇末所加入的一段議論，議論的起首亦用「太史公曰」，文云：

> 太史公曰：毛氏有兩族，其一姬姓，文王之子，封於毛，所謂魯、衛、毛、聃者也。戰國時，有毛公、毛遂，獨中山之族，不知其本所出，子孫最為繁昌。《春秋》之成，見絕於孔子，而非其罪。及蒙將軍拔中山之毫，

〔註2〕唐代宗大曆三年（西元768年）至唐穆宗長慶四年（西元824年）。
〔註3〕參關永禮，《唐宋八大家鑑賞辭典》（北京北嶽文藝出版，2989年10月），頁150～153。

　　始皇封諸管城，世遂有名，而姬姓之毛無聞。穎始以俘見，卒見任使，秦

　之滅諸侯，穎與有功，賞不酬勞，以老見疏，秦眞少恩哉〔註4〕！

這段議論除了題稱直接借用「太史公曰」之外，不論是另引材料補充傳文未備之處
的方式，或是敘述毛氏淵源與傳承的內容結構，以及最後論始皇以老見疏、寡情少
恩的筆法，幾乎都與《史記》中的「太史公曰」完全相似，可以確定韓愈實是有意
模仿《史記》的。唐李肇便云：

　　韓愈撰〈毛穎傳〉，其文尤高，不下史遷，眞良史才也〔註5〕。

宋樓昉也說：

　　太史公筆力豪放，而與激壯頓挫，韓退之〈毛穎傳〉可繼其後〔註6〕。

同時期的柳宗元〔註7〕也有相似的作品，如〈宋清傳〉，宋清是一位長安平凡的藥商，
由於他爲人誠信寬厚，熱心救急扶困，受到世人的讚譽，最後終於成功而致富。〈宋
清傳〉全篇有兩段議論，前一段的議論直接論述作者觀察世俗交往的現實與宋清雖
爲商人卻有貧富無別的寬大作風。後一段的議論則是再次諷刺士大夫爭利的醜行，
此段的起首則是以題稱「柳先生曰」爲開始。

　　韓、柳所創作的傳記散文多有寓教諷諭的主旨，且與推行古文運動的寫作有關，
因此在傳文中夾雜議論說明旨趣，似是無可避免的寫作方式。而從〈毛穎傳〉、〈宋
清傳〉的創作可知，《史記》論贊的形式與作用，無疑是給古文作家一個很好的啓發，
亦即利用史書論贊的方式在傳記作品中爲自己開闢一個自由議論的空間。雖然論贊
式的結尾並非所有傳記類散文作品的固定格式，但自韓愈的〈毛穎傳〉、柳宗元的〈宋
清傳〉以後，確實有愈來愈多的作家學習並援用這種議論的方式。

　　蘇軾的多篇傳記散文不僅在描寫的筆法上受司馬遷敘事的影響，在形式上也
同樣受到《史記》的啓發，正如他的多篇人物傳記，篇末也多運用史書論贊的形
式來發表議論，只不過蘇軾在題稱上有較多不同的變化。例如〈管仲分君謗〉、〈書
六一居士傳後〉題爲「蘇子曰」，〈陳公弼傳〉用「贊曰」，〈率子廉傳〉用「東坡
居士曰」，〈江瑤柱傳〉、〈黃甘陸吉傳〉則直皆題「太史公曰」發論。如〈江瑤柱
傳〉的末段云：

　　太史公曰：里諺有云：『果蓏失地則不榮，魚龍失水則不神』，物固且

　然，人亦有之。嗟乎！瑤柱誠美士乎，方其爲席上之靈風味蔼然，雖龍肝

〔註4〕姚鼐，《古文辭類纂》（台北：華正書局，民國74年9月），下冊，卷三十八，頁1022。
〔註5〕李肇，《國史補》（台北：學津出版，民國60年5月），卷下。
〔註6〕樓昉，《過庭錄》，收於《說郛》（台北：商務印書館，民國63年7月），冊三，卷四。
〔註7〕唐代宗大曆八年（西元773年）至唐憲宗元和十四年（西元819年）。

鳳髓，有不及者。一旦出非其實，而喪其真，眾人且掩鼻而過之，士大夫有識者，亦為品藻而置之下，士之出處，不可不慎也！悲夫〔註8〕！

而〈黃甘陸吉傳〉的末段則是：

> 太史公曰：田文論相吳起說，相如回車廉頗屈，姪欲弊衣尹姬悔，甘、吉亦然。傳曰：『女無好醜，入宮見妒；士無賢不肖，入朝見嫉』，此之謂也。雖美惡之相遼，嗜好之不齊，亦焉可勝道哉〔註9〕！

這兩則篇末的評論方式有許多受《史記》影響之處：一、起首的題稱直接模仿《史記》用「太史公曰」，二、亦仿《史記》引用諺語的方式說理，三、文中亦加入感慨的語氣詞，四、論述的內容亦引用《史記》中的典故，五、直接改寫《史記》中的文句〔註10〕。清林雲銘在《古文析義》中便曾論此類傳記作品時云：

> 若論傳體，只前段敘事處是傳，以下皆論贊矣〔註11〕。

從蘇軾的傳記散文作品來看，此論實不虛言。

又如王安石的〈傷仲永〉雖沒有題名為「傳」，然其內容卻實為一篇敘述仲永成長過程的小傳。仲永是一個天才兒童，五歲能文，然其父將子視為搖錢樹，只帶著孩子到處表演而不予以教育，等到仲永長大之後，只不過是一個平庸無奇的人。篇末王安石加了一段議論，論述仲永成長過程給予自己的一些啟示，可說是全文創作的思想中心，而最重要的是王安石在這段的起首處，亦加了「王子曰」三字，這是王安石運用史書論贊形式作為散文議論與表達的例子。

宋濂〔註12〕的〈杜環小傳〉也是一篇典型的傳記散文，文章敘述杜環接濟奉養父友老母的感人事蹟，文筆流暢簡潔，情節動人肺腑。其中最特別的是在敘述杜環生平之後，篇末所發表的議論，宋濂直接題稱為「史官曰」，這個史官乃指作者宋濂自己，因為他曾擔任修纂《元史》的總裁〔註13〕，因此自稱為史官，這與《史記》「太史公曰」、正史中的「史臣曰」的筆法和用意是完全相同的。而本篇「史官曰」的內容一開始便引用《史記・汲鄭列傳》「太史公曰」中翟公之語的文句：

> 一死一生，乃知交情；一貧一富，乃之交態；一貴一賤，交情乃見！

〔註8〕《蘇東坡全集》（台北：河洛出版，民國64年9月），下冊，卷十二，頁383。
〔註9〕同註8，頁384。
〔註10〕〈黃甘陸吉傳〉中「傳曰」的文句乃改寫《史記・扁鵲倉公列傳贊》「女無美惡，居宮見妒；士無賢不肖，入朝見疑」而來。
〔註11〕清林雲銘，《古文析義》（台北：廣文書局，民國68年9月），頁114。
〔註12〕元武宗至大三年（西元1310年）至明太祖洪武十四年（西元1381年），有《宋學士文集》。
〔註13〕明太祖洪武十二年詔修《元史》，累官至翰林旨承知制誥。

這段話轉引到杜環的處世態度與對父友老母誠信奉養的事蹟上，不僅恰當貼切，也表達了宋濂對人情世態所發出的深刻感慨。這篇作品不僅在傳寫人物的結構上模仿《史記》，傳末的論贊也因宋濂曾為史官而直接題稱為「史官曰」，且其內容也轉引《史記》「太史公曰」的語句，可說是《史》《漢》論贊在傳記散文中直接而完整的繼承，而宋濂的其他幾篇傳狀類作品，亦多為此種形式結構，例如〈李疑傳〉的篇末則題為「太史氏曰」。

　　明代的古文作家中，歸有光（西元一五○六至一五七一年）的多篇傳記散文亦有引用史書論贊形式為結尾的情形，如〈歸氏二孝子傳〉、〈韋節婦傳〉、〈陶節婦傳〉篇末題有「贊曰」，〈王烈婦傳〉的篇末則題為「歸子曰」。而劉才甫的〈樵髯傳〉篇末則是題為「劉子曰」，〈胡孝子傳〉的篇末則是「贊曰」〔註14〕。「歸子曰」、「劉子曰」的題稱與蘇軾「蘇子曰」、王安石「王子曰」的方式和意義相同，皆是以作者自顯姓氏的方式為起首法，「贊曰」則較接近《漢書》或《後漢書》，多有讚頌褒貶之意，不過文體仍為散文，而非四字句的駢文。

　　明末清初周容〔註15〕的〈芋老人傳〉也是一篇寓言式的傳記，芋老人就像《論語·微子》中的荷蓧丈人或《莊子·達生》中的佝僂老人，處微賤而操末業，卻能夠語出驚人，句句哲理，周容借這種人物傳記，以隱喻的方式批評時政和諷刺世人。其實韓愈的〈圬者王承福傳〉、柳宗元的〈種樹郭橐駝傳〉以及劉基的〈賣柑者言〉也都是這類型的傳記作品。〈芋老人傳〉除了在主題、結構、形式等方面承襲這種寓言式的筆法外，最末一段題稱為「贊曰」的議論與結語，亦是史書論贊形式的運用，借著「贊曰」的空間，用以點明全篇的主旨與寓意。

　　清侯方域（西元一六一八至一六五四年）是一位文學韓愈、歐陽修，詩學杜甫的古文家，他的〈馬伶傳〉也是一篇援用史書論贊形式的典型傳記散文，文章敘述馬伶的生平以及他與李伶兩次同台對演〈鳴鳳記〉較量演技的情況。最後一段的議論幾乎完全模仿「太史公曰」的語氣與方式，很明顯的受到史書論贊的影響，文云：

　　　侯方域曰：異哉！馬伶之自得師也。夫其以李伶為絕技，無所于求，
　　乃走事昆山，見昆山猶之見分宜也，以分宜教分宜，安得不工哉！嗚呼！
　　恥其技之不若，而去數千里，為卒三年，倘三年猶不得，即猶不稱歸。其
　　志如此，技之工有須問耶〔註16〕？

〔註14〕以上各篇皆收於《古文辭類纂》，卷三八。
〔註15〕明神宗萬曆四十七年（西元 1619 年）至清聖祖康熙十八年（西元 1679 年）。有《春酒堂文存》。
〔註16〕侯方域，《壯悔堂文集》（台北：新興書局，民國 64 年 5 月），卷十一。

作者於篇末自顯姓名，從評論的角度肯定馬伶的演技與學習精神，認為馬伶是因為能夠秉持刻苦學習的心志與毅力，才有可能在三年之中得到精湛的演技和成就。而作者用「侯方域曰」為議論的起首法，則是類似史書論贊中史官自顯姓名的方式。同一時期的魏禧（西元一六二四至一六八○年）亦是當時著名的散文家，其代表作〈大鐵椎傳〉末段的議論，亦是以「魏禧論曰」自顯姓名的方式為起首。

歸納上述所列舉的諸篇傳記散文，其篇末議論起首所引用的題稱略可分為以下幾類：

一、是直接引用「太史公曰」的方法，這個題稱以唐韓愈與宋蘇軾為主，韓愈使用這個題稱，應該是因為當時的傳記散文仍屬於推行古文運動的嘗試之作，因此在有意模仿《史記》列傳的創作方法與精神時，亦同時引用這樣的形式與題稱。而蘇軾作品篇末的題稱則有較多的變化，然使用「太史公曰」的篇章，其文章的內容與筆法，則多是與《史記》有關。

二、篇末題稱為「史官曰」、「太史氏曰」者，則以宋濂為代表，這是因為他曾任史官之職。

三、以自顯作者姓氏的方式，此乃歷來傳記散文家最常使用的方法，包括柳宗元的「柳先生曰」、蘇軾的「蘇子曰」、王安石的「王子曰」、歸有光的「歸子曰」和劉才甫的「劉子曰」。在姓氏之後加上「子」字，可以是自稱，也可以是對他人的敬稱，中國歷來對諸子、思想家與重要的文人大都以此方式稱之，因此許多未為史官的散文作家，便多以此種方式為篇末的題稱。

四、明代與清初的散文家，則有以「贊曰」為篇末的題稱，較類似《漢書》與《後漢書》等史書論贊的方式，這種方式亦恐與唐宋以後文人多為他人撰寫傳狀、誌文的風氣有關，因此內容多是對傳中人物的讚頌褒貶之意，然與銘文、碑誌不同的是，這些「贊曰」仍然以散文來寫作。

五、清代的侯方域與魏禧，則是以自顯全名的方式作為篇末的題稱，這與史官在史書論贊中自顯姓名的方式是相同的。這樣的題稱，作者可完全以主觀的角度去評論傳文中的人物，並且自由的抒發個人的想法，而無須因「史官曰」或「贊曰」等題稱的立場而有所限制。

由以上的歸納可知，歷代傳記散文作品篇末議論的題稱，是隨著時代、作者與創作作品的成熟度而略有變化的。雖然在題稱上各有不同，然其作意與作用，則幾乎是沒有什麼差異。他們利用《史》《漢》論贊的形式與空間，在篇末以現身說法的方式加以議論，用以說明自己立傳的寓意旨趣，或補充傳文之未及，或抒發個人之感懷，或評價傳中之人物，或用以總結全文。對於推行與師法古文運動的古文家來

說，傳記散文的形式與內容正可以達到載道與諷諭的社會功能，而作者正可利用這種論贊的空間，表達議論世俗與道德勸懲的用心。因此這類傳記散文除了在形式、結構上模仿《史》《漢》列傳的體例之外，它所具備的作用亦與《史》《漢》論贊相近，甚至還發揮了史論寓意鑑戒的功能。因此《史》《漢》論贊無疑是給予古文家一個最好的啟發，讓古文家在各種文學類型中，尋找到一種最容易發揮又能具備多種作用的寫作形式。

　　歷代散文作家的文集汗牛充棟，無法一一完整查詢與介紹，僅列舉上述諸例加以討論。其他諸多傳記或散文作品中，還有以「嗚呼」、「嗟乎」、「於戲」、「噫」等類語氣詞為議論之起首語者，此種形式應與《五代史記》中「嗚呼」的引首相近，此類尤以明、清時期散文作品出現的頻率為高，這大概與當時文人寫作的習慣有關。

第二節　對小說的影響

　　自《漢書·藝文志》以下的目錄學者，皆將所謂街談巷議的小說家列於子部之下，他們所考慮的，主要是因為小說中所具有的虛構成份，以及以「議論為宗」的小說本質，例如在《莊子》、《列子》、《淮南子》中，都有許多神怪詭異的寓言故事。但事實上，小說所具有的敘事功能與寓教作用，正與史書的敘事有其相似之理，如《史記》中的一些軼事或志怪類的記載，其實是頗具有小說的成份與性質的。此外，在玄學發達的魏、晉時期，亦有一部份的史部典籍與小說之間並無清楚的分界，正如稽康的《高士傳》或葛洪的《神仙傳》。劉知幾在《史通·雜述》中便曾云：

> 子之將史，本為二說，然如《呂氏》、《淮南》、《玄晏》、《抱朴》，凡
> 此諸子，多以敘事為宗，舉而論之，抑亦史之雜也〔註17〕。

因此中國歷代的小說作品，雖基本上與史傳之間有所謂真實與虛構之間的分別，但在某些敘事的方法與議論的精神上，其實是有其共通的淵源的。

　　中國小說自唐代始有意為小說〔註18〕，而唐傳奇所特別強調的即是「史才」、「詩筆」與「議論」，對史才與議論的重視，正是上述小說與史傳之間的共通淵源，且唐代的傳奇作家甚至有視小說為史的觀念。近人陳文新說：

> 史傳是一部份傳奇作者敘事的樣板，傳奇的若干敘事規範是直承史傳
> 而來〔註19〕。

〔註17〕《史通通釋》（台北：里仁書局，民國82年6月），卷十，頁246。
〔註18〕魯迅，《中國小說史略》（台北：谷風出版，民國75年），頁75。
〔註19〕陳文新，《中國傳奇小說史話》（台北：正中書局，民國84年3月），頁51。

明凌雲翰《剪燈新話序》亦云：

　　昔陳鴻作〈長恨傳〉，並〈東城老父傳〉，時人稱其史才，咸推許之。
因此唐傳奇師法史傳的敘事，並推崇具有史才的作家及作品是可以肯定的。

　　唐傳奇除了在敘事的結構、筆法、人物的刻劃，以及以人名爲篇名等方面向史
傳學習以外，尤須注意的，即是在每篇傳奇作品篇末所綴集的一大段議論，正是傳
奇受史書論贊影響的重要部份，雖然在議論起首之處，並沒有如傳記散文篇末多有
明顯的題稱，但針對敘事內容與人物所發的議論，卻完全是史書論贊的影子。例如
沈既濟〈任氏傳〉篇末云：

　　嗟乎！異物之情也有人焉！遇暴不失節，徇人以至死，雖今婦人，有
　不如者矣！
白行簡的〈李娃傳〉篇末則云：

　　嗟乎，倡蕩之姬，節行如是，雖古先烈女，不能踰也。焉得不爲之歎息哉！
又薛調〈無雙傳〉的篇末云：

　　噫！人生之契闊會合多矣，罕有若斯之比，常謂古今所無。無雙遭亂
　世籍沒，仙客之志，死而不奪。卒遇古生之奇法取之，冤死者十餘人。艱
　難走竄後，得歸故鄉，爲夫婦五十年，何其異哉！
這些傳奇篇末的議論雖沒有任何特別的題稱，然於起首處多是以「嗟乎」、「噫」或
「嗚呼」等語氣詞爲議論的開始，此與《五代史記》以「嗚呼」爲起首的方式和作
用，應該是沒有什麼差別的。而其議論的內容則是以評價傳中人物事蹟與抒發個人
感懷或讚嘆人物爲主，可以說亦具有史書論贊的基本性質。

　　另外李公佐〈謝小娥傳〉的篇末云：

　　君子曰：誓志不捨，復父夫之仇，節也。傭保雜處，不知女人，貞也。
　女子之行，唯貞與節能終始全之而已。如小娥，足以儆天下逆道亂常之心，
　足以觀天下貞夫孝婦之節。
而沈亞之〈馮燕傳〉的篇末則是云：

　　讚曰：余尚太史言，而又好敘誼事。其賓黨耳目之所聞見，而謂余道
　元和中外郎劉元鼎語余以馮燕事，得傳焉。嗚呼！淫惑之心，有甚水火，
　可不畏哉！然而燕殺不誼，白不辜，眞古豪矣！
這兩段議論的起首則更接近史書論贊，「君子曰」是《左傳》慣用的評論方式，〈謝
小娥傳〉的這段評論正是在強調小娥的貞與節。而「贊曰」則是《漢書》、《後漢書》
論贊的題稱，沈亞之在前半段先交代寫本傳的因由，後半段則是以評論馮燕的行事
爲主。因此不論從題稱的方式與議論的內容來看，這兩篇傳奇篇末的部份，都可以

肯定是受到《史》《漢》論贊的影響。

　　繼唐傳奇以後，結合傳奇與志怪的文言小說高峰，必須從唐代跳過宋、元、明三代，直至清代檢視蒲松齡〔註20〕的《聊齋志異》。《聊齋志異》在許多小說作品中，可說是一部史學色彩相當濃厚的短篇小說集，除了其內容具有傳奇志怪〔註21〕與寄寓哲理的特點外，在形式方面，《聊齋志異》與史傳之間的確有很多直接的傳承關係。首先，在創作的動機與精神方面，與司馬遷的發憤著書實有其相同的寄託之慨。《聊齋志異自序》云：

　　　　集腋爲裘，妄續幽冥之錄；浮白載筆，僅成孤憤之書。寄託如此，亦
　　足悲矣！

而其雅愛搜奇記異的興趣亦與司馬遷同〔註22〕。其次，《志異》以敘寫人物的故事爲主，有許多篇章正是以主角人物的姓名爲篇名的，例如〈席方平〉、〈白秋練〉、〈伍秋月〉、〈香玉〉等等，這與《史》《漢》立傳以人名爲傳名的方式是相類的。而其在傳寫人物的佈局與結構上，亦與史傳相似，例如每篇作品必先介紹主角人物的姓名、籍貫、家世背景或性格特點等等，然後再敘述此人的重要事蹟，最後亦必交代主角一生的結局。此外，《聊齋志異》的文筆典雅，文句優美，故事動人，且於隱晦處往往表現出諷刺現實的喻意或憤世疾俗的情感。因此何彤文《聊齋志異序》云：

　　　　《聊齋》胎息《史》《漢》，………其運筆可謂古峭矣，序事可謂簡潔
　　矣，鑄語可謂典贍矣〔註23〕。

除了上述各點之外，《聊齋志異》與《史》《漢》論贊關係最密切的，即是許多篇章所附的「異史氏曰」。在全書四百三十一篇作品中，有一百八十四篇附有「異史氏曰」，且與一般史書論贊一樣，多置於篇末，不過亦有少數置於篇首者。「異史氏曰」的文字多寡不一，短者僅數句而已，長者亦有洋洋數百言者。內容豐富，語言精鍊，或以諷刺社會現實與爲政者之醜行，或以明示人間世俗的冷暖，或是對傳中人物的讚許，或是抒發其個人的抑鬱之情，而總歸以評論、感想、歸納及類比等功用爲主〔註24〕。其中尤以評論人物與抒發情懷類的「異史氏曰」爲多，且其內容皆能鞭僻入裡，

〔註20〕明毅宗崇禎十三年（西元1640年）至清聖祖康熙五十四年（西元1715年）。
〔註21〕魯迅，《中國小說史略》（同註18）云：「描寫委曲，敘次井然，用傳奇法，而以志怪，變幻之狀，如在目前」。頁219。
〔註22〕《聊齋誌異自序》云：「才非干寶，雅愛搜神，情類黃州，喜人談鬼。聞則命筆，遂以成篇。久之，四方同人，又以郵筒相寄，因而物以好聚，所積益夥」。此與司馬遷愛奇與廣搜史料軼聞的精神同。
〔註23〕《繪圖聊齋志異》（香港珠海書院出版，1975年9月）。
〔註24〕參羅敬之，《蒲松齡及其聊齋志異》（台北：國立編譯館印行，民國75年2月），頁373～374。

直指本意，與故事前文遙相呼應，使人能一窺其創作之主旨並發人深省。例如卷四〈申氏〉：

> 異史氏曰：人不患貧，患無行耳。其行端者，雖餓不死，不爲人憐，亦爲鬼祐也。世之貧者，利所在忘義，食所在忘恥，人且不敢以一文相託，而何以見諒於鬼神乎？

本篇的「異史氏曰」主要是針對故事內容所作的評論，論貧與義之間的道德觀，頗具有教育意義。另外如卷十六〈王子安〉篇末的「異史氏曰」，則是表現出蒲松齡對儒生患得患失的諷刺與對科舉考試不第的無限感慨，文云：

> 異史氏曰：秀才入闈，有七似焉。初入時白足提籃，似丐。唱名時，官呵吏罵，似囚。其歸號舍也，孔孔伸頭，房房露腳，似秋末之冷蜂。其出闈場也，神情惝怳，天地異色，似出籠之病鳥。迨望報也，草木皆驚，夢想亦幻，時作一得志之想，則頃刻而樓閣俱成；作一失意想，則瞬息而骸骨已朽，此際行坐難安，則似被執之猱。忽然而飛騎之傳入，報條無我，此時神情猝變，嗒然若死，則似十咁毒之蠅，弄之亦不覺。………如此情況，當局者痛哭欲死，而自旁觀者視之，其可笑甚焉。

這篇「異史氏曰」對參加科舉考試的考生心情，描繪得栩栩如生，除了有諷刺意味之外，恐亦是蒲松齡自己的親身體驗與感想。

因此，蒲松齡創作《聊齋志異》有意仿史的動機，除了其卷首《自序》中的說明外，從「異史氏曰」的設立、題稱、內容與作用等，都可以很清楚的看出蒲氏的作意與心志。正如趙起杲〈刻聊齋志異例言〉云：

> 竊取《春秋》微顯志晦之旨，筆削欲奪之權〔註25〕。

江茂森《繪圖聊齋志異序》也云：

> 直可作傳讀之，非僅供人遣興之小說而已〔註26〕。

而所謂的「異史氏」究竟爲何意？若以字面之意來看，蒲松齡固非史官，所著亦非正史，故稱篇末相類於史書論贊的部份爲「異史氏曰」，是可以推想得見的。然所謂「異而同者，忘其異焉可矣」〔註27〕，尤其是從此書有意仿史的著作動機來看，是否「異史氏」即可反訓爲「同史氏」，同樣值得後人揣度。

所以，「異史氏曰」的設立，不僅有助於讀者對《聊齋志異》作品和主題的了解，更具有提示、補充與深化本文的作用。這是歷代小說中最具有史學色彩，又最能靈

〔註25〕同註23。
〔註26〕同註23。
〔註27〕高念東，《聊齋志異序》。

活運用《史》《漢》論贊的一部優秀作品，可謂將史書論贊的形式與作用做了極至的發揮。

除了《聊齋志異》以外，明末趙南星〔註28〕所著的《笑贊》，是一部集結笑話作品的筆記小說集，雖非長篇說理，卻能在詼諧談笑之中作尖銳而辛辣的諷諭之旨。本書共有七十二則笑話，每則篇末皆附贊語一段，並題為「贊曰」。「贊曰」的內容用以點明每則故事的旨趣，有時並借題發揮，在詼諧之中表達深意，頗具有特色。例如「屁頌」一則，便將官場中阿諛奉承的文人諷刺得相當有趣而傳神：

> 一秀才數盡，去見閻王。閻王偶放一屁，秀才即獻〈屁頌〉一篇，曰：
> 「高竦金臀，弘宣寶氣，依稀乎絲竹之音，彷彿乎麝蘭之味。臣立下風，
> 不勝馨香之至。」閻王大喜，增壽十年，即時放回陽間。十年限滿，再見
> 閻王。這秀才志氣舒展，望森羅殿搖擺而上。閻王問是何人，小鬼說道：
> 「是那做屁文章的秀才。」
>
> 贊曰：此秀才聞屁獻諂，苟延性命，亦無恥之甚矣。猶勝唐時郭霸以
> 嘗糞而求富貴，所謂遺臭萬年者也。

若僅見故事上文，多將此文視作笑話閱之，然作者在「贊曰」中卻將聞屁獻諂的秀才，與武則天時的郭霸相聯繫，實將古今官場中迂腐的文人與阿諛奉承的文化作了最直接的諷刺，使得這一則笑話因作者所加入的「贊曰」，而富有更明確而深刻的意義。故《笑贊》中的「贊曰」，除了在形式上模仿史書論贊外，其主要的用意則是在借「贊曰」的空間點明故事的旨趣，使原本逗趣、滑稽的小故事，亦能含富深刻的意義，更借著幽默詼諧與諷刺性的筆法，對社會、世俗的價值觀作寓言式的深思。

此外，蔡信發先生在〈《史記》贊語對韓國漢文小說的影響〉〔註29〕一文中，亦提及《史記》「太史公曰」對韓國漢文小說有深遠的影響。在《韓國漢文小說全集》中的許多小說篇末亦有所謂的論贊，其形式有「太史公曰」、「太史曰」、「贊曰」、「論曰」、「史臣曰」、「外史氏曰」、「野史氏曰」、「花史氏曰」、「君子謂」、「許子曰」等等〔註30〕，其中尤以「外史氏曰」出現的次數最多，蔡先生以為這個題稱大概是為了小說有別於正史的原故〔註31〕。他並歸納這些小說論贊的作用，概可分為補逸事、敘遊歷、寄褒貶、評得失、記奇異、攄感慨、明成敗、辯誣妄、論因果、足文獻等

〔註28〕明世宗嘉靖二十九年（西元 1550 年）至明熹宗天啟七年（西元 1627 年）。
〔註29〕蔡信發，收於《話說史記》（台北：萬卷樓發行，民國 84 年 10 月），頁 227～235。
〔註30〕參同註 29，頁 231。
〔註31〕參同註 29，頁 232。

十種〔註 32〕。故知不論在形式或作用方面，後世小說皆受到《史》《漢》論贊的影響，且其影響力並不僅限於中國。

第十二章　結　論

　　先秦典籍中的「君子曰」乃《史》《漢》以降史書論贊的雛形與淵源，司馬遷師法「君子曰」的形式創「太史公曰」，作爲史家在客觀敘史之外，有抒發己見與評議史事人物的獨立空間，其精神乃本於孔子述作《春秋》的褒貶大義，其內容則重在補充正文中的事與義。班固《漢書》改題稱爲「贊曰」，「贊」字有「助」、「明」之意，故班固借「贊曰」助以發明傳意，尤重在託贊褒貶、補充傳文，以及表達鑑今戒後之旨。自此以後，《史》《漢》論贊影響深遠，論贊的功能與意旨亦由此而明，後代史書雖在體例、名稱上略有所別，然已漸滋形成中國史書的論贊系統。

　　《史》《漢》論贊雖爲史書中評議論斷的獨立空間，但卻與全書體例緊密結合，不論是《史記》「太史公曰」或《漢書》「贊曰」，皆是與正文互爲參見，貫串連通的重要部份。例如「太史公曰」主要以置於篇末爲常格，但亦有因內容及性質的需要而置於篇首、篇中或出現兩則「太史公曰」者，但不論其所置的位置如何，全書一百三十六則「太史公曰」，篇篇皆有其匠心獨運的作意與安排，絕非隨意編置或強生其文。尤其經各篇內容的具體分析得知，「太史公曰」的涵蘊豐富，筆法富於變化，有些以直言論斷褒貶，有些則以反語曲筆微言譏刺之，另亦有引經籍、俗諺與他人之言，或補軼事、記經歷、言去取者，有時則是在一則之中同時包含多種筆法與內容。透過五體與「太史公曰」之間的連結貫通和參見互補，使「太史公曰」成爲讀者得知《史記》各篇意旨的參考資料，尤其能從中得見司馬遷對史事人物的褒貶論斷，這不僅是他史學思想的精華所在，亦展現了司馬遷的史德、史識與史才。正如多篇置於篇首的〈表〉序，正是他考察歷史事件，利用綜其終始的方法，爲歷史興替的關鍵與政治形勢的演變所作的分析，〈書〉序則是對各類活動包括文化學術、天文地理、經濟軍事等所發表的見解。而〈本紀〉、〈世家〉、〈列傳〉中的「太史公曰」，除了論及人物的評價褒貶外，司馬遷更重視人在歷史發展中的重要性，帝王將相、

人與人心，正確與錯誤的決策、行爲，都是影響歷史演變的重要關鍵。而人事與天意之間更無絕對的必然關連性，在〈伯夷列傳〉、〈項羽本紀贊〉中，都透露了他對人的意志與行爲作用的肯定，以及對人類生存意義與價值的重新思考。

「太史公曰」不僅是司馬遷思想、史論的精華所在，亦爲其文學創作與情感的表達。「太史公曰」常以強烈的抒情筆法，或用夾敘夾議的方式，透過主體的「余」直抒胸意，表現出他對人物的愛惡喜憎，不論是以議論說理出之，或是以重復疊沓的語句，皆可見其對歷史人物的感慨之情。「太史公曰」善敘事理又富於情感，謹密審慎也同時能夠生動有致，雖以議論批評之旨爲要，卻又不失文學與藝術的特質。

至於紀傳體之斷代史《漢書》，其宗旨乃在包舉西漢一代的歷史，保存歷史文獻，並宣揚漢室之功德。其體例依歷史發展的轉變，在《史記》的基礎上略作省改變更，其設置較《史記》而言，可說是更加完備而統一，亦更適合記敘一朝的史事。《漢書》「贊曰」的位置一律繫於篇末，因形式、體例、風格一致而成定式，後世正史亦因此多以《漢書》「贊曰」的定式爲規範。然東漢乃爲重陰陽、讖緯學說的時代，朝廷爲了鞏固政權即以各種方式對文人學士的思想加以限制，因此《漢書》論贊受其時代的影響，在許多地方表現出尊漢、宣漢的立場，其次則是以「五德終始」爲次序的正統觀，以陰陽災異與天人感應爲主的天命論，以及尊經崇儒的學術思想爲主。在內容方面則多能承襲「太史公曰」的精神，發明作意、寓戒褒貶、徵引典籍舊聞，並以增補傳文之不足，評價人物、史事之得失，或爲抒情感慨之作爲主。然《漢書》「贊曰」的風格則與《史記》迥異，以典雅古奧、華瞻弘麗、溫雅蘊藉見稱，又多用整文偶句、古文奇字，且重音節聲韻，故能和雅流暢且精鍊得當。

在《史》《漢》論贊之間的比較方面，《史記》「太史公曰」共有三十一篇被《漢書》所襲用，分別引用於《漢書》二十三篇「贊曰」與四篇序論之中，《漢書》置於篇首的序論雖亦以說明〈表〉的作意爲主，但並不作任何題稱，而是直接敘寫，與《史記》篇首序論亦題作「太史公曰」的形式略有不同，班固應是刻意將篇首序論與篇末「贊曰」作功能與作意上的區別。至於各篇襲用的程度則有多寡之別，有大部份襲用者，亦有僅引用一部份或少數幾句者，然不論引用的篇幅如何，班固皆是依自己的史學觀與文學觀作有意爲之的改易，有些篇章雖僅作部份文字的修改，便表現出班固對人物與司馬遷不同的評價，如〈燕荆吳傳贊〉、〈萬石衛直周張傳贊〉等，至於他贊同司馬遷論斷的部份，則是對引用的段落作文氣與詞句的修改，以呈現符合自己風格的贊文，因此《漢書》雖有許多承襲《史記》而來的論贊部份，但班固並非一味「盡竊遷書」，而是在謹慎中對司馬遷的論斷作文學與思想方面的考量。

因此《史》《漢》論贊雖有部份重疊的篇章，但兩者所呈現的思想、文章風格卻

迥然不同，正如章學誠以爲遷書通變化而「體圓用神」，班書守繩墨而「體方用智」
〔註1〕。吳福助先生論二者之別時則云：

> 《史記》論贊，不專在斷制，其指意辭事，多取之本文之外，大抵以
> 筆墨勝，淡淡數語，非煩上三毫，則睛中一畫，而轉折尤多，有尺幅千里
> 之妙。《漢書》論贊則意在勸懲，綜括本文事跡以爲之，斷制極不苟，條
> 貫有序，歷然可閱〔註2〕。

《史》《漢》以後幾乎每一部史書皆有論贊一體，只不過各書在題稱上略有所異。例
如荀悅《漢紀》稱「荀悅曰」，范曄《後漢書》稱「論曰」，陳壽《三國志》稱「評
曰」，《晉書》、《宋書》、《隋書》等則因爲史館同修而稱「史臣曰」，這些史書所題列
的「某某曰」完全是受《史》《漢》論贊的影響，在功能與目的方面與《史》《漢》
論贊亦大致相同，只不過比《史》《漢》論贊更具有史論、史評的性質，且更重視論
贊在對史事人物的褒貶與鑑戒作用。我國史書論贊形式的發展，亦由此而漸趨確立
而固定，形成中國史學中的一大特色。

在文學方面，《史》《漢》論贊的形式與作用，則對傳記散文與小說產生深遠的
影響。自唐代韓愈所推行的古文運動始，歷代古文家便創作了許多傳記類的散文作
品，他們在敘事的筆法上學習《史》《漢》列傳，在文章的結構形式上，則是模仿《史》
《漢》論贊在篇中或篇末夾雜作者個人的議論或評價。如韓愈的〈毛穎傳〉，柳宗元
的〈宋清傳〉，蘇軾的〈黃甘陸吉傳〉、〈江瑤柱傳〉，王安石的〈傷仲永〉，宋濂的〈杜
環小傳〉，明清時期的歸有光、周容、侯方域、魏禧等等，皆有多篇傳記散文作品採
用篇末議論的形式，只不過各自所使用的題稱略有差異，然其作意與作用則與《史》
《漢》論贊相通，具有載道與諷諭的社會功能。

在小說方面則屬唐傳奇與《聊齋志異》受《史》《漢》論贊影響最深，唐傳奇篇
末慣有一段對故事中人物的評論，《聊齋志異》的篇末則多有一段「異史氏曰」，《聊
齋志異》的「異史氏曰」可說是歷代小說中最具史學色彩，亦是將史書論贊形式與
作用發揮至極至的作品。此外，明末趙南星的《笑贊》與韓國的漢文小說，亦有受
《史》《漢》論贊影響的寫作形式。

故知《史》《漢》論贊除了在形式上影響史學與文學外，其精神、內容與作用亦
對後世有深遠的影響。重視歷史，尊敬良史信史，以及褒貶鑑戒的史學精神能夠延

〔註1〕參章學誠，《文史通義》（台北：里仁書局，民國73年9月），卷一，〈書教下〉，頁
49～50。
〔註2〕吳福助，〈史漢文學比較〉，收於《史漢解題》（台北：國家出版，民國84年1月），
頁191。

續兩千年,《史》《漢》論贊功不可沒。劉知幾《史通·論贊》云:

> 司馬遷始限以篇終,各書一論。必理有非要,則強生其文,史論之煩,實萌於此。………史之有論也,蓋欲事無重出,文省可知〔註3〕。

這樣的觀點應是偏頗而需要修正的,透過作史者對史事公允的評價,提出個人的史論、史觀,可以使後人對歷史有更深刻的認識,正如《史記》中的各篇〈表〉序便是最精彩創作。是故《史》《漢》論贊不論在史學或文學方面,皆有不朽的成就與貢獻。

〔註 3〕清浦起龍,《史通通釋》(台北:里仁書局,民國 82 年 6 月),卷四,頁 81~82。

參考書目

(依作者姓名筆劃順序排列)

一、《史記》研究之部

（一）專　書

1. 王民信編，《史記研究之資料與論文索引》（台北：學海，民國 65 年 7 月）。
2. 王伯祥，《史記選》（北京：人民文學，1995 年 12 月）。
3. 王利器主編，《史記注譯》（西安：三秦出版，1988 年 11 月）。
4. 王駿圖，《史記舊注平義》（台北：正中書局，民國 68 年 10 月）。
5. 丘述堯，《史記新探》（台北：明文書局，民國 81 年 1 月）。
6. 可永雪，《史記文學成就論稿》（內蒙古教育，1993 年）。
7. 司馬遷撰，三家注，《史記》（台北：鼎文，民國 86 年 10 月）。
8. 白話史記編委會主編，《白話史記》（台北：聯經，民國 86 年 10 月）。
9. 朱東潤，《史記考索》（上海：華東師範大學，1996 年 12 月）。
10. 何世華，《史記美學論》（台北：水牛圖書，民國 82 年 11 月）。
11. 吳汝煜，《史記論稿》（江蘇教育，1986 年）。
12. 吳見思，《史記論文》（台北：中華書局，民國 76 年 10 月）。
13. 吳國泰，《史記解詁》（易簃叢書之二，民國 27 年）。
14. 吳福助，《史記解題》（台北：國家，民國 84 年 1 月）。
15. 宋嗣廉，《史記與中學古文》（吉林教育出版，1992 年 3 月）。
16. 李人鑒，《太史公書校讀記》（甘肅人民出版，1998 年 10 月）。
17. 李少雍，《司馬遷傳記文學論稿》（重慶出版，1987 年）。
18. 李長之，《司馬遷之人格與風格》（台北：里仁書局，民國 86 年 10 月）。
19. 李勉，《史記七十篇列傳評注》（台北：國立編譯館，民國 85 年 1 月）。

20. 李景星，《史記評議》（岳麓書社，1985 年）。

21. 汪惠敏，《史記政治人物述評》（台北：師大書苑，民國 80 年 4 月）。

22. 周一平，《司馬遷史學批評及其理論》（上海：華東師範，1989 年）。

23. 周先民，《司馬遷的史傳文學世界》（台北：文津，民國 84 年 10 月）。

24. 周虎林，《司馬遷與其史學》（台北：文史哲，民國 69 年）。

25. 周嘯天主編，《史記全本導讀》（四川辭書出版，1997 年 5 月）。

26. 季鎮淮，《司馬遷》（上海：人民，1962 年）。

27. 屈萬里，《史記今註》（台北：台灣書店，民國 52 年）。

28. 姚祖恩，《史記菁華錄》（台北：聯經，民國 86 年 4 月）。

29. 施人豪，《史記論贊研究》（台北：文史哲，民國 68 年）。

30. 胡佩韋，《司馬遷和史記》（台北：國文天地，，民國 80 年 11 月）。

31. 范文芳，《司馬遷的創作意識與寫作技巧》（台北：文史哲，民國 76 年 5 月）。

32. 倉修良主編，《史記辭典》（山東教育出版，1991 年 6 月）。

33. 倉修良主編，《中國史學名著評介》（台北：里仁書局，民國 83 年 4 月）。

34. 凌稚隆，《史記評林》（天津古籍，1998 年 3 月）。

35. 孫德謙，《太史公書義法》（台北：中華書局，民國 72 年）。

36. 徐文珊，《史記評介》（台北：維新書局，民國 74 年 6 月）。

37. 徐興海，《司馬遷的創造思維》（陝西人民教育，1995 年 7 月）。

38. 徐興海主編，《司馬遷與史記研究論著專題索引》（陝西：人民出版，1995 年 3 月）。

39. 馬持盈，《史記今註》（台北：商務印書館，民國 68 年 7 月）。

40. 陝西司馬遷研究會主編，《司馬遷與史記論集》（陝西人民，1982 年）。

41. 陝西司馬遷研究會主編，《司馬遷與史記論集》第三輯（陝西人民，1996 年）。

42. 崔適，《史記探源》（台北：廣成出版，民國 66 年 3 月）。

43. 張大可，《史記研究》（蘭州，甘肅人民，1985 年 5 月）。

44. 張大可，《史記論贊輯釋》（陝西人民出版，1986 年）。

45. 張大可，《司馬遷一家言》（陝西人民教育，1995 年 8 月）。

46. 張大可，《司馬遷評傳》（南京大學出版，1997 年 1 月）。

47. 張高評主編，《史記研究粹編》（高雄：復文，民國 81 年 4 月）。

48. 張新科，《史記研究史略》（西安：三秦出版，1990 年 11 月）。

49. 張新科，《史記與中國文學》（陝西人民教育，1995 年 7 月）。

50. 張維嶽編，《司馬遷與史記新探》（台北：崧高書社，民國 74 年 11 月）。

51. 梁玉繩，《史記志疑》（台北：學生書局，民國 59 年）。

52. 梁啓超，《中國歷史研究法》（北京：東方出版社，1996 年 3 月）。

53. 莊適，《史記選註》（台北：商務印書館，民國 87 年 4 月）。

54. 許凌雲，《司馬遷評傳》（廣西教育，1994 年）。

55. 郭嵩燾，《史記札記》（台北：世界書局，民國 63 年 8 月）。

56. 郭雙成，《史記人物傳記論稿》（河南，中州古籍，1985 年）。

57. 陳直，《史記新證》（台北：學海，民國 69 年）。

58. 陳桐生，《中國史官文化與史記》（台北：文津，民國 82 年 11 月）。

59. 陳桐生，《史記名篇述論稿》（廣東：汕頭大學出版，1996 年 1 月）。

60. 陳新雄主編，《史記論文集》（台北：西南書局，民國 67 年 1 月）。

61. 游信利，《史記方法式論》（台北：文史哲，民國 77 年 10 月）。

62. 程金造，《史記管窺》（陝西人民，1985 年）。

63. 黃沛榮主編，《史記論文選集》（台北：長安出版，民國 71 年）。

64. 黃鎮偉，《歷史的黃鐘大呂——史記》（雲南人民出版，一九九年 7 月）。

65. 黃繩，《史記人物畫廊》（廣東人民出版，1988 年 11 月）。

66. 楊家駱，《史記今釋》（台北：正中書局，民國 60 年）。

67. 楊燕起等編，《歷代名家評史記》（北京師範大學出版，1986 年 3 月）。

68. 楊燕起主編，《史記研究資料索引和論文專著提要》（蘭州大學出版，1989 年 5 月）。

69. 楊燕起，《史記的學術成就》（北京師範大學，1996 年 7 月）。

70. 靳德峻，《史記釋例》（台北：商務印書館，民國 62 年）。

71. 趙生群，《太史公書研究》（陝西人民，1994 年）。

72. 劉乃和主編，《司馬遷和史記》（北京出版社，1987 年）。

73. 劉咸炘，《太史公書知意》（台北：鼎文，民國 65 年）。

74. 劉偉民，《司馬遷研究》（台北：文景書局，民國 64 年）。

75. 蔡信發，《話說史記》（台北：萬卷樓，民國 84 年 10 月）。

76. 鄭之洪，《史記文獻研究》（四川，巴蜀書社，1997 年 10 月）。

77. 鄭樑生，《司馬遷的世界》（台北：志文，1996 年 3 月）。

78. 鄭樑生，《史記的故事》（台北：志文，1997 年 11 月）。

79. 鄭鶴聲，《司馬遷》（台北：河洛圖書，民國 69 年 8 月）。

80. 蕭黎，《司馬遷評傳》（吉林文史出版，1986 年）。

81. 賴明德，《司馬遷之學術思想》（台北：洪氏出版，民國 71 年）。

82. 賴漢屏，《史記評賞》（台北：三民書局，民國 87 年 1 月）。

83. 韓兆崎主編，《史記賞析集》（四川，巴蜀書社，1988 年 8 月）。

84. 韓兆琦，《史記通論》（北京師大，1990 年）。

85. 韓兆琦編注，《史記選注匯評》（台北：文津，民國 82 年 4 月）。

86. 韓兆琦，《史記選注》（台北：里仁，民國 83 年 7 月）。

87. 韓兆琦，《史記博議》（台北：文津，民國 84 年 11 月）。

88. 聶石樵，《司馬遷論稿》（北京師範大學，1987 年）。

89. 瀧川資言，《史記會注考證》（台北：洪氏出版，民國 75 年 9 月）。

90. 嚴一萍，《史記會注考證斠訂》（台北：藝文印書館，民國 65 年 10 月）。

91. 顧立三，《司馬遷撰史記採左傳研究》（台北：正中書局，民國 69 年）。

（二）論　文

1. 王增愉，〈論史記的三種繼承與三個創新〉，《人文雜誌》（1991 年第三期）。

2. 白靜生，〈靈活多采的太史公曰〉，《河北師院學報》（1985 年第一期）。

3. 朱希祖，〈太史公解〉，《史記論文選集》（台北：長安出版，民國 71 年）。

4. 朱思紅，〈清人論史公三失〉，《渭南師專學報》（1994 年第三期）。

5. 朱榴明，〈史記太史公曰部分抉疑〉，《常德師專學報》（1983 年 10 月，第四期）。

6. 朱榴明，〈史記太史公曰抉疑〉，《人文雜志》（1986 年第三期）。

7. 牟家寬，〈試談司馬遷對人物的褒貶〉，《南京師院學報》（1985 年第一期）。

8. 余嘉錫，〈太史公書亡篇考〉，《史記論文集》（台北：西南書局，民國 67 年 1 月）。

9. 李寅浩，《史記文學價值與文章新探》（師大中文所博士論文，民國 80 年）。

10. 李毓善，〈史記太史公曰探析〉，《輔仁學誌》，第十卷，民國 70 年）。

11. 李繼芬，〈於含蓄中見褒貶〉，《杭州師院學報》（1985 年第一期）。

12. 阮芝生，《司馬遷的史學方法與歷史思想》（台大歷史所博士論文，民國 62 年）。

13. 阮芝生，〈論《史記》五體及「太史公曰」的述與作〉，《臺大歷史學報》（民國 68 年 12 月，第六期）。

14. 邵傳烈，〈太史公曰的春秋筆法〉，《中國雜文史》（上海：文藝，1991 年）。

15. 邱伯桃，〈從太史公曰看司馬遷的人才觀〉，《益陽師專學報》（1995 年第三期）。

16. 邱伯桃，〈再從太史公曰看司馬遷的人才觀〉，《益陽師專學報》（1996 年第三期）。

17. 俞樟華，〈試論史記中的太史公曰〉，《浙江師範學院學報》（1982 年第二期）。

18. 施蟄存，〈太史公名號辯〉，《學原》（民國 37 年 9 月，第二號第五期）。

19. 唐賢全，〈論太史公曰的春秋筆法〉，《上海社科院學術季刊》（1988 年第二期）。

20. 常德忠，〈史記中的春秋筆法〉，《寧夏大學學報》（1990 年第三期）。

21. 張大可，〈太史公釋名考辯〉，《人文雜誌》（1983 年第二期）。

22. 張大可，〈論史記十表之結構與功用〉，《青海社會科學學報》（1985 年第六期）。

23. 張大可，〈史記論贊序說〉，《史記研究粹編》，高雄復文書局，民國 81 年）。

24. 張玉芳，〈論史記的論斷方式〉，《中國文學研究》（民國 89 年 5 月第十四期）。

25. 張新科，〈史記與中國古典傳記〉，《渭南師專學報》（1995 年第三期）。

26. 張新科，〈也談史記太史公曰〉，《司馬遷與史記論集》第三輯（陝西人民，1996年）。

27. 郭瓊瑜，《史記的褒貶義法》（文化中文所碩士論文，民國 84 年）。

28. 陳桐生，〈太史考〉，《人文雜志》（1992 年）。

29. 逯耀東，〈史傳論贊與史記太史公曰〉，《新史學》（民國 81 年 6 月，三卷二期）。

30. 楊燕起，〈司馬談的歷史貢獻〉，《北京師範大學學報》（1992 年第二期）。

31. 漆俠，〈談史記中的太史公曰〉，《求實集》，天津人民，1982 年）。

32. 趙生群，〈司馬談作史考〉，《南京師院學報》（1982 年 5 月，第二期）。

33. 蕭黎，〈關於太史公曰的幾個問題〉，《學習與探索》（1984 年第一期）。

34. 賴長揚，〈司馬談作史補證〉，《史學史研究》（1981 年 6 月，第二期）。

35. 羅敬之，〈司馬遷傳略〉，《木鐸》，第十二期（民國 77 年 3 月）。

36. 羅敬之，〈史記導讀──關於《史記》的幾個先顯問題〉，《文化大學中文學報》（民國 82 年 2 月，創刊號）。

37. 顧頡剛，〈司馬談作史〉，《史林雜識初編》（出版地不詳，民國 51 年）。

二、《漢書》研究之部

（一）專　書

1. 王先謙，《漢書補注》（台北：新文豐出版，民國 64 年 3 月）。

2. 王明通，《漢書導論》（台北：五南圖書，民國 82 年 5 月）。

3. 王錦貴，《漢書和後漢書》（北京：人民出版，1987 年）。

4. 安作璋，《班固與漢書》（山東人民，1979 年）。

5. 吳福助，《漢書採錄西漢文章探討》（台北：文津，民國 77 年 9 月）。

6. 李威雄，《漢書導讀》（台北：文史哲，民國 66 年）。

7. 李景星，《漢書評議》，岳麓書社，1985 年）。

8. 倉修良主編，《漢書辭典》（山東教育出版，1992 年 3 月）。

9. 凌稚隆，《漢書評林》，明萬曆九年，吳興凌氏刊本，（國家圖書館藏）。

10. 班固撰，顏師古注，《漢書》（台北：鼎文，民國 86 年 10 月）。

11. 陳其泰，《再建丰碑──班固和漢書》（北京：三聯書店，1994 年 11 月）。

12. 陳直，《漢書新證》（台北：鼎文，民國 66 年）。

13. 陳新雄主編，《漢書論文集》（台北：木鐸出版，民國 65 年 5 月）。

14. 楊樹達，《漢書窺管》（台北：世界書局，民國 63 年 10 月）。

15. 楊樹達，《漢書釋例》（台北：世界書局，民國 63 年 10 月）。

16. 劉咸炘，《漢書知意》（台北：鼎文，民國 65 年）。

（二）論　文

1. 王方曙，〈漢書的文學價值〉，《中山大學學報》（1982 年第三期）。

2. 王明通，〈漢書對文學的影響〉，《古典文學》第五集（民國 72 年 12 月）。

3. 冉昭德，〈班固與漢書〉，《中國史學史論集》（上海：人民，1980 年）。

4. 田文紅，〈漢書史論的評史方法〉，《西南師範大學學報》（1992 年第一期）。

5. 李偉泰，〈論班固思想的道家成分〉，《中國文學的多層面探討國際學術會議論文集》（民國 85 年 4 月）。

6. 辛福民，〈試論經學對漢書文風的影響〉，《廣州師院學報》（1997 年第一期）。

7. 施丁，〈班固與漢書的史學思想〉，《歷史研究》（1992 年第四期）。

8. 許殿才，〈漢書的成就〉，《史學史研究》（1990 年第四期）。

9. 許殿才，〈漢書研究的回顧〉，《史學史研究》（1991 年第二期）。

10. 許殿才，〈漢書的實錄精神與正宗思想〉，《中國社會科學院研究生學報》（1992 年第一期）。

11. 許殿才，〈漢書典雅優美的歷史記述〉，《史學史研究》（1996 年第一期）。

12. 許殿才，〈漢書的論贊〉，《社會科學輯刊》（1996 年第六期）。

13. 陳靜，《漢書論贊研究》（政大中文所碩士論文，民國 69 年）。

14. 盧南喬，〈從史料和史學來論述漢書編纂特點〉，《中國史學史論集》（上海：人民，1980 年）。

15. 簡松興，〈班固撰寫漢書時可能的限制〉，《輔大中研所集刊》（民國 83 年 6 月第三期）。

三、《史》《漢》異同研究之部

（一）專　書

1. 倪思，《班馬異同》，四庫全書本）。

2. 許相卿，《史漢方駕》，明萬曆十年刊本）。

3. 朴宰雨，《史記漢書比較研究》（北京：中國文學，1994 年 8 月）。

4. 吳福助，《史漢文學論叢》（台北：簡牘學會，民國 71 年）。

5. 吳福助，《史漢關係》（台北：文史哲出版，民國 76 年 2 月）。

6. 季洛生，《史漢文辭異同斠釋》（台北：弘道文化，民國 64 年）。

7. 施人豪，《史漢謠諺比較研究》（台北：星星，民國 78 年）。

8. 胡樸安，《史記漢書用字考證》（上海：，國學研究社，民國 14 年）。

9. 徐朔方,《史漢論稿》(江蘇古籍,1984 年)。

10. 徐復觀,《兩漢思想史》卷三,台灣學生書局,民國 82 年 9 月)。

(二)論 文

1. 王明通,〈漢書鎔裁——改史記文句之探究〉,《國教輔導》(民國 86 年 6 月,三十六)。

2. 白壽彝,〈司馬遷與班固〉,《司馬遷與史記論集》(陝西人民,1982 年)。

3. 宋嗣廉,〈史記、漢書藝術風格之異同〉,《史記藝術美研究》(東北師大,1986 年)。

4. 李偉泰,〈漢書對史記的補正〉,《台大中文學報》(民國 81 年 6 月,第五期)。

5. 李偉泰,〈史漢隨筆之一〉,《台大中文學報》(民國 83 年 6 月)。

6. 施丁,〈馬班異同三論〉,《司馬遷研究新論》(河南人民,1982 年)。

7. 施丁,〈論班固對司馬遷的批評〉,《中國社科院學報》(1992 年第四期)。

8. 張子俠,〈班氏父子與史記的學術命運〉,《史學史研究》(1995 年第四期)。

9. 黃云眉,〈史漢異同〉,《中國史學史論文集選》(台北:華世,民國 65 年)。

10. 劉一尤,〈論史漢重疊部份的思想內容和語言藝術的差異〉,《湘潭大學學報》(1990 年第三期)。

11. 賴明德,〈司馬遷與班固史學之比較〉,《中國學術年刊》(民國 71 年 6 月,第四期)。

12. 韓兆琦,〈略說史記與漢書的異同〉,《古典文學知識》(1995 年第三期)。

13. 瞿林東,〈史記漢書比較〉,《文史知識》(1987 年第二期)。

四、其他相關典籍及著作

(一)專 書

1. 方苞,《望溪先生文集》(台北:中華書局,民國 54 年 8 月)。

2. 王夫之,《讀通鑑論》(台北:世界書局,民國 62 年 3 月)。

3. 王國維,《觀堂集林》(台北:文華出版,民國 63 年 5 月)。

4. 王基倫等,《四史導讀》(台北:台灣書店出版,民國 88 年 8 月)。

5. 王運熙主編,《先秦兩漢文批評史》(上海:古籍,1996 年 12 月)。

6. 王鳴盛,《十七史商榷》(台北:樂天書局,民國 66 年 4 月)。

7. 王樹民,《史部要籍解題》(北京:中華書局,一九九年 5 月)。

8. 王錦貴,《中國紀傳體文獻研究》(北京大學出版,1996 年 8 月)。

9. 王錦貴,《司馬光及其資治通鑑》(河南,大象出版,1997 年 4 月)。

10. 荀悅,《漢紀》(台北:商務印書館,民國 62 年 6 月)。

11. 北大中文系主編，《先秦文學史參考資料》（台北：里仁書局，民國81年7月）。

12. 司馬光著，胡三省注，《資治通鑑》（台北：宏業書局，民國六十一年4月）。

13. 伍耀光，《通鑑論》（台北：華聯出版，民國57年5月）。

14. 朱自清，《古典文學論文集》（台北：源流，民國71年）。

15. 何茲全等，《中國古代史學人物》（台北：萬卷樓，民國83年8月）。

16. 何焯，《義門讀書記》（上海：古籍，1992年3月）。

17. 吳哲夫主編，《中華五千年文物集刊》——《帛書篇》一（台北：故宮文物出版，民國73年）。

18. 吳訥等，《文體序說三種》（台北：大安出版社，民國87年）。

19. 吳澤主編，《中國史學史論集》（上海：人民，1983年）。

20. 宋衍申，《司馬光傳》（北京出版社，1990年1月）。

21. 宋衍申主編，《中國史學史綱要》（吉林，東北師範大學，1998年10月）。

22. 宋晞主編，《正史論贊》（台北：中華，民國52年）。

23. 李曰剛，《辭賦流變史》（台北：文津出版，民國76年2月）。

24. 李昉，《文苑英華》（北京：中華書局，1984年3月）。

25. 李慈銘，《越縵堂日記》（台北：世界書局，民國64年6月）。

26. 李肇，《國史補》（台北：學津，民國60年5月）。

27. 杜維運，《中國史學史》（台北：三民書局，民國82年11月）。

28. 杜維運，《史學方法論》（台北：三民書局，民國84年9月）。

29. 杜維運等，《中國史學史論文選集》（台北：華世書局，民國65年5月）。

30. 沈約，《宋書》（台北：鼎文，民國75年6月）。

31. 汪榮祖，《史傳通說》（台北：聯經，民國86年9月）。

32. 周長山，《中國歷史要籍介紹與選讀》（河北大學出版，1996年12月）。

33. 林雲銘，《古文析義》（台北：廣文書局，民國68年9月）。

34. 金靜庵，《中國史學史》（台北：鼎文書局，民國86年7月）。

35. 侯方域，《壯悔堂文集》（台北：新興書局，民國64年5月）。

36. 俞正燮，《癸巳類稿》（台北：世界書局，民國58年）。

37. 姚鼐，《古文辭類纂》（台北：華正書局，民國74年9月）。

38. 洪興祖，《楚辭補注》（台北：漢京文化，民國72年九）。

39. 范曄，《後漢書》（台北：鼎文書局，民國85年10月）。

40. 韋昭，《國語注》（台北：九思書局，民國67年）。

41. 孫梅，《四六叢話》（台北：商務印書館，民國57年9月）。

42. 柴德賡，《史籍舉要》（北京出版社，1992年）。

43. 浦起龍，《史通通釋》（台北：里仁出版，民國 82 年 6 月）。

44. 袁宏，《後漢紀》（台北：商務印書館，民國 62 年 6 月）。

45. 張正體，《楚辭新論》（台北：商務印書館，民國 80 年 3 月）。

46. 張高評，《左傳之文韜》（高雄：麗文出版，民國 83 年 10 月）。

47. 張高評，《左傳之武略》（高雄：麗文出版，民國 83 年 10 月）。

48. 張高評，《左傳導讀》（台北：文史哲出版，民國 84 年 10 月）。

49. 張舜徽，《史學三書平議》（北京：中華書局，1983 年 3 月）。

50. 陳文新，《中國傳奇小說史話》（台北：正中書局，民國 84 年 3 月）。

51. 陳其泰，《史學與中國文化傳統》（北京：書目文獻，1992 年 9 月）。

52. 陳清泉編，《中國史學家評傳》（河南，中州古籍，1985 年 3 月）。

53. 陳壽著，裴松之注，《三國志》（台北：鼎文，民國 85 年 10 月）。

54. 陳夢家，《殷墟卜辭綜述》（北京：中華書局，1988 年）。

55. 章太炎，《章太炎全集》（上海：人民出版，1985 年）。

56. 章學誠，《文史通義》（台北：里仁出版，民國 73 年 9 月）。

57. 汪榮寶，《法言義疏》（台北：世界書局，民國 70 年 5 月）。

58. 曾國藩，《曾文正公全集》（台北：世界書局，民國 62 年 8 月）。

59. 黃錦鋐等，《中國文學講話——兩漢文學》（台北：巨流，民國 77 年 3 月）。

60. 葉適，《習學記言序目》（北京：中華書局，1977 年 5 月）。

61. 雷家驥，《中古史學觀念史》（台北：學生書局，民國 79 年 10 月）。

62. 蒲松齡，《繪圖聊齋志異》（香港：珠海書院，1975 年 9 月）。

63. 褚柏思，《史學史書史論》（台北：黎明文化，民國 71 年 12 月）。

64. 趙翼，《二十二史箚記》（台北：世界書局，民國 86 年 4 月）。

65. 劉乃和，《司馬光與資治通鑑》（吉林文史出版，1986 年）。

66. 劉乃和主編，《資治通鑑論叢》（河南人民，1985 年）。

67. 劉向集錄，《戰國策》（台北：里仁，民國 79 年 3 月）。

68. 劉師培，《漢魏六朝專家文研究》（台北：中華書局，民國 62 年 3 月）。

69. 劉節，《中國史學史稿》（中州書畫，1982 年）。

70. 劉勰，《文心雕龍》（台北：維明書局，民國 72 年 9 月）。

71. 樓昉，《過庭錄》（台北：商務印書館《說郛》本，民國 63 年 7 月）。

72. 潘英，《資治通鑑司馬光史論之研究》（台北：明文書局，民國 76 年 6 月）。

73. 鄭樵，《通志》（台北：世界書局，民國 75 年 3 月）。

74. 鄧啓，《司馬光學述》（台北：文史哲，民國 83 年 10 月）。

75. 魯迅，《中國小說史略》（台北：谷風出版，民國 75 年）。

76. 魯迅，《漢文學史綱要》（台北：風雲時代，民國 79 年）。

77. 黎靖德，《朱子語類》（北京：中華書局，1996 年 3 月）。

78. 蕭統，《文選》（台北：華正書局，民國 75 年 7 月）。

79. 錢鍾書，《管錐篇》（香港：友聯出版，1978 年）。

80. 韓兆琦，《漢代散文史稿》，山西人民，1986 年）。

81. 韓進康，《丹心碧玉》（北京：東方出版社，1998 年 2 月）。

82. 羅敬之，《蒲松齡及其聊齋志異》（台北：國立編譯館，民國 75 年 2 月）。

83. 關永禮主編，《唐宋八大家鑑賞辭典》（北京：北嶽文藝，1989 年 10 月）。

84. 蘇軾，《蘇東坡全集》（台北：河洛出版，民國 64 年 9 月）。

85. 饒宗頤，《中國史學上之正統論》（台北：宗青圖書，民國 68 年 10 月）。

86. 顧炎武，《日知錄》（台北：明倫出版，民國 47 年）。

（二）論　文

1. 文物編委會主編，〈馬王堆漢墓出土帛書春秋事語釋文〉，《文物》（1977 年第一期）。

2. 臺靜農，〈論兩漢散文的演變〉，《中國文學史論文精選》（台北：學海書局，民國 73 年。

3. 林麗娥，《范曄之文學及其史論》（政大中文所碩士論文，民國 70 年）。

4. 施丁，〈論司馬光的史學思想〉，《文史哲》（1988 年第六期）。

5. 崔曙庭，〈范曄在歷史編纂學方面的成就〉，《天中學刊》（1996 年第一期）。

6. 張立平，《司馬溫公通鑑臣光曰研究》（政大歷史所碩士論文，民國 77 年）。

7. 張麗珠，〈從史家論贊看我國之史學精神〉，《中國國學》（民國 82 年 11 月）。

8. 習書仁，〈試論臣光曰中可供借鑒的因素〉，《資治通鑑論叢》（河南人民，1985 年）。

9. 郭丹，〈史書論贊與史傳文學〉，《中州學刊》（1997 年第三期）。

10. 陳光崇，〈《資治通鑑》述論〉，《歷史研究》（1978 年 9 月，第十一期）。

11. 陳振興，〈通鑑史論體系概說〉，《北京大學研究生學刊》（1991 年第二期）。

12. 曾順慶，〈春秋筆法與微言大義〉，《北京大學學報》（1997 年第二期）。

13. 黃翠芬，〈左傳君子曰考詮〉，《朝陽學報》（民國 85 年 6 月，第一期）。

14. 逯耀東，〈史傳論贊形式與左傳君子曰〉，《王任光教授七秩嵩壽慶論文籍》，文史哲，民國 77 年）。

15. 楊向奎，〈論《左傳》之性質及其與《國語》之關係〉，《文瀾學報》（浙江圖書館，民國二十五年 7 月，第二卷二期）。

16. 趙金維，〈論聊齋志異的史學色彩〉，《求是學刊》（1996 年 1 月）。

17. 趙國華，〈談范曄後漢書的序論贊〉，《華中師範大學學報》（1988 年第一期）。

18. 蔣義斌，〈章學誠〈書教〉篇論記注〉，《史學與文獻學學術研討會論文集》（民國 89 年 5 月）。

19. 劉師培，〈古學出於史官論〉，《中國史學史論文選集》（台北：華世書局，民國 65 年）。

20. 鄭良樹，〈論《左傳》「君子曰」非後人附益〉，《竹簡帛書論文集》（台北：源流書局，民國 65 年 3 月）。

21. 盧心懋，《左傳君子曰研究》（政大中文所碩士論文，民國 76 年）。

22. 戴君仁，〈釋史〉，《中國史學史論文選集》（台北：華世書局，民國 65 年 5 月）。

23. 龔慧治，《左傳君子曰問題研究》（台大中文所碩士論文，民國 77 年）。